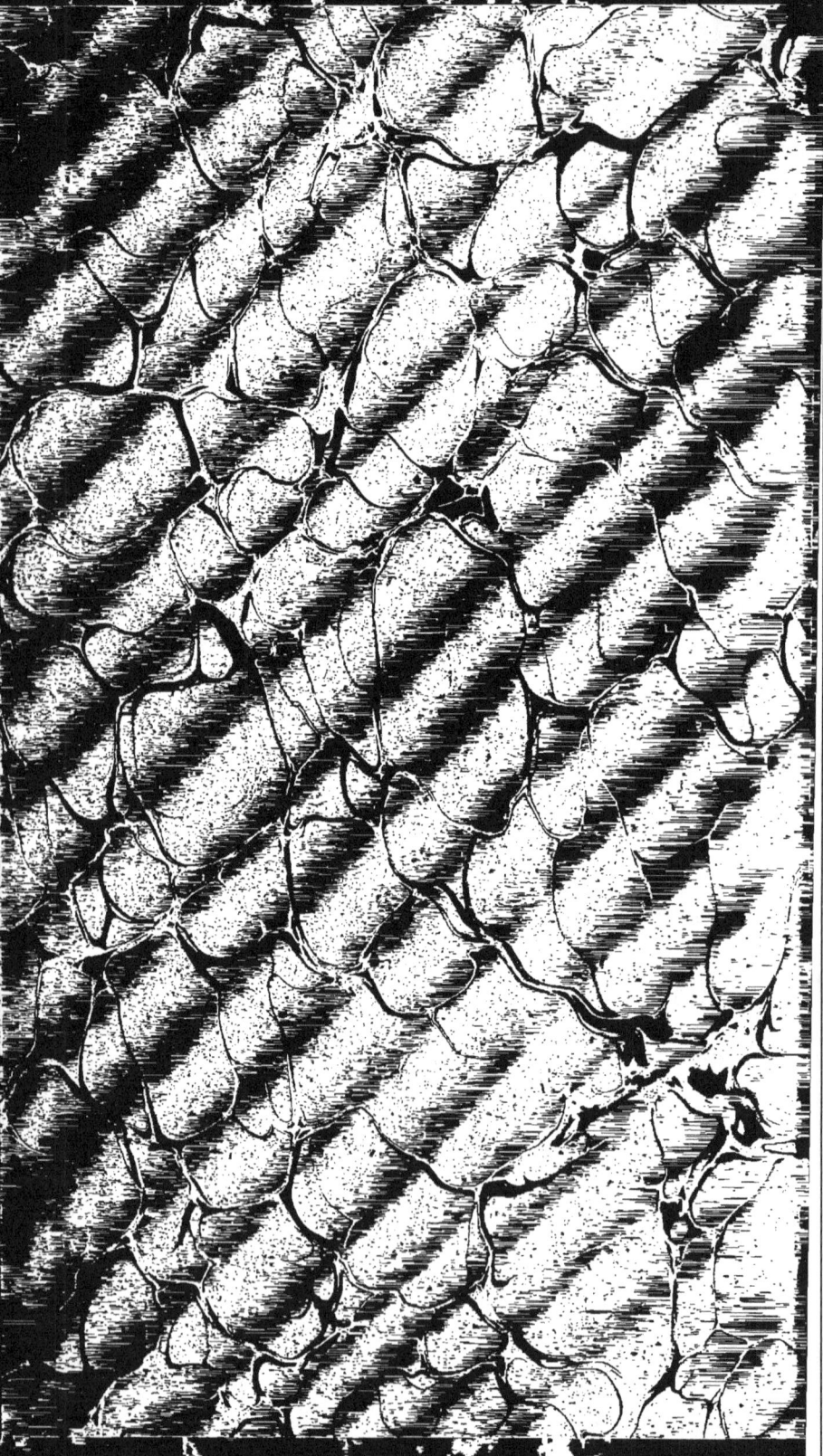

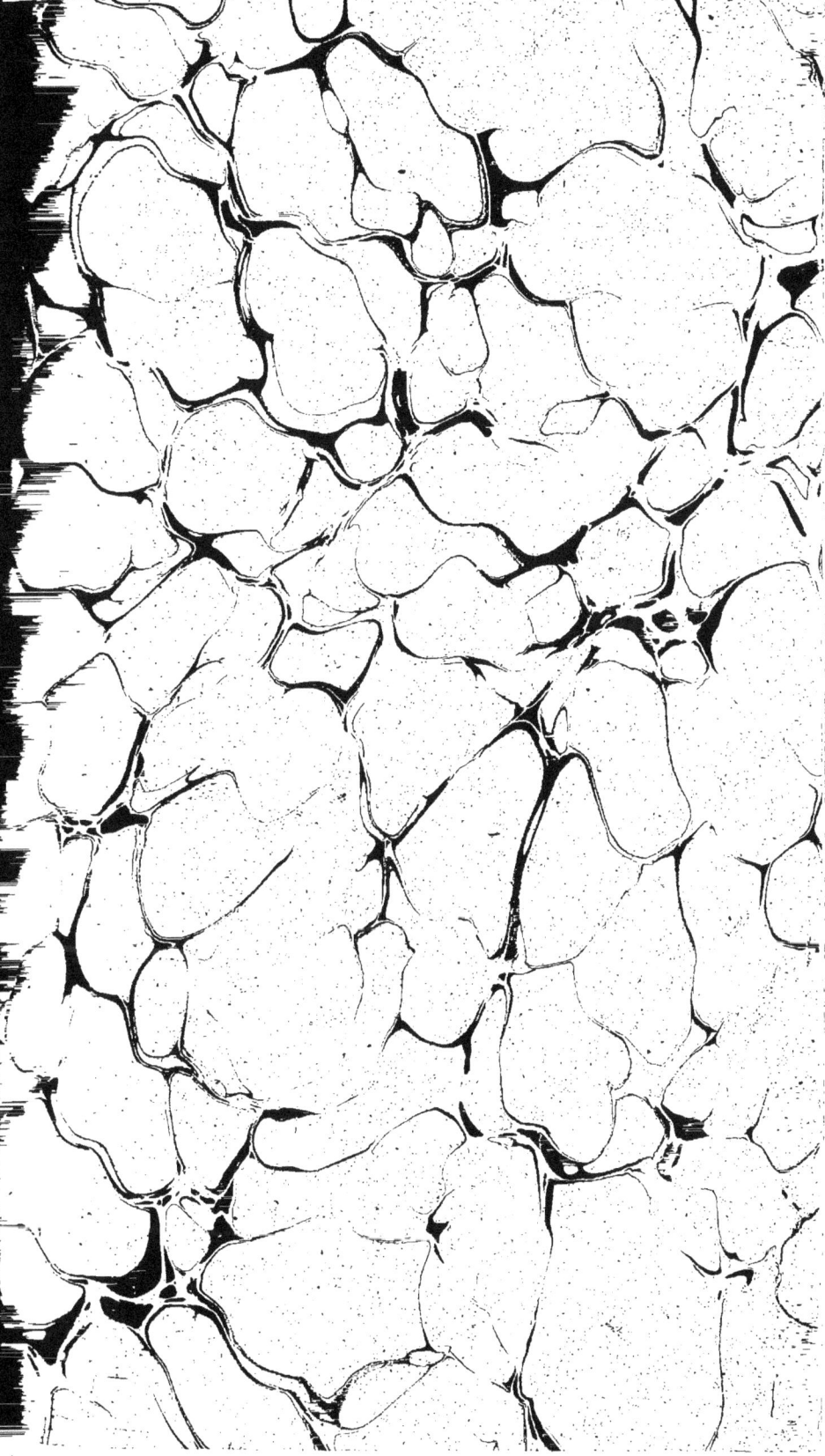

(Conserver la Couverture)

LA
Guerre
DE
1870-71 (10)

LES OPÉRATIONS AUTOUR DE METZ
Du 13 au 18 Août

I

Journées des 13 et 14 Août

BATAILLE DE BORNY

PARIS
LIBRAIRIE MILITAIRE R. CHAPELOT et Cⁱᵉ
IMPRIMEURS-ÉDITEURS
30, Rue et Passage Dauphine, 30

1903
Tous droits réservés.

LA GUERRE DE 1870-71

LES OPÉRATIONS AUTOUR DE METZ
Du 13 au 18 Août

I
Journées des 13 et 14 Août

BATAILLE DE BORNY

Publié par la **Revue** d'Histoire

rédigée à la Section historique de l'État-Major de l'Armée

LA Guerre

DE

1870-71

LES OPÉRATIONS AUTOUR DE METZ
Du 13 au 18 Août

I
Journées des 13 et 14 Août

BATAILLE DE BORNY

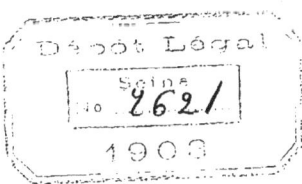

PARIS
LIBRAIRIE MILITAIRE R. CHAPELOT et Cⁱᵉ
IMPRIMEURS-ÉDITEURS
30, Rue et Passage Dauphine, 30

1903
Tous droits réservés.

SOMMAIRE

La journée du 13 août en Lorraine.

I. La transmission du commandement	1
II. Les opérations et les reconnaissances	5
III. Le grand quartier général	21
IV. Construction des ponts sur la Seille et sur la Moselle	31

La journée du 14 août.

I. Préparation de la marche	53
II. Exécution du mouvement de retraite	65
III. Opérations des armées allemandes le 14 août	89
IV. Préliminaires de la bataille de Borny	107
V. Début de la bataille devant Colombey	114
VI. Combat sur le front Colombey-Lauvallier	133
VII. Engagement sur le plateau de Mey jusqu'à 6 h. 30	146
VIII. Continuation de la lutte sur le front Colombey-Lauvallier. — Déploiement des artilleries opposées. — Fin du combat	156
IX. Engagements devant Grigy et le bois de Borny jusqu'à la fin du combat	182
X. Fin de la bataille sur le plateau de Mey	208

Erratum.

Journée du 13 août. — Page 49, ligne 17 et suivantes :

Lire : « de chercher à jeter des *détachements* au delà de la Moselle pour voir ce qui se passe sur l'autre rive ».

LA GUERRE DE 1870-1871

La journée du 13 août en Lorraine.

I. — La transmission du commandement.

On se rappelle qu'aussitôt après avoir confié le commandement de l'armée du Rhin au maréchal Bazaine, l'Empereur avait pressé le nouveau commandant en chef « de voir ce qu'il y aurait à faire et de prendre une résolution s'il n'était pas attaqué le lendemain (2) ».

Malgré le secret désir qu'il avait de conserver en main le commandement suprême des forces armées de la France, le Souverain paraît donc avoir hésité devant la responsabilité d'un ordre ferme, qui, s'appliquant cependant à la conduite générale des opérations, rentrait pleinement dans les attributions qu'il entendait, — implicitement, il est vrai, — se réserver et auxquelles il ne renonça que plus tard (3). On ne saurait être surpris de l'absence d'esprit de décision dont le quartier impérial fit preuve en la circonstance, si l'on

---

(1) A partir du 13 août, les mouvements des corps de l'armée d'Alsace et ceux de la IIIe armée allemande seront rattachés aux opérations de l'armée de Châlons.

(2) Voir « Journée du 12 août », page 221.

(3) A la suite de la déclaration du Ministre de la guerre au Corps législatif. Voir « Journée du 12 août », page 215.

se reporte par la pensée aux signes d'hésitation et de faiblesse qui avaient caractérisé la haute direction des opérations pendant le cours de la période précédente; peut-être d'ailleurs, l'Empereur crut-il, en agissant ainsi, laisser seulement au Maréchal toute liberté dans l'exécution d'une retraite qui lui apparaissait pressante (1), mais sur l'opportunité de laquelle il pensait être en communion d'idée avec le nouveau chef de l'armée. On doit observer, en effet, que s'il est difficile de reconstituer avec exactitude la nature de l'entretien qui eut lieu, le 12 au soir, à la Préfecture, par suite des nombreuses contradictions qu'on relève dans les écrits et dans les dépositions du maréchal Bazaine et du général Lebrun (2), il paraît hors de doute, qu'au milieu de la discussion relative au choix du commandant en chef, on fit ressortir, sans y insister peut-être beaucoup, l'urgence d'une prompte retraite.

A cette opinion, qui paraît avoir été exprimée pour le moins par le général Changarnier (3) et qui correspondait, sans nul doute, aux sentiments de l'Empereur, le maréchal Bazaine n'aurait fait aucune objection, puis il se serait retiré sur cette recommandation du Souverain « d'aller visiter les campements »; ce à quoi il passa effectivement toute la matinée du 13, rectifiant l'alignement des bivouacs et soulevant sur son passage diverses questions dont les plus importantes s'appliquaient au choix d'emplacements pour certaines batteries (4).

---

(1) Lettre du 12 août, de l'Empereur au maréchal Bazaine.
(2) Maréchal Bazaine. *Épisodes*, pages 49 et 60; et procès Bazaine, pages 159 et 211; général Lebrun, *Souvenirs militaires*, page 299 et procès Bazaine, pages 208 et 210.
(3) *Épisodes*, page 49.
(4) Voir aux pièces annexes la correspondance échangée à ce sujet entre le commandant de l'armée, le commandant du 3e corps et les généraux de division de ce même corps d'armée.

En fait, l'entrevue du 12 resta sans résultat positif au point de vue de la direction générale des opérations. On ne s'y livra d'ailleurs à aucun examen sérieux de la situation de l'armée; aucune transmission régulière du commandement n'eut lieu, et les réticences mêmes dont restait entouré le demi-effacement de l'Empereur donnaient à peine à ce dernier le droit de supposer que le Maréchal fût réellement décidé à exécuter une retraite devenue inévitable.

De son côté le maréchal Bazaine paraît avoir été très mal fixé sur l'étendue exacte de ses droits en matière de commandement (1). Sans doute, écrasé déjà par une tâche pour laquelle il ne devait se sentir aucunement préparé; insouciant, en tous cas, de ses devoirs de chef, il ne provoquait aucun éclaircissement à ce sujet, s'isolait volontairement de son état-major, et cherchait à faire illusion à tous et à lui-même par les démonstrations d'une activité qui n'avait rien de commun avec celle qu'on est en droit d'attendre d'un commandant d'armée.

Il faut d'ailleurs ajouter que les défaillances dont se rendaient coupables, en cette circonstance critique, le Souverain et le Maréchal, ne furent nullement atténuées par les effets d'une transmission quelque peu régulière du service entre les deux états-majors appelés à se succéder.

Le Major général, en effet, se retirait purement et simplement du quartier impérial, en attendant qu'on pût lui confier le commandement d'un corps d'armée et se considérait comme relevé de ses fonctions dès le 12 au soir (2). L'opinion qu'il prête à l'Empereur indique d'ailleurs d'une manière assez précise l'idée

---

(1) *Épisodes,* page 50 et procès Bazaine, page 159.
(2) Procès Bazaine, pages 203 et 210.

qu'il se faisait lui-même sur ses devoirs personnels en la circonstance. « L'Empereur, dit-il (1), en repassant au maréchal Bazaine tous ses chefs de service (2), a dû naturellement penser que ces chefs le mettraient au courant... »

D'autre part, le général Lebrun, dont les fonctions avaient d'ailleurs été jusque-là fort mal définies (3), restait attaché à la personne de l'Empereur.

Quant au général Jarras, qui, de second aide-major général, devenait chef du nouvel état-major, on sait déjà (4) dans quelles déplorables conditions il prit possession de ses nouvelles fonctions, et combien il était peu en mesure de fournir des renseignements au maréchal Bazaine sur une situation qu'il ne connaissait lui-même que très imparfaitement (5). Il ne crut pas d'ailleurs devoir se préparer personnellement au rôle important qui lui incombait désormais et se dispensa de demander, soit au maréchal Lebœuf, soit au général Lebrun, les indications qu'il lui était cependant indispensable de connaître pour diriger le service dont il devenait le chef et pour éclairer, au besoin, le commandant de l'armée (6).

La période de transition, relative aux modifications survenues dans la constitution du haut commandement, accentue donc, d'une manière tout à fait caractéristique, les défectuosités d'organisation intérieure du grand

---

(1) Procès Bazaine, page 203.
(2) A l'exception de lui-même, cependant, qui était le premier de tous et du général Lebrun, premier aide-major général.
(3) Procès Bazaine, page 210.
(4) Voir « Journée du 12 août », page 216.
(5) Procès Bazaine, page 213, et *Souvenirs du général Jarras*, page 79.
(6) Procès Bazaine, page 215.

quartier général, en même temps qu'elle fait ressortir l'absence, presque absolue, d'initiative de la part du haut personnel de l'état-major.

L'Empereur abandonnait le commandement de l'armée du Rhin dans une circonstance des plus critiques et cela, au moment même où il acquérait la conviction de l'urgence d'une retraite qu'il n'osait cependant ordonner malgré son désir inavoué de garder le commandement suprême des forces armées du pays. Le nouveau général en chef, de son côté, ne provoquait aucune explication sur une situation qu'il considérait lui-même comme mal définie et se retranchait derrière un silence prudent dès qu'il pouvait être question de la direction générale à donner aux opérations.

Ce ne fut que le lendemain 13 août, vers le milieu de la journée, ainsi qu'on le verra plus loin, que le Souverain tenta d'imposer au Maréchal l'obligation de se retirer sur Verdun ou que, tout au moins, il lui fit admettre explicitement le principe de la retraite vers l'Ouest. Il était déjà bien tard, malheureusement, pour que cette journée du 13 ne fut pas perdue au point de vue de l'exécution du mouvement projeté.

II. — Les opérations et les reconnaissances (1).

A l'exception des changements survenus dans les emplacements de quelques bivouacs, les opérations du 13 août se réduisent à des reconnaissances d'escadrons et de régiments ; reconnaissances nombreuses, il est vrai, qui dénotent de la part de la cavalerie un réveil d'activité malheureusement bien éphémère, mais qui, toutes, s'arrêtent devant la moindre résistance et rentrent au bivouac sans avoir manifesté, en général, le

---

(1) Voir le croquis n° 1.

désir de percer ou de tourner le faible rideau de vedettes ou de patrouilles qui leur était opposé.

2ᵉ *corps*. — Dans la matinée du 13, le général Vergé, commandant la 1ʳᵉ division du 2ᵉ corps, avait reçu des renseignements qui lui faisaient craindre une attaque. Il rendit compte de ce fait au général Frossard, en attirant son attention sur l'opportunité de replier, un peu plus en arrière (1), sa division, bivouaquée entre la Basse-Bévoye et la Seille. Le commandant du 2ᵉ corps calma les craintes du général Vergé en l'assurant qu'il n'avait aucune chance d'être attaqué par Magny et qu'il importait de maintenir la 2ᵉ brigade (76ᵉ et 77ᵉ) sur la crête qu'elle occupait à la droite de la division Bataille (2); que d'ailleurs le 55ᵉ régiment (3) pourrait être ramené sans inconvénient un peu plus en arrière, mais qu'en revanche le 32ᵉ devait aller occuper le village de Magny. « D'ailleurs, je vais monter à cheval et j'irai voir tout cela, ajoute le commandant du 2ᵉ corps. »

C'est sans doute à la suite de la reconnaissance annoncée que furent prises les dispositions suivantes : le 32ᵉ occupa Magny, ainsi que cela était prévu (4); une section de chacune des 5ᵉ et 12ᵉ batteries du 5ᵉ fut installée sur la lisière Sud du village pour battre la route de Pouilly; le 55ᵉ franchit la ligne de Strasbourg et s'installa à l'Est du village, face au Sud; enfin, la 2ᵉ brigade fut portée en avant et campa, en bataille, sur la voie ferrée elle-même, à la gauche du 55ᵉ; de sorte que la division tout entière se trouva ainsi

---

(1) Ce compte rendu n'existe pas aux archives, mais son contenu est nettement indiqué par la réponse du général Frossard.
(2) C'est-à-dire entre le petit bois de la Basse-Bévoye et la Seille.
(3) Bivouaqué près de la voie ferrée au Nord de Magny.
(4) Deux bataillons dans le village; un autre en réserve sur la lisière Nord. Les escadrons du 5ᵉ chasseurs et du 7ᵉ dragons qui occupaient Magny furent relevés dans la journée.

déployée prématurément sur la position où l'on jugeait qu'elle devait résister en cas d'attaque.

Les autres unités d'infanterie du 2ᵉ corps conservèrent les mêmes emplacements que la veille et ne signalèrent aucun fait important. Seules, les fractions de la brigade Lapasset (1) qui occupaient les bois au Sud-Est de Mercy, échangèrent quelques coups de fusil avec une patrouille d'infanterie prussienne venue de Laquenexy (2).

Cependant, des reconnaissances ennemies ayant été signalées au delà de Peltre, la brigade de chasseurs du 2ᵉ corps reçut l'ordre de se porter dans cette direction (3). Conduite par le général Valabrègue en personne, la brigade (4) monta à cheval à midi et s'engagea sur la route de Strasbourg.

Arrivé à hauteur de Peltre, — alors occupé par une grand'garde du 67ᵉ, — on aperçut « à 4 kilomètres, dans la direction de Dain-en-Saulnois, des troupes de cavalerie prussienne escortant des voitures, puis disparaissant bientôt (5) ».

Les trois escadrons du 5ᵉ chasseurs (6) se portèrent alors en avant.

Après avoir traversé la voie ferrée, le colonel de Séréville déploya un peloton en tirailleurs à l'Est de la route et s'avança jusqu'à l'auberge du Cheval-Rouge

---

(1) $\frac{I, II}{97}$.

(2) Sans doute une compagnie du 7ᵉ bataillon de chasseurs qui chercha à pousser vers Jury. (*Historique du Grand Etat-Major prussien*, page 435.)

(3) Journal de marche de la division de cavalerie du 2ᵉ corps.

(4) 4ᵉ et 5ᵉ chasseurs.

(5) Historique du 4ᵉ chasseurs. (Man. de 1871.)

(6) 1ᵉʳ, 3ᵉ et 6ᵉ. Les 2ᵉ et 4ᵉ étaient encore en grand'garde à Peltre et Jury où ils restèrent jusqu'à 8 heures du soir.

avec un second peloton. De là, on aperçut des vedettes ennemies et, dans le lointain, quelques colonnes allemandes. Des patrouilles reconnurent les villages de Frontigny et de Chesny ainsi que les premiers taillis du bois de l'Hôpital. L'ennemi ne fut signalé sur aucun de ces points, mais « dans une petite vallée perpendiculaire à la route, non loin de Mécleuves, on découvrit de l'infanterie couchée dans les champs, et, avec elle, de la cavalerie (1). Ces renseignements furent transmis au général de Valabrègue, qui donna ordre de rentrer au bivouac » .....(2).

Une reconnaissance faite par les escadrons du 7ᵉ dragons (3) en grand'garde à Magny rencontra, sur la route de Pouilly, un parti de cavalerie ennemie assez nombreux (4). Quelques dragons mirent pied à terre et arrêtèrent l'adversaire à coups de carabine (5).

Enfin, vers 4 h. 30 du soir, les 1ᵉʳ et 5ᵉ escadrons du 12ᵉ dragons furent envoyés en grand'garde au delà de Peltre. Arrivé à la voie ferrée avec son demi-régiment, le commandant Jacques allait se porter à la rencontre de quelques escadrons ennemis apparaissant dans la plaine, lorsqu'il reçut l'ordre de rentrer au bivouac « pour franchir la Moselle avec le reste du régiment » (6).

---

(1) Il s'agit probablement du 4ᵉ régiment de uhlans (1ʳᵉ division de cavalerie). L'observation relative à la présence de l'infanterie ennemie est erronée.

(2) Historique du 5ᵉ régiment de chasseurs. (Man. de 1871.)

(3) $\frac{3, 5}{7 \text{ Dr.}}$

(4) Appartenant sans doute à la 6ᵉ division de cavalerie allemande.

(5) Journal de marche de la division de cavalerie du 2ᵉ corps et Historique du 7ᵉ régiment de dragons.

(6) En fait, le régiment ne passa sur la rive gauche que le lendemain matin.

3ᵉ corps. — Au 3ᵉ corps, le général Decaen prenait le commandement en remplacement du maréchal Bazaine et établissait son quartier général à la ferme de Borny (1).

Aucune modification importante ne fut apportée dans les emplacement des bivouacs. Seul, le 90ᵉ régiment (de la brigade Duplessis) vint camper, en avant du 69ᵉ, dans l'angle formé par les routes de Sarrebrück et de Sarrelouis.

Dans la matinée, les 19ᵉ et 41ᵉ régiments de la même division (2ᵉ) échangèrent quelques coups de feu avec des patrouilles de la cavalerie prussienne (2); vers 4 heures du soir, le 41ᵉ fit occuper par quatre compagnies le château de Colombey (3), dont l'organisation défensive, commencée par le 59ᵉ régiment, fut terminée.

A la droite de la division Castagny, la division Metman avait complété les travaux commencés la veille. La ligne de ses avant-postes s'étendait du château d'Aubigny (tenu par la 4ᵉ compagnie du 7ᵉ bataillon de chasseurs), jusqu'à la route d'Ars-Laquenexy en traversant les bois du même nom (4). Des tranchées-abris couvraient le front du 59ᵉ entre le bois et le village de Colom-

---

(1) Le général Aymard, commandant la 1ʳᵉ brigade de la 1ʳᵉ division et promu divisionnaire, remplaça le général Decaen à la tête de la 3ᵉ division. Le colonel Dauphin, du 62ⁿ, prit le commandement de la 1ʳᵉ brigade de la 1ʳᵉ division et fut remplacé, dans son régiment, par le lieutenant-colonel Louis.

(2) Le 41ᵉ avait placé trois grand'gardes (une compagnie par bataillon) dans le ravin de Colombey, à 800 mètres en avant du front de bandière; le 19ᵉ s'était également couvert par plusieurs grand'gardes dont l'emplacement exact reste inconnu, mais qui durent pousser des sentinelles jusqu'à hauteur de Montoy, ainsi que cela paraît résulter du rapport du lieutenant-colonel Fay. (Voir Pièces annexes.)

(3) 1, 2, 3, 4 $\frac{1}{41}$.

(4) Plusieurs grand'gardes du 7ᵉ et du 29ᵉ régiment.

bey (1); à leur gauche et près du village, la compagnie du génie de la division avait préparé un épaulement de batterie qui attira tout particulièrement l'attention du commandant en chef (2). Enfin, le 7ᵉ régiment avait également couvert son front par des tranchées-abris placées près et au Sud-Est du bois de Colombey.

Dans le courant de l'après-midi, des patrouilles d'infanterie prussiennes (3) se présentèrent aux environs d'Ars-Laquenexy et se retirèrent devant une vive fusillade des avant-postes de la division Metman non sans mettre hors de combat quelques hommes des grand'gardes du général de Potier (7ᵉ et 29ᵉ).

Rien n'est à signaler en ce qui concerne les deux autres divisions d'infanterie du 3ᵉ corps (1ᵉʳ et 4ᵉ), mais la division de cavalerie avait exécuté plusieurs reconnaissances, dont quelques-unes parvinrent jusqu'à la Nied et rapportèrent d'importants renseignements.

A 5 heures du matin, deux escadrons du 5ᵉ régiment de dragons (4) partent en reconnaissance vers Montoy sous le commandement du chef d'escadrons Legendre, auquel le général commandant la division de cavalerie du 3ᵉ corps recommande « de ne pas aller trop loin et de ne pas trop s'engager » par la raison « que les

---

(1) Pour éviter des confusions analogues à celles qui se répètent fréquemment, tant dans les rapports français que dans les Historiques allemands, on appellera désormais : *bois de Colombey*, celui qui se trouve à 500 mètres au Sud-Ouest du village du même nom; *bois de Borny*, celui qui est situé à 500 mètres au Sud-Est de Borny; *bois A*, la parcelle que borde le chemin venant de Bellecroix à Colombey, et à 800 mètres au Nord-Ouest de cette dernière localité.

(2) Voir aux pièces annexes la lettre du maréchal Bazaine au général Decaen.

(3) Appartenant sans doute aux compagnies du *15ᵉ* régiment de la brigade de Goltz qui furent envoyées vers Ars-Laquenexy.

(4) $\frac{1, 2}{5 \text{ Dr.}}$.

chevaux étaient trop chargés pour aller en reconnaissance » .....(1). A 6 heures, les deux escadrons arrivaient à hauteur de Montoy et découvraient, à travers la brume du matin, une ligne de vedettes qu'ils prirent tout d'abord pour des cavaliers français. Le 1er escadron fut arrêté sur le plateau, tandis que le 2e fut replié jusque vers Lauvallier « pour garder le ravin sur le flanc droit et la route par laquelle devait s'opérer la retraite ». Lorsqu'un peu plus tard le commandant Legendre reconnut qu'il avait bien réellement devant lui de la cavalerie ennemie, il ordonna à un de ses pelotons de se porter, en tirailleurs, vers Retonfey pour chercher à savoir si la localité était occupée ou non par de l'infanterie. Arrivés à 800 mètres du village, les tirailleurs du 5e dragons essuyèrent un feu de mousqueterie qui, étant donnée la distance, leur fit conclure à la présence de l'infanterie prussienne à Retonfey. Le commandant Legendre adressa son rapport au général commandant la division de cavalerie et fit rentrer ses deux escadrons au bivouac.

A 9 heures du matin, le 2e régiment de chasseurs partait également en reconnaissance dans la direction de Remilly.

Après avoir traversé Ars-Laquenexy, les 4e et 5e escadrons sont détachés sur Marsilly et reconnaissent des troupes d'infanterie et d'artillerie ennemies aux abords de Colligny. Le colonel commandant le régiment prescrit alors au 4e escadron de se porter sur Villiers-Laquenexy, — le 5e formant soutien — tandis qu'il se dirige lui-même avec les deux derniers escadrons (2e et 3e) sur la croupe de Laquenexy (2) ; arrivé en ce point, il découvre différents détachements ennemis stationnés sur la rive

---

(1) Historique du 5e régiment de dragons (man. de 1871).
(2) Probablement à l'Est du village.

droite de la Nied. Un peloton fut alors envoyé en reconnaissance sur Courcelles-sur-Nied et « le colonel fit déployer une ligne de tirailleurs (1), puis simula une attaque, dans le but de forcer l'ennemi à montrer ses forces ». L'adversaire ne répondit pas au feu de mousqueterie et comme sur ces entrefaites, le colonel fut prévenu par le capitaine Danloux que de l'artillerie prussienne se dirigeait de Colligny vers Ars-Laquenexy, le commandant du régiment, craignant de se voir couper la retraite (2), rallia ses escadrons et les replia par les bois d'Ars sur le château de Mercy puis sur Grigy.

Dans la matinée, le 2ᵉ régiment de dragons exécutait aussi une reconnaissance dans la direction de Pange. Une reconnaissance d'officiers commandée par le chef d'escadrons de Lignières poussait jusqu'à Pange même et y constatait la présence d'infanterie et d'artillerie prussienne (3).

A 3 heures de l'après-midi le 1ᵉʳ escadron du 10ᵉ régiment de chasseurs part à son tour et s'engage par division sur les routes de Sarrebrück et de Sarrelouis. A peine arrivé à hauteur de Montoy, l'escadron échange des coups de carabine « jusqu'à épuisement des cartouches » avec la cavalerie ennemie dont les avant-postes étaient entre Retonfey et Ogy et rentre au bivouac à 9 heures du soir sans avoir tenté de tourner le faible rideau qu'il avait devant lui (4). Vers 3 heures de l'après-midi, le 2ᵉ escadron (escorte du général Aymard) fait une reconnaissance « en avant de la ferme

---

(1) Sur la crête comprise entre Laquenexy et Courcelles. (D'après le croquis joint à l'Historique du régiment. Man. de 1871.).
(2) D'après l'Historique du régiment. (Man. de 1871.).
(3) Historique du 2ᵉ régiment de dragons. (Édit. de 1885).
(4) Un escadron de l'avant-garde de la 1ʳᵉ division prussienne.

Bellecroix »; le 3ᵉ escadron en fait une également « en avant de Servigny et de Sainte-Barbe » (1).

Dans le courant de l'après-midi enfin, le 8ᵉ régiment de dragons exécute également une reconnaissance (2), et c'est sans doute de deux de ses escadrons que parle le général commandant le 3ᵉ corps dans la note suivante qu'il adressa, à 4 heures du soir, au maréchal Bazaine :

Note du général Decaen au maréchal Bazaine.

Ferme de Borny, 13 août, 4 heures soir.

« En ce moment, une reconnaissance de deux escadrons de *dragons* est arrêtée sur les routes de Sarrelouis et Sarrebrück, en présence du village de Retonfey, où se trouve une troupe prussienne éclairée à droite et à gauche par des cavaliers, à l'intersection d'un chemin transversal coupant les deux routes ci-dessus indiquées.

« Il y a, dit la note envoyée, une batterie d'artillerie dans un bois à droite du village (3).

« Je fais prendre les armes à la division Castagny et tiens la division Metman prête à marcher.

« — Est-il dans les intentions du Maréchal d'aller attaquer cette troupe, qui, je le crois, est le pendant de celle qui a été vue à Pange (4) — et peut-être la même.

« Je viens d'envoyer trois escadrons pour appuyer le 1ᵉʳ dans sa position et sa retraite au besoin.

« Général Decaen. »

P.-S. — « Je me rends sur les lieux. »

---

(1) Historique du 10ᵉ régiment de chasseurs (man. de 1871).
(2) Journal de marche de la division de cavalerie du 3ᵉ corps.
(3) Avant-garde de la 1ʳᵉ division allemande.
(4) Par les reconnaissances de la division de Clérembault envoyées à l'Est d'Ars-Laquenexy.

A 4 h. 30 du soir, deux escadrons du 4ᵉ régiment de dragons se portaient, l'un (le 4ᵉ) sur la route de Sarrelouis, l'autre (le 5ᵉ) sur la route de Sarrebrück (1), venant ainsi doubler les troupes de cavalerie qui se trouvaient déjà dans cette région et en particulier le 1ᵉʳ escadron du 10ᵉ régiment de chasseurs. Ils restaient très probablement en seconde ligne, car ils rentraient au bivouac à la nuit tombante « sans avoir rien vu » (2).

La division de cavalerie du 3ᵉ corps avait donc recueilli dans cette journée un assez grand nombre de renseignements importants et avait effectivement pris le contact avec des détachements de toutes armes de l'armée ennemie. De l'infanterie, accompagnée d'artillerie, était signalée au Sud-Est de Retonfey, puis dans la région Laquenexy, Pange et Domangeville. Des environs de Laquenexy, on découvrait plusieurs bivouacs ennemis installés sur la rive droite de la Nied française.

Cette situation avait paru pleine de péril au commandant du 3ᵉ corps qui avait prescrit à 4 heures à la division Castagny de prendre les armes en attendant une réponse du commandant en chef auquel il demandait des instructions (3).

Cependant la journée se termina tranquillement, et le 3ᵉ corps passa la nuit sans être inquiété.

4ᵉ corps. — Dans la matinée du 13, le général de Ladmirault avait prescrit à la division de cavalerie de son corps d'armée et aux deux batteries à cheval (4)

---

1) Historique du 4ᵉ régiment de dragons. (Man. de 1871).

(2) Dans la soirée, les escadrons du 3ᵉ chasseurs attachés aux divisions d'infanterie, ralliaient leur brigade et étaient remplacés par quatre escadrons du 10ᵉ chasseurs.

(3) La réponse du Maréchal, s'il en fit une, n'est pas connue.

(4) $\frac{5, 6}{17}$.

qui l'accompagnaient de changer leurs bivouacs après la soupe du matin (1).

A 11 heures, le général Legrand fit donc lever le camp pour se porter entre le bois de Grimont et Chieulles où il resta en formation de halte-gardée jusqu'à 4 heures de l'après-midi. Il fit alors installer le bivouac sur place, c'est-à-dire à peu de distance en arrière de la 3ᵉ division d'infanterie (2).

A midi, les batteries montées de la réserve d'artillerie levèrent également leur camp. Les deux batteries de 4 $\left(\frac{6,\ 9}{8}\right)$ furent portées sur la route de Villers-l'Orme un peu au delà des bivouacs de la 2ᵉ division d'infanterie; mais vers 5 heures elles rejoignirent les deux batteries de 12 $\left(\frac{11,\ 12}{1}\right)$ et formèrent le parc auprès de celles-ci dans le voisinage du fort et au Sud de la route de Bouzonville.

La 3ᵉ division du 4ᵉ corps, ne modifia pas sensiblement ses emplacements de la veille; le 33ᵉ régiment, qui formait l'extrême droite de la division, se rapprocha seulement un peu de Chieulles; il paraît probable qu'il laissa en place les grand'gardes déjà installées près de Vany. Le 54ᵉ régiment détachait le IIᵉ bataillon à l'entrée Nord de Chieulles, renforçant ainsi la grand'garde du 2ᵉ bataillon de chasseurs déjà postée dans la direction de Rupigny (3).

---

(1) L'ordre du commandant du 4ᵉ corps n'indique ni le motif de cette prescription, ni l'emplacement des nouveaux bivouacs. Il semble que ce soit simplement l'ordre d'exécution d'un mouvement concerté à l'avance dans un but qui reste ignoré.

(2) On ne trouve aucune trace de reconnaissances effectuées par la cavalerie du 4ᵉ corps, pendant la journée du 13.

(3) Les 15ᵉ et 65ᵉ régiments ne font pas mention d'avant-postes placés par eux. Il est cependant probable, la division se trouvant

Dans la 1re division, bivouaquée un peu à l'Est de Mey, les avant-postes formés par les trois bataillons du 1er régiment, furent relevés par le 57e. Le Ier bataillon de ce dernier régiment vint occuper Servigny ; le IIIe, Poixe et le IIe, Villers-l'Orme et Failly, doublant ainsi, dans ces deux dernières localités, les trois bataillons du 64e qui s'y trouvaient déjà et qui conservèrent leurs positions jusqu'au lendemain, 14, après-midi. Enfin, le 73e régiment qui vint s'installer sur l'ancien bivouac du 57e, la gauche appuyée à la route de Bouzonville, envoya une compagnie franche en reconnaissance par Noisseville jusqu'à Servigny.

6e *corps*. — Malgré les engagements survenus pendant la journée du 12 avec la cavalerie allemande aux environs de Dieulouard (1), la 1re division du 6e corps était parvenue au complet jusqu'à Metz. Pendant la nuit du 12 au 13, l'artillerie de la division débarquait dans la place et rejoignait l'infanterie sur le plateau de Saint-Privat (au Sud-Ouest de Metz).

Le 9e régiment (de la 2e division) était parti du camp de Châlons le 12, à 7 heures du soir. En arrivant à Pont-à-Mousson le lendemain matin, on lui signala la présence de cavaliers prussiens dans la localité même. deux compagnies $\left(5, 6\,\dfrac{\text{II}}{9}\right)$ furent aussitôt débarquées et occupèrent le village sur les deux rives de la Moselle. Deux autres compagnies $\left(3, 4\,\dfrac{\text{II}}{9}\right)$ fouillèrent les vignes qui garnissent les coteaux de la rive droite. Une dernière compagnie $\left(1\,\dfrac{\text{III}}{9}\right)$ fut portée vers l'Est pour flanquer sur la rive droite les deux précédentes.

---

déployée en bataille, que chaque régiment se couvrit par des grand'-gardes.

(1) Voir « Journée du 12 août », page 227.

Quelques cavaliers ennemis se montrèrent seuls sur la côte de Mousson et disparurent bientôt sous le feu de l'infanterie, « après une heure de vaine fusillade »; le régiment remonta en wagon, arriva à midi à la gare de Devant-les-Ponts et alla bivouaquer près de la ferme Saint-Éloy (1).

La 3ᵉ division continuait à fournir la garnison des forts à l'exception du 94ᵉ, campé près de la Horgne-au-Sablon, à la gauche de la division Tixier.

Le dernier régiment de la 4ᵉ division (le 70ᵉ) arrivait à Devant-les-Ponts, le 13 au matin, et allait camper sur le plateau entre Woippy et Lorry (2). L'artillerie de la division ne put parvenir à Metz.

Réserve de cavalerie. — Quant à la réserve de cavalerie, elle resta à peu près inactive. La 1ʳᵉ division, tout au moins, ne paraît avoir fait aucune reconnaissance. Seule, et sur la demande du maréchal Bazaine, la 3ᵉ division poussa le 9ᵉ régiment de dragons dans la direction de Corny. Les 3ᵉ et 4ᵉ escadrons, suivis à distance par les 1ᵉʳ et 2ᵉ, s'avancèrent sur la route de Pont-à-Mousson, jusqu'à Jouy-aux-Arches, chassant devant eux quelques vedettes prussiennes. Bientôt, les deux escadrons de tête s'arrêtent pour échanger des coups de feu avec une « troupe arrêtée ». Des habitants assurèrent alors que, plus en arrière, la route de Pont-à-Mousson était occupée par un détachement ennemi de 400 à 500 chevaux. De son côté, le général prince Murat, qui marchait avec les deux escadrons de queue, apprit que les Prussiens venaient de mettre la main sur la station de Novéant. « Ne sachant

---

(1) Historique du 9ᵉ régiment. (Man. de 1871.)
(2) Deux régiments de la 4ᵉ division (25ᵉ et 28ᵉ) bivouaquaient déjà dans la plaine à l'Est de Woippy. Le 26ᵉ avait été détaché dans la place pour y assurer le service de police.

s'il avait affaire à de l'infanterie, et la nuit approchant, le général fit retirer le régiment qui rentra au camp de Montigny vers 8 heures du soir (1). » Un officier fut envoyé au grand quartier général et rendit compte de la reconnaissance au général Jarras (2).

On voit qu'au total, les nombreux rapports fournis par la cavalerie pendant le cours de la journée eussent permis de fixer très approximativement la ligne générale de surveillance des vedettes ennemies, et d'affirmer la présence de troupes de toutes armes assez importantes sur la Nied supérieure aux environs de Pange et de Domangeville.

Ces précieux renseignements, joints à ceux, d'ordre plus général, dont il sera question bientôt, constituaient un faisceau de preuves suffisantes pour démontrer clairement qu'on était, — du côté français, — sous le coup d'une attaque immédiate de l'adversaire au cas où celui-ci eût voulu la tenter.

Le fait n'a pas échappé, comme on le verra, au commandant du 4e corps, tandis qu'au contraire le grand état-major général paraît n'avoir attribué qu'une assez médiocre importance à la possibilité de ce qu'il appelait « une démonstration » de la Ire armée par les routes de Sarrebrück et de Boulay. En revanche, le commandant en chef, isolé de son état-major, et sans doute renseigné directement par la division de cavalerie du 3e corps, paraît avoir prévu dans la soirée l'éventualité d'une attaque venant troubler le mouvement de retraite de l'armée.

Ces seules observations suffisent à montrer combien le

---

(1) Historique du 9e dragons. (Man. de 1871.)
(2) Rien de particulier à signaler en ce qui concerne la Garde, la réserve générale d'artillerie et la réserve du génie.

service des renseignements était mal centralisé ; nombre de comptes rendus et de rapports échappaient au travail de rapprochement méthodique qui incombait au grand état-major général ; certains de ces rapports s'arrêtaient aux commandants de corps d'armée qui les résumaient plus ou moins parfaitement dans leur bulletin journalier ; d'autres étaient expédiés au général Jarras, à Metz, et d'autres, enfin, parvenaient directement au commandant en chef, à Borny, sans compter ceux qui continuaient à être adressés « au Major général » et qui aboutissaient au cabinet de l'Empereur.

En ce qui concerne la situation d'ensemble de l'armée sous les murs de la forteresse (1), il est à remarquer que la concentration déjà si étroite, prise le 11 août sur les plateaux de la rive droite après l'abandon des hauteurs de la Nied, s'était encore accentuée davantage pendant les journées du 12 et du 13 pour aboutir à un véritable entassement de douze divisions et demie d'infanterie, de quatre divisions de cavalerie et de cinq réserves d'artillerie sur une zone dont la plus grande dimension, de Chieulles à Magny, ne dépassait pas 10 kilomètres. Ce resserrement excessif des premières positions occupées le 11 août ne paraît d'ailleurs avoir été nullement atteint par l'application d'un plan d'ensemble émané du grand quartier général ; il semble bien plutôt avoir été le résultat des vagues inquiétudes éprouvées par chacun des commandants de corps d'armée qui, laissés sans instructions générales, étaient instinctivement portés, sous l'influence des idées d'alors, à ramener sur un même alignement les quelques divisions ou brigades qui eussent pu, à la rigueur, être considérées comme des organes de protection du gros de l'armée. Dès lors,

---

(1) Voir le croquis n° 1.

c'est-à-dire à partir du 13 août, les dix divisions et demie des 2ᵉ, 3ᵉ et 4ᵉ corps se trouvaient déployées côte à côte sur la ligne Magny, Colombey, Chieulles ; la Garde, seule, formait une sorte de réserve centrale, au reste excessivement rapprochée de la première ligne. En outre, l'attirance de la place de Metz, qui avait déjà si manifestement fait sentir son action sur les décisions du haut commandement, au point de vue de la conduite générale des opérations, achevait son œuvre en exerçant une influence indéniable sur le commandement subordonné et plus particulièrement sur celui du 2ᵉ corps qui, en ramenant ses troupes face au Sud, sous le feu du fort de Queuleu, ne contribua pas peu à donner à l'ensemble des bivouacs l'aspect de ceux que pourrait présenter la garnison d'une place étroitement investie. D'ailleurs, les troupes du 6ᵉ corps, arrivées à Metz sur ces entrefaites, avaient complété cette sorte de dispositif circulaire en s'installant, partie entre Seille et Moselle, face au Sud-Ouest, partie aux environs de Woippy, face au Nord-Ouest. Bien qu'il ne faille nullement rechercher dans cette forme purement extérieure d'une concentration périphérique, le signe de l'intention qu'aurait eu le haut commandement de s'arrêter définitivement sous la place et d'en assurer la défense, il n'en paraît pas moins intéressant de la signaler, parce qu'elle est la première manifestation de faits très caractéristiques dont on retrouvera journellement les traces dans les opérations qui suivront. Cette même tendance de l'armée à se replier sur elle-même et à faire face à la fois de tous les côtés se rencontrera le lendemain et les jours suivants, en s'appliquant à toute unité — corps d'armée ou division — qui ne se sentira pas en contact immédiat avec d'autres troupes. Peut-être pourrait-on rechercher la source de tels errements dans les pratiques que l'armée française avait été amenée à suivre au cours de longues luttes contre un adversaire dont la tactique, toute de surprise, était essentiellement différente de celle des armées européennes ; il n'en paraît pas moins vrai que leur application, à l'heure actuelle, peut être considérée comme une preuve manifeste de l'inquiétude générale qui régnait à tous les degrés supérieurs du commandement, inquiétude provenant tout à la fois de la faiblesse de la direction suprême et de l'ignorance qui résultait d'une coordination aussi défectueuse que possible des renseignements, cependant nombreux, recueillis sur l'ennemi.

III. — Le grand quartier général.

Les renseignements provenant de l'extérieur et ceux que la cavalerie avait recueillis dans la journée sont résumés, d'ailleurs incomplètement, par le bulletin établi à l'état-major général et communiqué à chacun des commandants de corps d'armée.

D'après ce bulletin, le gros des colonnes des armées du Prince royal et du prince Frédéric-Charles « peut-être neuf corps d'armée » pouvait déboucher le lendemain, 14 août, sur Nancy et Pont-à-Mousson. L'armée du général Steinmetz, qu'on supposait réduite aux VIIe et VIIIe corps, paraissait devoir couvrir à droite le mouvement des armées des Princes en « faisant une démonstration sur les routes de Sarrebrück et de Boulay ». Enfin, l'armée de Vogel de Falkenstein, dont on parlait chaque jour, mais qu'on ne voyait jamais et pour cause, devait pénétrer par Thionville et Longwy avec 150,000 hommes. « Mais, ajoute le bulletin, le mouvement n'a été aperçu par personne. »

D'autre part, l'agent spécial de Thionville annonçait que la frontière du Luxembourg était complètement dégarnie de troupes, mais que, cependant, de nouvelles colonnes de toutes armes évaluées à une dizaine de mille hommes avec de nombreuses voitures (4,000) se rassemblaient, venant de Trèves, entre Sarrebourg, Mertzig et Perl. « …Ces transports doivent continuer demain. *On parle de la concentration de 35,000 hommes destinés à opérer entre Thionville et Metz* (1) ».

De Toul, le capitaine Vosseur annonçait (2) l'occupation de Nancy par la cavalerie prussienne. Il faisait savoir, en même temps, que les trains portant trois régiments de la division Bisson du 6e corps (3) venaient d'être arrêtés près de Marbache par la cavalerie allemande et rétrogradaient sur Toul.

Un détachement fort de 400 à 500 chevaux avait atteint Corny vers midi et demi. Un autre, comprenant 120 hulans, était arrivé la veille à Cheminot (8 kilomètres Nord-Est de Pont-à-Mousson) et avait poussé un peloton jusqu'à Lesménils.

Enfin, plus près de Metz, sur le front même des camps français, la cavalerie, parfois accompagnée d'infanterie et d'artillerie, se montrait sur de nombreux points :

Des hulans sont aperçus à Vry et à Sainte-Barbe ; « une forte masse de cavalerie (4) s'avance par la route de Bouzonville (5) ».

Sur le plateau de Glattigny apparaissent dans l'après-midi « des forces ennemies, infanterie, cavalerie et artillerie, qui augmentent sans cesse (6). Nos grand'-gardes échangent des coups de fusil. *Il serait possible que nous fussions attaqués demain matin.* Dans ce cas, il serait difficile de refuser le combat et de chercher à

---

(1) Dépêche expédiée de Thionville le 13 août, à 9 h. 15 du soir.
(2) Dépêche expédiée de Toul à 11 h. 15 du soir.
(3) 14e, 20e et 31e régiments.
(4) 3e division de cavalerie allemande.
(5) Bulletin de renseignements du 6e corps.
(6) Avant-garde de la 2e division d'infanterie allemande.

opérer le passage de la Moselle, opération qui exigera plus d'une journée (1). »

Des vedettes de hulans se montrent devant le front du 3ᵉ corps à Flanville, Coincy et entre Marsilly et le château d'Aubigny (2). Les avant-postes du 3ᵉ corps établis à hauteur de Montoy et de Noisseville ont tiraillé vivement sur ces cavaliers. Des officiers aux avant-postes rendaient compte au lieutenant-colonel Fay de la présence « de masses assez profondes de cavalerie dans les fonds ». De Colombey, le même officier d'état-major, « crut voir de l'infanterie vers Coincy ». « Le mouvement de cette reconnaissance ennemie avait l'air de se prolonger de Coincy vers Ars-Laquenexy autour du château d'Aubigny »; mais le lieutenant-colonel ajoute, en terminant son rapport : « l'ennemi n'a pas tiré un coup de fusil ; son infanterie serait donc loin... »

De tous ces renseignements, le bulletin établi à Metz par le grand quartier général conclut « que, les éclaireurs de cavalerie et les reconnaissances se rapprochant et se montrant en grand nombre et sur beaucoup de points à la fois, les corps d'armée ne tarderaient pas à déboucher sur Nancy et Pont-à-Mousson ». Bien qu'il ne paraisse attacher qu'une importance secondaire à la « démonstration » du général Steinmetz par les routes de Boulay (Sarrelouis) et de Sarrebrück, il apprécie cependant, sans trop s'écarter de la vérité, la situation d'ensemble de la IIᵉ armée allemande. Le Xᵉ corps prussien atteignait, en effet, Pont-à-Mousson dès le 13 août avec l'une de ses divisions et trois brigades de cavalerie occupaient, en même temps, Dieulouard et Pont-à-Mousson.

---

(1) Lettre du général de Ladmirault au maréchal Bazaine, datée du château de Grimont, 6 h. 30 du soir.
(2) Compte rendu d'une reconnaissance exécutée par le lieutenant-colonel Fay, de l'état-major général de l'armée.

En ce qui concerne l'armée du Prince royal, le bulletin présentait la situation sous un jour trop pessimiste, puisqu'il admettait que la III⁰ armée atteindrait la ligne générale à Vic, Lunéville dans la journée du 14 août.

En rapprochant ces considérations de celle qui laissait croire à la présence d'une armée importante destinée à opérer entre Metz et Thionville, il semble que l'enveloppement stratégique eût dû paraître imminent au commandement français, et il devient alors difficilement explicable, que le nouveau commandant en chef ait manifesté tout à coup, dans la soirée du 13, une vive résistance au projet de retraite que le souverain venait enfin de lui imposer ou tout au moins de lui faire accepter explicitement.

Vers 1 heure de l'après-midi, en effet, le Maréchal s'était rendu à la préfecture où il avait eu une seconde entrevue avec l'Empereur (1), entrevue dont il ne reste aucune relation de détail, mais où la retraite, cependant, fut certainement, cette fois, décidée d'un commun accord, puisque dans le courant de l'après-midi le commandant en chef recevait la lettre suivante :

13 août.

« Les Prussiens sont à Pont-à-Mousson, — 300 sont à Corny. D'un autre côté, on dit que le prince Frédéric-Charles fait un mouvement tournant vers Thionville. Il n'y a pas un moment à perdre pour faire le mouvement arrêté (2). »

NAPOLÉON.

---

(1) Malgré quelques contradictions dans les dépositions, il paraît avéré que le Maréchal se rendit auprès de l'Empereur entre midi et 1 heure. (Voir les dépositions du maréchal Bazaine et des généraux Lebrun et Jarras. Procès Bazaine, pages 159, 161, 211, 213.)

(2) La retraite, évidemment.

Le maréchal Bazaine répondit alors à l'Empereur :

Borny, 13 août.

« J'ai reçu l'ordre de Votre Majesté de hâter le mouvement de passage sur la Moselle ; mais M. le général Coffinières qui est en ce moment avec moi, m'affirme que, malgré toute la diligence possible, les ponts seront à peine prêts demain matin.

« D'un autre côté, l'Intendant déclare ne pouvoir faire les distributions immédiatement.

« Je n'en donne pas moins des ordres pour que l'on reconnaisse les abords et les débouchés des ponts et pour que l'on se tienne prêt à commencer le mouvement demain matin (1).

« Au moment de terminer ma lettre, je reçois de M. le général Decaen l'avis qu'une forte reconnaissance prussienne se présente à Retonfey, ainsi qu'à Ars-Laquenexy. »

BAZAINE.

Quel est le véritable motif pour lequel le Maréchal cherchait déjà, malgré une apparente soumission, à se

---

(1) Le Maréchal avait adressé, en effet, aux commandants de corps d'armée des *Instructions* qui seront exposées ultérieurement.

Il est cependant intéressant de remarquer dès maintenant que d'après ces Instructions le mouvement devait commencer soit dans l'après-midi, soit mieux dans le courant de la nuit.

Un peu plus tard, le Maréchal adressait également aux commandants des 2e et 4e corps l'ordre de faire reconnaître les ponts, puis il ajoutait en *post-scriptum* : « Il est probable que le mouvement ne pourra se faire que demain ».

Enfin, une autre prescription relative au ravitaillement débute par ces mots : « L'armée se *tiendra prête* à se mettre en mouvement demain 14 courant, à 5 heures du matin ».

Il est à noter qu'aucune de ces prescriptions ne contient un ordre ferme d'exécution.

soustraire à l'engagement qu'il avait pris quelques heures plus tôt? Il est à remarquer qu'il ne présente pas encore comme argument, la proximité de l'ennemi ni le danger d'être attaqué pendant l'exécution du mouvement de retraite. Peut-être, d'ailleurs, ne connaissait-il alors qu'incomplètement le résultat des reconnaissances de la division de Clérembault sur la Nied devant Pange et Domangeville (1). Peut-être aussi la raison qu'il donne au souverain est-elle la vraie et, dans son apathie intellectuelle, l'idée ne lui est-elle pas venue de tirer parti des trois ponts fixes existant sur la Moselle? Peut-être enfin, ne cherchait-il qu'un prétexte pour différer une manœuvre qu'il n'approuvait pas, tout simplement parce que son exécution exigeait préalablement une décision et des ordres, deux choses pour lesquelles il manifesta toujours une vive répugnance ainsi qu'il en donnait une première fois la preuve le jour même par les communications adressées aux commandants de corps d'armée.

Le malheur voulut que la lettre du Maréchal suffit pour provoquer chez l'Empereur un brusque abandon de l'attitude tant soit peu énergique qu'il avait enfin prise vers le milieu de la journée. A 8 h. 30 du soir, en effet, il écrivait au commandant en chef :

« Je reçois votre lettre ; dans ces circonstances, c'est à vous de voir si le passage en arrière est possible. Croyez à mon amitié et prévenez-moi demain matin. »

Il n'en fallait pas davantage, sans doute, pour que le Maréchal insistât, dès lors, plus ouvertement en faveur de l'ajournement de la retraite. Il est d'ailleurs probable, ainsi que semble l'indiquer le texte même de sa lettre, qu'il était désormais fixé sur le voisinage des

---

(2) Le Maréchal, en effet, ne parle pas des bivouacs de troupes de toutes armes observés dans la vallée de la Nied.

colonnes ennemies de toutes armes reconnues dans la journée par la cavalerie, mais il est à remarquer, à ce sujet, que ce voisinage inquiétant ne lui inspira nullement l'idée de couvrir le mouvement projeté par des arrière-gardes destinées à en faciliter l'exécution. Il se borna simplement à faire valoir auprès du souverain le danger auquel pouvait exposer une retraite faite au contact de l'ennemi et à se retrancher derrière un vague projet d'offensive auquel il était sans doute d'ores et déjà parfaitement décidé à renoncer.

A 9 heures du soir, il écrivait à l'Empereur :

« L'ennemi paraissant se rapprocher de nous et vouloir surveiller nos mouvements de telle façon que le passage à effectuer sur la rive gauche pourrait entraîner un combat défavorable pour nous, il est préférable, soit de l'attendre dans nos lignes, soit d'aller à lui par un mouvement général d'offensive.

« Je vais tâcher d'avoir des renseignements sur les positions qu'il occupe et sur l'étendue de son front. J'ordonnerai alors les mouvements que l'on devra exécuter et j'en rendrai compte immédiatement à Votre Majesté. »

En même temps et peut-être même quelques instants auparavant (1), il prescrivait à ses troupes de se tenir prêtes à partir le lendemain matin à 4 h. 30 (2).

---

(1) La dépêche circulaire suivante fut, en effet, en ce qui concerne l'exemplaire destiné au commandant du 2º corps, reçue par le bureau destinataire à 9 h. 30 du soir. Peut-être fut-elle rédigée vers 8 heures, car le commandant de la Garde paraît en avoir entendu parler avant 8 h. 20, heure à laquelle il faisait signaler au Maréchal « qu'il n'avait pas reçu d'ordres pour le mouvement de demain ». Ce à quoi le Maréchal faisait répondre à 9 h. 45 « que c'était là une simple erreur ». (Voir les pièces annexes.)

(2) Le Maréchal voulait-il ainsi garder la liberté d'en disposer suivant une décision qu'il se réservait de prendre ultérieurement ?..... Dans tous les cas, et à la suite des instructions déjà reçues, tout le

« Demain dimanche, 14 août, à 4 h. 1/2 du matin, toutes vos troupes devront être prêtes à exécuter un ordre de mouvement ; les chevaux seront sellés, les voitures chargées. »

Le « projet d'offensive » du maréchal Bazaine a été décrit par lui-même dans un de ses ouvrages (1) :

« En prenant l'offensive, je pensais surprendre l'ennemi en flagrant délit de mouvement de flanc, et pouvoir le rejeter au delà des Nieds. Si le succès eût répondu à mon attente, coupant l'armée allemande par la vallée supérieure de la Moselle, je pouvais arriver jusqu'à Frouard, et commander ainsi la ligne du chemin de fer de l'Est, en occupant la très forte position du plateau de Haye, entre Nancy et Toul, position que j'avais signalée depuis deux ans à l'attention du Ministre de la guerre ; de plus je rejoignais mon grand parc, dont l'absence allait avoir des conséquences si graves pour la suite des événements ; et enfin je ralliais à moi le maréchal de Mac-Mahon, ainsi que les 5e et 7e corps (2). »

Cette idée de défiler, par la vallée de la Moselle, devant le front des armées allemandes, préalablement battues, pour aller occuper certaine position dominant une voie ferrée et rejoindre les corps d'Alsace, ne paraît pas mériter la peine qu'on s'y arrête. Si le projet de concentrer l'armée sur le plateau de Haye était déjà fort discutable à la date du 9 août, alors qu'il fut proposé à l'Empereur (3), celui auquel le maréchal Bazaine dit avoir pensé le 13 août, n'a plus rien de commun avec le premier, si ce n'est l'identité du point sur lequel le com-

---

monde comprit, dans les corps d'armée, qu'il s'agissait d'un départ en vue de traverser la Moselle.

(1) *Episodes*, page 62.
(2) Voir « Journée du 9 août », page 100.
(3) *Ibid*.

mandant en chef entendait se poster avec toutes ses troupes, dans un but qu'il est difficile d'imaginer et qu'il s'abstient lui-même d'indiquer (1).

Toutefois, il est permis de se demander s'il eût été possible et avantageux de profiter de la supériorité numérique relative que procurait une étroite concentration sous les murs de Metz, pour infliger à l'une des fractions des armées allemandes les plus proches un échec qui eût sans doute rehaussé le moral des troupes et peut être apporté un trouble profond dans la manœuvre que conduisait avec tant de circonspection le Grand État-Major allemand.

Les dispositions adoptées par le maréchal de Moltke dans la matinée du 15 août, à la suite de la bataille indécise de Borny, peuvent faire prévoir aujourd'hui qu'une victoire française remportée le 14, soit sur la Ire armée, soit sur l'aile droite de la IIe, soit même sur toutes les deux à la fois, eût conduit le haut commandement allemand à suspendre sa marche vers l'Ouest et à rabattre vers Metz toute l'aile gauche de ses armées. Mais il serait tout à fait illogique de supposer, — sans entrer dans le domaine des hypothèses gratuites dont la moindre serait de placer tout d'abord un véritable chef à la tête de l'armée française, — qu'un succès partiel remporté sur une fraction des troupes allemandes eût renversé à lui seul la situation relative des deux partis et eût provoqué un recul important des troupes prussiennes. Après une victoire française comme celle qu'on escompte ici, il est donc probable que tout eût été remis en question : et la bataille décisive que de Moltke aurait certainement cherchée avec toutes ses forces réunies, alors que notre infériorité numérique nous conseillait de l'éviter, — et la retraite, en dernier ressort inévitable,

---

(1) Si ce n'est celui de battre une voie ferrée.

qui devait tendre à ramener intacte l'armée de Lorraine dans l'intérieur du pays pour la joindre à la nouvelle armée qu'on organisait au camp de Châlons.

Quoi qu'on puisse penser du projet offensif du maréchal Bazaine et quoi qu'il en eût pensé lui-même, il n'en est pas moins vrai qu'il y renonça définitivement après avoir reçu la lettre suivante, dans laquelle l'Empereur revenait encore une fois à la charge en faveur de la retraite :

13 août, 11 heures du soir.

« Mon cher Maréchal,

« La dépêche que je vous envoie, de l'Impératrice, montre bien l'importance que l'ennemi attache à ce que nous ne passions pas sur la rive gauche (1). Il faut donc tout faire pour cela ; et si vous croyez devoir faire un mouvement offensif, qu'il ne nous entraîne pas de manière à ne pas pouvoir opérer notre passage.

« Quant aux distributions, on pourra les faire sur la rive gauche, en restant liés avec le chemin de fer.

« Croyez à mon amitié,

« NAPOLÉON. »

Devant le conseil de guerre de Trianon, le Maréchal résuma simplement la question de la manière suivante :

« L'Empereur me dit : « Si vous croyez devoir faire un mouvement offensif, ne vous y prenez pas de façon à

---

(1) La dépêche de l'Impératrice, datée du 13 août, 7 h. 45 du soir, parlait, sans rien affirmer, d'un mouvement de l'ennemi au Nord de Thionville, sur le chemin de fer de Sierck. « On dit que le prince Frédéric-Charles pourrait bien se diriger par là sur Verdun et il peut se faire qu'il ait opéré sa jonction avec le général Steinmetz et qu'alors il marche sur Verdun pour y joindre le Prince royal et passer, l'un par le Nord, l'autre par le Sud..... »

empêcher le passage ». Dans ces conditions-là, il valait beaucoup mieux ne pas le faire. »

Dès lors, le commandant en chef cessa toute résistance vis-à-vis de son souverain, mais il n'en remit pas moins au lendemain l'ordre d'exécution d'un mouvement au sujet duquel il avait déjà adressé aux commandants de corps d'armée les « Instructions » dont il a été question plus haut et qu'on examinera plus complètement au moment d'exposer les opérations du 14 août.

L'ordre de départ, d'abord prévu pour l'après-midi du 13, avait donc été remis une première fois à la nuit suivante, puis enfin au lendemain 14, sous le prétexte que les ponts jetés sur la Moselle avaient été rendus impraticables par une crue. Bien que ce fait fût exact, ainsi qu'on va le voir, il n'est pas sans intérêt de rappeler une dernière fois que les trois ponts fixes de Metz eussent tout au moins permis d'évacuer les convois sur la rive gauche pendant le cours d'une journée qui restait entièrement perdue, du fait des hésitations du haut commandement.

IV. — Construction des ponts sur la Seille et sur la Moselle (1).

Dès le 8 août, le commandant du génie de l'armée avait reçu de l'Empereur l'ordre verbal de faire construire le plus grand nombre de ponts possible sur la Seille et sur la Moselle (2).

Ordre fut donné par le général Coffinières de construire :

---

(1) Voir le croquis n° 3.
(2) Procès Bazaine, page 217. Sans doute au moment où l'Empereur reprit le projet de retraite sur Châlons. (Voir « Journée du 8 août », page 72.)

Trois ponts sur la Seille, à hauteur du fort de Queuleu ;

Trois séries de ponts, en amont de la place, sur les trois bras de la Moselle (mort-bras de Montigny ; petit-bras du Saulcy ; grand-bras du Wadrineau) ;

Enfin trois autres séries de ponts en aval, sur les deux bras de l'île Chambière (bras navigable et grand bras).

Ce choix des points de passage destinés à une armée de plusieurs corps est assez caractéristique et donne une idée assez exacte de la conception que se faisait alors le commandant du génie de l'armée sur l'organisation et l'agencement des colonnes d'une aussi grosse unité.

Le général Coffinières indique d'ailleurs lui-même les considérations qui l'ont guidé dans ce choix pour lequel il n'avait reçu aucune indication de la part du commandement.

« Lorsque j'ai reçu l'ordre de construire les ponts, dit-il (1), j'ai dû naturellement aller examiner les points les plus favorables en amont de Metz. Je trouvai là *une série de petits chemins* qui conduisaient de la gorge de Queuleu (2) sur la Seille. En face de ces petits chemins, j'ai placé trois ponts. Ensuite, sur le terrain qui existe entre la Seille et la Moselle et qui est légèrement ondulé, j'ai choisi *un petit passage*, et à l'endroit qui m'a paru le plus favorable, j'ai établi trois autres ponts sur ce qu'on appelle le bras-mort de la Moselle. Pour traverser plus loin, il aurait fallu passer à travers l'île Saint-Symphorien ; là il n'y avait rien à faire (3). Sur le bras navi-

---

(1) Procès Bazaine, page 252.
(2) *Lire :* Le fort de Queuleu.
(3) Cette phrase est d'ailleurs incompréhensible dans son acception conditionnelle, car les dispositions décrites ne dispensaient pas de traverser l'île Saint-Symphorien. Il faut peut-être entendre que pour traverser l'île, il n'y avait pas de travaux à exécuter. L'inondation des parties basses a prouvé le contraire. (Voir page 38.)

gable, j'ai fait placer trois autres ponts. Enfin, pour traverser l'île Saulcy, j'ai fait jeter trois derniers ponts, ce qui en faisait douze en tout, *en face du Ban Saint-Martin*. Cette position était la plus avantageuse ; c'était celle dont les accès étaient les plus faciles. Du reste, dans toute cette série d'opérations, on m'a laissé toute initiative ; personne ne s'en est inquiété... (1) »

En fait, on ne pourrait trouver aucune différence sensible entre les dispositions adoptées, — lesquelles eussent dû normalement répondre à l'utilisation d'un réseau routier convenant à une armée, — et celles que le gouverneur de Metz aurait pu être appelé à prendre pour assurer le service de la défense dans le cas d'un étroit investissement de la place.

On doit remarquer cependant que la préparation du passage de l'armée sur la rive gauche de la Moselle, conçue de la manière qu'on vient de voir, se trouva précisément répondre aux vues du haut commandement et aux besoins d'une armée qu'on entassa ultérieurement sous les murs mêmes de la forteresse.

Dès que le général Coffinières eût déterminé les emplacements des ponts, il réunit tous les matériaux dont il disposait, et fit appel au concours des ingénieurs et du personnel des ponts et chaussées, du service de la navigation et de la compagnie du chemin de fer de l'Est.

On mit en réquisition les bateaux du commerce ; l'école régimentaire du génie fournit des chevalets et une partie de son matériel de radeaux ; on réquisitionna également des bois de construction, et l'arsenal du

---

(1) Les motifs invoqués pour le choix des emplacements des ponts d'aval sont du même ordre. Le commandant du génie de l'armée fit établir des ponts au débouché des *petits chemins* descendant du village de Saint-Julien ou de ses abords immédiats vers la Moselle.

génie se mit à confectionner des chevalets, des poutrelles et des madriers (1).

Les trois ponts de chevalets, jetés sur la Seille par le corps franc des chemins de fer « au droit du fort de Queuleu », furent ultérieurement complétés par deux autres passages construits au pied des glacis de la place ; un pont sur pilotis déjà existant et remis en état, puis une passerelle en fascines pour piétons.

La série des ponts d'amont sur la Moselle, comprenait :

Trois ponts sur le mort-bras, donnant accès des glacis de l'ouvrage à corne de la citadelle dans l'île Saint-Symphorien. Malheureusement, le pont le plus rapproché de la place, — formé de chevalets, et de deux bateaux du commerce de fort tonnage — débouchait dans une prairie basse que la moindre crue pouvait rendre impraticable. Le pont suivant (bateaux du commerce) était établi dans de bonnes conditions, mais le troisième passage fut formé de radeaux en bois pourri n'offrant aucune garantie de solidité (2) ;

Trois ponts de radeaux d'arbres jetés sur le bras navigable, entre les îles Saint-Symphorien et de Saulcy, et construits avec de bons matériaux ;

Enfin, trois ponts de chevalets mettant en communication l'île de Saulcy avec le Ban Saint-Martin (grand bras du Wadrineau). Le pont d'aval débouchait sur le glacis de la double couronne du fort Moselle ; le suivant était à 200 mètres du premier ; le troisième à 500 mètres du second.

En aval de la place, les trois ponts du bras navigable furent construits par le service des ponts et chaussées. Le plus rapproché de la place était situé à 400 mètres en

---

(1) Journal de la défense de la place de Metz.
(2) Ces trois ponts avaient des tabliers de 4 mètres de largeur.

aval du pont suspendu et à hauteur de la lunette Miollis ; les deux autres étaient échelonnés de 400 en 400 mètres. Tous consistaient en culées faites avec des enrochements et en piles de pierres sèches ; les tabliers étaient recouverts de macadam ;

Enfin, trois passages donnaient accès de l'île Chambière sur la rive gauche (grand bras) : un pont de chevalets jeté à hauteur de la lunette 195 ; à 400 mètres en aval, un pont de radeaux, fait avec des peupliers fraîchement coupés et d'une longueur insuffisante, (environ 8 mètres); enfin, à 500 mètres en aval du précédent, un pont de chevalets formé de deux tronçons séparés par un banc de gravier que la plus petite crue pouvait recouvrir (1).

Le 9 août, tous les travaux prescrits la veille étaient en cours d'exécution (2).

Le 11, la construction des ponts allait être terminée quand se manifestèrent les premiers signes d'une crue qui obligea tout d'abord à exhausser les tabliers (3). Tous les ouvriers de l'arsenal furent affectés à la construction et à la consolidation des ponts de chevalets (4).

Le 12, vers 4 heures du soir, les neuf ponts d'amont étaient terminés et praticables. Deux régiments d'infanterie et un escadron de cavalerie les franchirent Malheureusement, le passage de la cavalerie produisit, sur le pont aval du grand bras, l'affaissement de trois chevalets posés sur un fond meuble de gravier. On pro-

---

(1) Note, datée du 13 août, sur les communications établies sur la Moselle. (Rapport d'une reconnaissance faite sur les ordres du général Soleille.)
(2) Journal de la défense de la place, 9 août.
(3) Journal de la défense de la place du 11 août.
(4) Rapport du colonel Rémond sur les opérations du grand parc du génie.

céda immédiatement à la réparation qui fut terminée à 2 heures du matin (1).

Il est à remarquer que le quartier impérial paraît être resté dans une ignorance assez complète au sujet de l'exécution de l'ordre verbal donné le 8 août par le souverain. Dans cette même journée du 12, en effet, c'est-à-dire au moment où les nombreux ponts, achevés, allaient subir les premières atteintes de la crue, le général Jarras, écrivait au général Coffinières :

« L'Empereur me charge de vous inviter à faire établir sur la Moselle, *le plus grand nombre de ponts possible...* (2). » A la même date, le général de Rochebouët, commandant l'artillerie des 2ᵉ, 3ᵉ et 4ᵉ corps, demandait au général Soleille « sur quels points *seraient établis* les ponts d'aval et d'amont ». Le commandant de l'artillerie de l'armée, mieux renseigné il est vrai, par suite de son séjour à Metz, répondait que six séries de ponts existaient d'ores et déjà sur la Moselle, de part et d'autre de la place.

Cependant la crue continua d'augmenter pendant toute la journée du 12. Elle prit des proportions inquiétantes dans le courant de la nuit suivante, puis submergea ou disloqua la plupart des ponts jetés sur le grand bras (3). Dès le 12 au soir, le pont de chevalets de la lunette 195 était rompu sur une longueur de 40 mètres. Plus en aval, le pont de radeaux de peupliers et le pont de chevalets formé de deux tron-

---

(1) Lettre de l'ingénieur des ponts et chaussées et des chemins de fer de l'Est, chargé de la construction des ponts d'amont, datée du 10 juin 1872.

(2) Lettre du général Jarras au général Coffinières, datée du 12 août.

(3) La crue avait atteint son maximum, environ 1^m,20, le 13 vers 6 heures du matin. (Lettre de l'ingénieur Pesche au général de Rivière, rapporteur du 1ᵉʳ conseil de guerre à Versailles; datée du 19 juin 1872.)

çons séparés par une grève, étaient en partie submergés.

Pendant les dernières heures de la nuit du 12 au 13, ce fut le tour des ponts d'amont du grand bras qui furent en majeure partie recouverts par les eaux ainsi que les chaussées qu'on avait construites pour relier les ponts aux berges (1).

Le 13, au matin, on ne disposait donc plus d'aucun des passages créés sur le grand bras de la Moselle. Le commandant de l'artillerie de l'armée mit aussitôt à la disposition de M. Frécot, ingénieur en chef de la navigation de la Moselle, les compagnies de pontonniers des 2e, 3e et 4e corps avec le matériel dont elles disposaient (2).

Les compagnies des 2e et 4e corps (2e et 8e compagnies de pontonniers), jetèrent tout d'abord un pont avec le matériel de leurs équipages un peu au-dessus du pont rompu, c'est-à-dire à hauteur de la lunette 195. Ce pont, n'ayant pas moins de 133 mètres, fut commencé simultanément par les deux rives vers midi et fut achevé à 1 heure et demie.

Les deux mêmes compagnies de pontonniers procédèrent ensuite à la réparation d'un des ponts de chevalets voisins en remplaçant la partie submergée par du matériel d'équipage et en consolidant la partie restante à l'aide de nouveaux chevalets. Ce travail de réparation, poursuivi pendant tout le cours de la nuit, ne fut terminé que le 14 août, à 7 heures du matin. Le pont de radeaux de peupliers et l'autre pont de chevalets furent abandonnés.

Quant aux ponts du bras navigable de l'île Chambière, leurs tabliers furent relevés et deux travées furent

---

(1) Lettre de l'ingénieur Petsche, datée du 10 juin 1872.
(2) Lettre du général Soleille au général de Rochebouët, datée du 13 août.

ajoutées à chacun d'eux par les soins du service des ponts et chaussées (1).

Dans la journée du 13, les corps francs avaient également entrepris la reconstruction du pont de chevalets le plus éloigné de la place, sur le grand bras d'amont ; mais, privés du matériel nécessaire, le général commandant la place dut les relever par la 4ᵉ compagnie de pontonniers qui passa la nuit du 13 au 14, de concert avec la compagnie d'ouvriers de l'arsenal, à préparer des outils et à forger les clameaux, broches, etc..., dont l'arsenal n'était pas approvisionné (2).

Le 13, au soir, on ne disposait donc plus que d'un seul passage sur le grand bras de la Moselle : le pont de bateaux d'équipage jeté à hauteur de la lunette 195.

Un rapport, vraisemblablement rédigé dans les premières heures de l'après-midi par l'officier que le général Soleille avait chargé de reconnaître les ponts, résume ainsi la situation :

Communications d'amont. — « Sur le bras mort, il y a deux ponts praticables sur trois ; le troisième, celui d'amont, peut être mis en état facilement en renforçant les radeaux par quelques arbres en bois sain. Le pont d'aval devrait être remonté pour avoir un débouché plus convenable (3).

« Le tracé du trajet par l'île Saint-Symphorien devrait être dirigé par les points les plus élevés de l'île.

---

(1) Rapport sur le service des pontonniers et Historiques des 2ᵉ, 4ᵉ et 8ᵉ compagnies du régiment de pontonniers.

(2) Au début des opérations, deux ponts du système Birago avec leurs nacelles avaient été constitués avec le matériel de l'arsenal et de l'école régimentaire du génie, en vue du passage de la Sarre. Retrouvés intacts à la gare de Metz le 13 août, ils servirent à allonger les ponts de la Moselle après la crue. (Rapport sur les opérations du grand parc du génie par le colonel Rémond, chef du matériel de guerre du génie de l'armée du Rhin, daté du 16 mai 1873.)

(3) Les abords de ce pont étaient inondés.

« Le bras du milieu est traversé par trois ponts en bon état qu'il suffirait de remonter pour éviter de déboucher dans les parties humides de l'île Saint-Symphorien.

« Le grand bras est franchi sur trois ponts de chevalets à quatre pieds, dont deux sont à peu près impraticables; le troisième, en voie de construction (2), pourra être livré à la circulation dans la nuit ou demain dans la matinée... »

Communications d'aval. — « Le passage sur le grand bras est assuré par le pont de bateaux qui vient d'être construit par les pontonniers du 2e et du 4e corps. Les trois autres ponts sont à réparer ou à refaire.

« Sur le petit bras, il existe, outre le pont suspendu, trois ponts qui peuvent être considérés comme terminés. Un quatrième pont est projeté. »

Le rapport dont il vient d'être question fut transmis au général Coffinières, mais rien ne permet d'affirmer qu'il parvint à destination avant la visite que le nouveau gouverneur de Metz fit au maréchal Bazaine dans la journée du 13. « Je suis allé voir M. le maréchal au château de Borny où était son quartier général, dit le général Coffinières (1). Il m'a demandé dans quel état étaient les ponts. Je lui ai dit qu'ils étaient terminés, mais que, malheureusement, l'inondation en avait dérangé quelques-uns, et que je ne pensais pas qu'il fut possible d'achever les réparations avant le 14 au matin... » C'est alors que le commandant en chef de l'armée prescrivit « de reconnaître les abords et les débouchés des ponts et de se tenir prêt à commencer le mouvement le lendemain matin... »

A 9 heures, il faisait adresser d'urgence au gouverneur de Metz, l'ordre suivant :

---

(1) Ou mieux de réparation, comme on l'a vu précédemment.
(2) Procès Bazaine, page 217.

Le général Jarras, chef d'état-major général de l'armée, au général Coffinières.

Metz, 13 août, 9 heures du soir.

« Mon cher Général,

« M. le Maréchal commandant en chef me charge de vous inviter à donner des ordres pour que l'on travaille toute la nuit, aussi activement que possible, à l'établissement des ponts sur la Moselle, en amont et en aval de Metz.

« Son Excellence vous prie de lui faire connaître demain, avant le jour, ce qui aura été fait et l'état de ces ponts, en indiquant d'une manière précise ceux qui pourront être praticables à 5 heures du matin et à quel moment il sera possible de se servir des autres.

« JARRAS. »

(Très urgent.)

A 11 heures du soir, le gouverneur de Metz rendait compte au Maréchal de la situation :

... « Dans l'état actuel des choses, nous avons en amont :

« Cinq ponts sur la Seille ;
« Trois ponts sur le bras-mort ;
« Trois ponts sur le petit bras de la Moselle ; mais le grand bras ne sera praticable que vers midi.

« Par conséquent, cette ligne ne pourra être parcourue dans la matinée.

« De ce côté de la place, il n'y a donc de communication que sur la chaussée du chemin de fer et par la ville, en entrant par la porte Serpenoise et aboutissant au pont des Morts, pour déboucher sur la rive opposée par la porte de France.

« Dans l'état où se trouve le sol, toutes les voitures devraient passer par l'intérieur de la ville.

« Au-dessous de Metz, en aval, il existe :

« Trois ponts sur le petit bras de la Moselle et deux ponts sur le grand bras (1).

« On pourrait donc faire passer l'infanterie sur ces ponts en dehors de la ville. Je conseillerais de faire passer les voitures à travers la ville, en entrant, soit par la porte Moselle, soit par celle des Allemands et aboutissant au Pontiffroy et, de là, à la porte de Thionville.

« Il est bien entendu que si le mouvement des troupes ne s'opérait qu'à midi, l'infanterie et les voitures pourraient faire une manœuvre semblable en amont de la place.

« Il serait bon que des officiers d'état-major fussent placés à la tête de chaque colonne.

« COFFINIÈRES. »

Cependant, le travail de réparation reprit avec une grande activité aux premières heures du jour suivant (14 août).

Pendant que les 2e et 8e compagnies de pontonniers achevaient de mettre en état le pont de chevalets de la lunette 195 (travail terminé, comme on sait, à 7 heures du matin), la 4e compagnie, renforcée de 40 hommes de la compagnie d'ouvriers, entreprit, à 4 heures du matin, la consolidation du pont d'amont que les corps francs avaient dû abandonner ; un second pont de chevalets fut établi sur le premier dont on avait assuré la stabilité en

---

(1) Il n'existait réellement que le pont de bateaux d'équipage, puisque le pont de chevalets, mis en réparation, ne fut prés que le lendemain à 7 heures du matin.

le chargeant de sacs à terre. Le travail, commencé sur trois points à la fois, fut achevé vers 10 heures.

Le pont du milieu, très peu solide, fut abandonné, mais le pont le plus rapproché de Metz fut à la fois relevé et prolongé sur la rive gauche. A 11 h. 30, ce nouveau travail était achevé, de sorte qu'à partir de cet instant, les communications étaient assurées :

En aval. — Par deux ponts sur le grand bras et trois ponts sur le bras navigable (1) ;

En amont. — Par deux ponts sur le grand bras du Wadrineau, trois ponts sur le bras du milieu et deux autres sur le bras mort (2).

Au total, on pouvait donc organiser quatre colonnes s'écoulant par les ponts militaires et trois autres s'engageant sur les ponts fixes de la ville et du chemin de fer. Malheureusement, ces sept colonnes seraient venues déboucher sur un front de 4 kilomètres à peine (3), front sur lequel on n'eût pu prévenir les fâcheux effets d'un encombrement presque inévitable qu'au prix des plus minutieuses mesures d'ordre. Or, on verra plus loin que non seulement on ne prit aucune mesure de cette nature, mais que, parmi les quatre itinéraires utilisables sur la rive gauche, le commandant en chef n'en désigna qu'un seul. Comme dans la réalité, le pont de Longeville ne fut pas employé le 14 août, six colonnes de troupes vinrent converger à la fois vers un espace de moins de 2000 mètres d'étendue, à l'entrée d'une voie unique sur laquelle toutes avaient l'ordre de s'engager.

---

(1) Sans compter le pont suspendu. Le quatrième pont projeté ne paraît pas avoir été exécuté à temps.

(2) Celui dont les abords étaient inondés ne paraît pas avoir été déplacé.

(3) Entre le pont du chemin de fer et le pont d'aval extrême.

V. — Opérations des Ire et IIe armées allemandes.

En exécution de l'ordre du maréchal de Moltke (daté du 12 août, 4 h. 30 du soir), la Ire armée s'établissait après une courte marche, sur la Nied française entre Courcelles et les Étangs (1) :

Ire armée (2). — *Quartier général de l'armée* : à Varize ;

Ier corps. — Quartier général du Ier corps, 1re division et artillerie de corps à Courcelles-Chaussy ; l'avant-garde, — une brigade, un bataillon de chasseurs, quatre escadrons et quatre batteries, — bivouaquait à l'Ouest de Pont-à-Chaussy ; un escadron surveillait la ligne Retonfey, Ogy ; quatre compagnies lui servaient de soutien entre Vaudreville et Maizery ; cinq compagnies avec un escadron et une batterie constituaient la réserve des avant-postes à la tuilerie de Landremont ; à la nuit tombante l'escadron d'avant-postes est relevé par trois compagnies.

2e division à Landonvillers ; l'avant-garde — un régiment, trois escadrons et une batterie — avait atteint dans le courant de l'après-midi le Petit-Marais sur la route de Sarrelouis, et se retirait, après avoir échangé quelques coups de feu avec les grand'gardes françaises, jusqu'au village des Étangs en laissant un escadron sur la ligne Sainte-Barbe, Retonfey avec un bataillon de soutien entre Libaville et Glattigny.

VIIe corps. — La *14e* division s'établit à Domangeville et fait tenir la gare de Courcelles-sur-Nied par un bataillon ; le quartier général du corps d'armée et la 25e brigade à Pange ; un bataillon tient Colligny ;

---

(1) *Relation du Grand État-Major prussien* et 17e monographie; *La cavalerie des Ire et IIe armées allemandes*, par von Pelet-Narbonne.
(2) Voir le croquis n° 1.

l'avant-garde du corps d'armée — 26ᵉ brigade (von der Goltz), un bataillon de chasseurs, trois escadrons et deux batteries — venait bivouaquer à l'Ouest de Villers-Laquenexy et faisait occuper par un bataillon le petit bois situé à 1500 mètres à l'Ouest de Laquenexy; artillerie de corps à Bazoncourt.

VIIIᵉ corps. — Quartier général et *15ᵉ* division à Bionville; *16ᵉ* division à Varize et Helstroff; artillerie de corps, à Brouck.

3ᵉ division de cavalerie. — La *3ᵉ* division de cavalerie, précédée du 7ᵉ régiment de hulans formant avant-garde, suivit la route de Bouzonville jusqu'à Vrémy, où la tête de colonne fut arrêtée par des coups de feu; elle plaça des vedettes sur la ligne Sanry-les-Vigy, Sainte-Barbe, avec un escadron en flanc-garde à Vigy et bivouaqua : le reste du régiment d'avant-garde à Avancy et le gros de la division à Vry.

1ʳᵉ division de cavalerie. — La *1ʳᵉ* division de cavalerie avait reçu l'ordre de se porter sur la ligne Mécleuves, Orny, d'y relever les avant-postes de la 6ᵉ division de cavalerie en prolongeant ainsi la gauche de la Iʳᵉ armée et en couvrant le flanc droit de la IIᵉ contre l'attaque éventuelle des rassemblements observés sous Metz.

Dans la journée du 13, la *1ʳᵉ* division de cavalerie, défilant par Pange, Villers-Laquenexy et Mécleuves devant les positions françaises, lance le *4ᵉ* régiment de hulans sur Jury « pour reconnaître la position occupée par l'ennemi sur ce point et près de Mercy (1) », puis

---

(1) Le régiment traverse Frontigny, se rassemble entre ce village et la grande route de Sarrebourg, à 500 pas de la voie ferrée, puis dirige un peloton sur la route et un demi-peloton sur Jury, avec ordre de « rompre s'il était possible la chaîne des postes ennemis ». (*La cavalerie des Iʳᵉ et IIᵉ armées allemandes*, par von Pelet-Narbonne.) Ces deux faibles troupes de cavalerie furent arrêtées net par les feux des

elle s'installe au bivouac, à Pontoy, couverte par le 4ᵉ hulans, qui s'est retiré au Sud de Mécleuves après avoir laissé des avant-postes sur les hauteurs de Frontigny.

IIᵉ armée (1). — L'ordre du grand quartier général prescrivait à la IIᵉ armée « de gagner la ligne Buchy, Château-Salins..... et de s'assurer, si cela était possible, des ponts de la Moselle à Pont-à-Mousson, Dieulouard et Marbache ».

Dans la journée du 13, le prince Frédéric-Charles établit son quartier général à Delme :

Le IIIᵉ corps vient à Béchy et Buchy,
Le IXᵉ atteint les environs d'Herny ;
Le XIIᵉ les environs de Thicourt ;
La Garde occupe Oron et Lemoncourt ;
Le IVᵉ Château-Salins ;
Le Xᵉ corps cantonne à Delme et Aulnois-sur-Seille avec l'une de ses divisions (la *20ᵉ*), tandis que la *19ᵉ* division, poussée très en avant du front de l'armée, atteint Pont-à-Mousson vers 5 heures du soir, jette deux bataillons à Dieulouard et fait surveiller les deux rives de la Moselle dans la direction de Metz.

---

avant-postes de la brigade Lapasset établis près du passage à niveau et dans le petit bois au Nord de Jury, et durent se replier sur leur escadron. Le général von Pelet-Narbonne remarque que « cette reconnaissance énergiquement conduite » a permis de conclure, en obligeant l'adversaire à montrer ses forces et en provoquant « l'alarme qui fut battue et sonnée dans le camp à la suite de cette légère alerte », que l'on se trouvait en présence d'un corps d'armée et plus. D'après son rapport journalier, la division Bataille, du 2ᵉ corps, aurait, en effet, « pris les armes à 4 heures ». Mais il est intéressant de remarquer que ce résultat n'a pu être obtenu qu'à cause du très faible éloignement de nos avant-postes en avant des camps, éloignement qui, suivant les errements d'alors, ne dépassait pas quelques centaines de mètres.

(1) Voir le croquis n° 2.

Enfin, le II⁰ corps venait de terminer ses débarquements et se réunissait autour de Saint-Avold.

A l'extrême droite de la II⁰ armée, la *6*⁰ division de cavalerie, réunie près de Verny, faisait surveiller par sa brigade de hussards la ligne générale Courcelles, Pouilly, Fey, Corny (1), prolongeant la ligne de surveillance établie par la *1*ʳᵉ division de cavalerie.

Quant à la 5⁰ division de cavalerie, son rôle lui avait été nettement indiqué par l'ordre que le prince Frédéric-Charles avait adressé le 12 août au commandant du X⁰ corps (2) et qui peut se résumer ainsi : Gagner Pont-à-Mousson et Dieulouard le plus rapidement possible *et se porter dans la direction du Nord*, vers la route Metz-Verdun, « de manière à s'assurer avec certitude si l'ennemi se retire de Metz par cette route ».

Les *11*⁰ (de Barby) et *13*⁰ brigades (de Redern) (3), venant respectivement de Remilly et de Raucourt, atteignirent seulement Pont-à-Mousson dans la journée du 13, occupèrent la gare, détruisirent le télégraphe et la voie, puis, sur le soir, poussèrent quelques escadrons de sûreté sur les routes de Nancy, de Thiaucourt et de Metz (4).

---

(1) *La cavalerie des 1ʳᵉ et II⁰ armées allemandes*, par von Pelet-Narbonne. Les hussards prussiens eurent plusieurs escarmouches avec la cavalerie française à Fleury, Fey et Corny. « Les reconnaissances de la division trouvèrent des forces considérables en arrière de Peltre, Jury et Laquenexy ; elles les évaluèrent à deux ou trois corps d'armée et observèrent en outre trois camps sur la Moselle. »

(2) Voir « Journée du 12 août ».
Les 5⁰ et 6⁰ divisions de cavalerie continuaient à être affectées aux X⁰ et III⁰ corps, mais « elles avaient été invitées à adresser tous les renseignements importants directement au commandant en chef ». (Von Pelet-Narbonne.)

(3) La *12*⁰ brigade (de Bredow), affectée jusqu'ici au IV⁰ corps, recevait l'ordre de rallier les deux autres et bivouaquait le 13 août au soir à Jallaucourt.

(4) Une patrouille du *11*⁰ hussards arriva jusqu'à Gorze (signalée par

Enfin, la brigade de dragons de la Garde, partie d'Oron le matin, arrivait à Dieulouard, détruisait la voie ferrée et forçait les trains qui amenaient des troupes françaises (1) du camp de Châlons à rétrograder vers Frouard sous le feu d'une batterie à cheval.

En résumé, les armées allemandes continuaient, pendant cette journée du 13, la marche qui, d'après l'ordre du grand quartier général, daté du 9 août, 8 heures du soir, devait conduire les armées de la Sarre sur le front Metz, Lunéville.

La 18e monographie du Grand État-Major allemand réédite cette ancienne opinion que, le 14, les armées allemandes devaient « *continuer* la conversion à droite commencée les jours précédents, mais en prenant désormais comme pivot la Ire armée arrêtée sur la Nied ». C'est une manière de voir qui fait remonter fort loin, dans l'esprit du commandant en chef, la décision d'exécuter une manœuvre enveloppante destinée à rejeter l'armée française vers le Nord.

Bien que, d'après l'*Historique du Grand État-Major prussien*, l'idée générale de la manœuvre en question se trouve à l'état de germe dans le Mémoire du chef d'état-major, il semble au moins permis de douter que les débuts de son exécution aient eu lieu aussitôt que le laisse entendre l'ouvrage allemand (2).

L'ordre de de Moltke (du 12 août, 4 h. 30 du soir) est

---

une dépêche du maire de Gorze au général Coffinières, dépêche datée de Gorze, 6 h. 25 du soir).

(1) 14e, 20e et 31e régiments de la division Bisson, du 6e corps.

(2) Page 71. On doit d'ailleurs ajouter qu'il est difficile de dégager du Mémoire de l'hiver de 1868 à 1869 (*Correspondance militaire du maréchal de Moltke*, 1er volume, n° 18) « la tendance *évidente*, dont parle l'Historique allemand, à refouler le gros des forces ennemies au Nord de leur communication avec Paris. »

basé sur cette idée que « la masse principale de l'ennemi se retire par Metz au delà de la Moselle » ; mais les deux armées n'en sont pas moins portées droit devant elles, dans la journée du 13, sans qu'il soit possible encore de découvrir les traces d'une conversion vers la droite.

Un point important, que n'oublie pas le grand quartier général et qui paraît, au reste, avoir été parfaitement compris par le commandant de la IIe armée, est de lancer la cavalerie au loin et sur les deux ailes *de part et d'autre de Metz*.

« La cavalerie de la Ire armée explorera la direction de Metz et *franchira la Moselle en aval.* »

..... « La cavalerie de la IIe armée poussera des reconnaissances au delà de la Moselle. » (Ordre du grand quartier général.)

De son côté, le prince Frédéric-Charles écrivait le 12 au soir, au commandant du Xe corps d'armée (1) :

« L'ennemi ayant évacué sa position derrière la Nied, veuillez mettre aujourd'hui même le général von Rheinbaben en mouvement vers la Moselle, dans la direction de Pont-à-Mousson et de Dieulouard, avec ses deux brigades de cavalerie que je vais faire rejoindre, le plus tôt possible, par la brigade Bredow. Le général von Rheinbaben passera la Moselle, gagnera le plateau entre Meuse et Moselle et se portera dans la direction du Nord, vers la route Metz-Verdun, *de manière à s'assurer avec certitude si l'ennemi se retire de Metz par cette route.* »

Le commandant de la IIe armée communiquait, dans l'après-midi du 12, cet ordre au général Steinmetz et ajoutait : « Une opération semblable de la cavalerie du

---

(1) Sous les ordres duquel se trouvait placée la 5e division de cavalerie.

côté de la Iʳᵉ armée, qui est à prévoir, isolerait complètement Metz en quatre ou cinq jours. »

Cependant, l'exécution de ce plan remarquable devait, ainsi qu'on l'a pu voir, laisser beaucoup à désirer.

La 5ᵉ division de cavalerie, dont les brigades avaient été imprudemment éparpillées, ne dépassait pas Pont-à-Mousson le 13 et ne faisait que patrouiller dans la vallée de la Moselle et dans la direction de Thiaucourt.

Quant à la *3ᵉ* division de cavalerie, elle s'était vu rétrécir, par le commandant de la Iʳᵉ armée lui-même et malgré l'avis motivé qu'il venait de recevoir de son collègue de la IIᵉ armée, le rôle qui lui était cependant naturellement dévolu par l'ordre du grand quartier général.

La *3ᵉ* division de cavalerie, en effet, ne recevait pas l'ordre de « franchir la Moselle en aval », mais seulement « de se porter jusqu'à Avancy » et « de chercher à jeter des détachements *de ce côté-ci de la Moselle pour voir ce qui se passe sur l'autre rive* ».

Ainsi se trouve expliquée la mollesse avec laquelle l'exploration fut conduite dans la journée du 13 août par la *3ᵉ* division de cavalerie (1).

En ce qui concerne la Iʳᵉ armée, elle avait occupé, ainsi qu'on l'a vu, la ligne de la Nied entre Laquenexy

---

(1) Une patrouille, commandée par un lieutenant, prend la direction de Thionville et est arrêtée à 8 kilomètres de la place par des fractions d'infanterie et de cavalerie.

Une autre patrouille, commandée par un lieutenant de réserve, fut dirigée sur Hauconcourt. Elle passa la Moselle sur un bac, poussa à peine au delà du village et rentra au bivouac.

La *Relation du Grand État-Major prussien* dit à ce sujet que, « les grandes reconnaissances, prescrites par le grand quartier général sur la rive gauche de la Moselle, ne pouvaient avoir lieu, l'adversaire ayant conduit en lieu sûr tout le matériel flottant ». Les faits eux-mêmes paraissent infirmer cette appréciation. Voir d'ailleurs à ce sujet l'enquête à laquelle s'est livré le général von Pelet-Narbonne, enquête d'où

et les Étangs avec deux corps d'armée (1) ; un troisième corps était maintenu en réserve sur la Nied allemande à Varize, Bionville et Brouck. Le front de l'armée était d'environ huit kilomètres ; la réserve se tenait à une distance moyenne de sept ou huit kilomètres des corps de première ligne. Cette armée était donc bien réellement concentrée en vue d'une bataille qu'il fallait prévoir, et que précisément le commandant en chef du parti opposé paraît avoir eu un instant l'idée — vague il est vrai — d'offrir le lendemain même.

Or il semble que la seule position où la Ire armée eût été en mesure de recevoir sans trop de désavantage, l'attaque d'une armée très supérieure en nombre se trouvait jalonnée par Cheuby, Glattigny, Maizery, Colligny, Laquenexy. Par suite, elle eût dû tenir dès l'abord cette série de points d'appui et cela d'autant plus solidement qu'ils étaient exposés à subir l'attaque soudaine d'un adversaire déjà rassemblé à cinq ou six kilomètres de là. Enfin, cette ligne, qui eut pu constituer la ligne de résistance principale de la Ire armée dans le cas d'une attaque directe venant de l'Ouest, eût dû être couverte par un système d'avant-postes d'infanterie fortement installés sur le front Sainte-Barbe, Retonfey, Flanville, Marsilly et le bois à deux kilomètres à l'Ouest de Laquenexy.

On a pu constater plus haut, que la Ire armée allemande avait bien, en effet, jeté quelques escadrons et quelques compagnies sur le plateau qui s'étend de Sainte-Barbe à Laquenexy, profitant en cela de l'entière liberté que lui laissait l'armée française, alors que celle-ci, eut dû l'occuper elle-même par ses avant-postes

---

il résulte que non seulement on eût pu jeter sur la rive gauche des reconnaissances d'officiers, ainsi que cela eut lieu d'ailleurs, mais aussi de forts détachements de découverte.

(1) Voir le croquis n° 1.

depuis l'instant où elle s'était rassemblée sous les forts de la place de Metz.

Mais il paraît intéressant de remarquer qu'en profitant de cette occasion inespérée, la Ire armée n'a pris que des mesures insuffisantes pour assurer aux corps cantonnés sur la Nied la possibilité de déboucher en toute sécurité sur leur position de combat éventuelle. A l'exception du front Colligny, bois à l'Ouest de Laquenexy où la *26e* brigade s'était couverte par un bataillon de chasseurs, et la *25e* par un bataillon du *13e* régiment, on ne trouve plus, en première ligne, que quelques compagnies entre Maizery et Cheuby sur un front de plus de cinq kilomètres.

Devant une attaque que l'armée du Rhin aurait été en mesure de prononcer avec une grande supériorité numérique, le 14, à la pointe du jour, une aussi faible ligne de surveillance eût risqué d'être bousculée sans pouvoir assurer au gros de l'armée le temps de déboucher des bois qui couvrent toute la rive gauche de la Nied (1).

D'ailleurs, le commandant de l'armée n'avait donné

---

(1) Cardinal von Widdern (*La crise de Borny*) attribue « la situation désavantageuse » où se trouvait la Ire armée pour résister, en cas d'attaque, sur la ligne des hauteurs de la rive gauche, au trop grand éloignement de la réserve (VIIIe corps), qui cependant aurait pu arriver en deux heures et demie de marche à l'entrée du champ de bataille éventuel. C'est admettre *à priori* que la réserve de l'armée aurait été, *dès le début*, nécessaire pour réparer les affaires compromises de deux corps d'armée ayant à combattre sur un front de 8 à 9 kilomètres. C'est une éventualité qu'il était, en effet, naturel de prévoir, précisément à cause de l'insuffisance des mesures de sécurité qu'on avait prises. Avec un service d'avant-postes solidement organisé, et donnant par conséquent aux corps de première ligne le temps de déboucher, le trop grand rapprochement du VIIIe corps eût, au contraire, présenté l'inconvénient de préjuger *à priori* de son emploi sur tel ou tel point, ou bien de l'exposer aux difficultés d'un déplacement latéral dans la vallée de la Nied française, déjà encombrée de troupes et surtout de voitures.

aucune indication sur la conduite à tenir en cas d'attaque : « En vue de ces éventualités, dit Cardinal von Widdern, il eût été bon que le commandant en chef eût désigné dès le 13 une ligne sur laquelle on se serait porté pour répondre à une attaque de la part des Français. Mais aucune prescription ne fut donnée à ce sujet : aussi le commandant du VIIe corps en arrivant sur ses positions devant Metz crut-il devoir chercher à s'entendre là-dessus avec le commandant du Ier corps ». De la correspondance échangée entre les deux chefs d'état-major il semble résulter que l'un des corps, — le VIIe —, devait se rassembler vers Villers-Laquenexy pour défendre la Nied sur le plateau de la rive gauche, tandis que l'autre, — le Ier —, « se maintiendrait le plus longtemps possible sur la Nied en refusant légèrement son aile droite ». « Ici, conclut Cardinal von Widdern, l'intervention régulatrice du commandement de l'armée faisait défaut. »

Non seulement l'intervention *régulatrice* faisait défaut, mais l'absence complète d'ordres sur la conduite à tenir en cas d'attaque et même sur le rôle général qui incombait aux deux corps de première ligne, eut pour conséquence immédiate, ainsi qu'on l'a montré tout à l'heure, de faire négliger l'installation d'un service de sécurité qui, dans la circonstance présente, se trouvait être d'une importance primordiale.

La journée du 14 août.

I. — Préparation de la marche.

La retraite qu'on se décidait enfin à entreprendre après de si longues hésitations n'avait été, en réalité, l'objet d'aucune préparation.

Dès qu'il fut question, au quartier impérial, d'une retraite sur Verdun et Châlons, c'est-à-dire dès le 8 août, les aides-majors généraux avaient, il est vrai, recherché sur la carte les routes qui eussent permis, le cas échéant, de rétrograder vers l'Ouest. Mais cet examen sommaire, fait en dehors de toute considération stratégique, ne fut pas poussé plus loin et l'étude préalable à l'établissement d'un ordre de mouvement resta, en fait, inachevée (1).

---

(1) Le 8 août, le général Jarras étudia, de concert avec le général Lebrun, le moyen d'effectuer le passage de la Moselle de manière à arriver aux deux grandes routes de Conflans et de Mars-la-Tour; ils repérèrent, sur la carte, les chemins secondaires qui passent par Plappeville et Lorry. (Déposition du général Jarras. Procès Bazaine, page 215.) Dans l'étude qu'ils entreprenaient de leur propre initiative, les aides-majors généraux admettaient donc, *a priori*, que la retraite de l'armée entière (dont la plupart des corps stationnaient encore sur la Nied) s'effectuerait par la ville même de Metz et ses abords immédiats.

D'ailleurs, le général Lebrun déclare dans sa déposition (procès Bazaine, page 245) que le général Jarras et lui s'attachèrent particulièrement aux routes de Conflans et de Mars-la-Tour. Ils avaient pris cependant en considération la route de Briey, « mais ce n'était pas pour une marche directe qu'on aurait pu exécuter sans avoir à craindre une

On a retrouvé dans les archives du quartier impérial un tableau indiquant, à raison d'un gîte unique par journée de marche, les étapes successives qui auraient pu jalonner la retraite de l'armée jusqu'au camp de Châlons (1). Mais ce ne fut également là qu'une étude tout à fait incomplète, qui resta sans résultat pratique et qui n'a aujourd'hui d'autre intérêt que celui de montrer comment on envisageait alors la préparation d'une marche d'armée.

Le seul point auquel on eût pensé et qui eût trait à la préparation de la retraite, concernait la construction de ponts militaires sur la Seille et sur la Moselle.

On a déjà vu (2) que si en raison du resserrement

---

attaque de l'ennemi qui aurait arrêté la marche de l'armée; c'était seulement pour le cas où on aurait dû se rejeter vers le Nord ».

Enfin le général Lebrun dit encore « que comme instructions, l'état-major général est resté en dehors des études qu'il fallait faire sur la recherche des moyens de communication....; les ordres qui sont partis de l'état-major du Maréchal se sont bornés absolument à ceci : faire prendre à toute l'armée, par les soldats, trois jours de vivres; se débarrasser de tous les hommes incapables de supporter la marche, c'est-à-dire des malades; constituer des petits dépôts pour tous les régiments dans l'intérieur de la place de Metz; enfin prescrire aux officiers de réduire leurs bagages au strict nécessaire. » (Procès Bazaine, page 209.)

Les faits confirment, comme on le verra plus loin, la déposition de l'ancien aide-major général. Toutefois, cet officier général se met en contradiction avec lui-même, dans ses *Souvenirs militaires*, en alléguant que « l'état-major général *étudia* et *arrêta* les ordres de mouvement qu'il avait à donner aux commandants des cinq corps d'armée, avec indication des itinéraires que les troupes auraient à suivre pour se porter, après la traversée des ponts, sur une position où ils seraient concentrés de manière à se trouver à cheval sur la grande route de Metz à Verdun..... » (*Souvenirs militaires* du général Lebrun, page 301.)

(1) Voir « Journée du 8 août », 9° fascicule, page 72.

(2) « Journée du 13 août », page 32.

excessif, et d'ailleurs non prévu (1), des bivouacs de l'armée aux portes mêmes de la ville, les ponts, très rapprochés les uns des autres, se trouvèrent être à portée des troupes auxquelles ils étaient destinés, les points de passage, choisis par le gouverneur de Metz d'après des règles très étroites, ne correspondaient nullement à l'ampleur d'un mouvement d'armée rationnellement conçu. Toutefois, et puisqu'on était décidé à franchir la Moselle à Metz même, il eût été fort à souhaiter qu'on prît des mesures efficaces pour détruire, en temps opportun, les ponts fixes en amont de la place, savoir : le pont du chemin de fer à Ars ; le pont de la route conduisant d'Ars à Jouy ; le pont suspendu de Corny (2).

Dès la fin du mois de juillet ou, au plus tard, dès les premiers jours du mois d'août, le capitaine Boyenval, du service du génie de la place, avait été chargé de visiter les ponts de Longeville et d'Ars sur la Moselle, puis les deux ponts (route et voie ferrée) de Magny-sur-Seille (3). D'après une note non signée mais qui n'est autre, sans nul doute, que la minute du rapport du capitaine Boyenval, il résulte que les ponts de Longeville (voie ferrée), d'Ars (voie ferrée et route) et de Magny (voie ferrée et route) étaient tous munis de dispositifs de mine. Les deux derniers cependant, c'est-à-dire ceux de Magny, avaient été antérieurement reconnus insuffisants et, déjà, les services des ponts et chaussées et des chemins de fer avaient été saisis, par le génie de la

---

(1) A la date où l'ordre fut donné de construire les ponts, c'est-à-dire le 8 août.

(2) En raison de leur plus grande proximité de la place de Toul, les ponts de Pont-à-Mousson, Dieulouard et Marbache eussent pu être aménagés et chargés par les soins de cette place.

(3) *Instruction du procès Bazaine*, capitaine Boyenval. Déposition n° 9.

place, de projets de transformations reconnues nécessaires; mais ces projets ne reçurent aucune exécution, à la suite, paraît-il, d'objections formulées par l'autorité civile (1). En ce qui concerne ces ponts de Magny, on doit d'ailleurs remarquer que l'urgence de leur destruction ne s'imposait pas plus que pour celui de Longeville, car leur situation sur l'alignement même des forts en eût rendu l'existence utile aux troupes de la défense en cas de siège. Restaient donc les deux ponts d'Ars et celui de Corny. Or le pont de la route à Ars, fut seul chargé par le capitaine Boyenval entre le 8 et le 10 août. Aucune disposition ne fut prise pour les deux autres, non plus que pour les deux ponts de Marly et de Selligny sur la Seille, auxquels personne ne paraît avoir songé et dont la suppression eût été cependant plus intéressante que celle des passages de Magny.

Les choses en étaient là, quand, dans la journée du 13, les habitants de Novéant et d'Ars, émus par l'arrivée des reconnaissances de la cavalerie prussienne, avaient prévenu par plusieurs télégrammes le gouverneur de Metz et le quartier impérial, et avaient même cherché à provoquer des ordres de destruction, sans obtenir autre chose que des réponses dilatoires. De son côté, le capitaine Boyenval, aurait personnellement insisté auprès du gouverneur pour qu'il lui fût permis de faire sauter le pont d'Ars et de tenter de couper le pont suspendu de Corny (2). Cette autorisation lui fut formellement refusée, car le général Coffinières estimait, à juste titre, qu'il ne lui appartenait pas de décider d'une question qui intéressait les mouvements de l'armée. « J'avais fait tout préparer pour faire sauter les ponts,

---

(1) *Instruction du procès Bazaine*, capitaine Boyenval. Déposition n° 9.
(2) *Ibid.*

dit-il (1); mais je devais, avant d'en ordonner la destruction, attendre un ordre du général en chef; or, il n'a pas cru devoir me le donner. »

Peut-être pourrait-on ajouter que le gouverneur de Metz ne crut pas, non plus, devoir prévenir le maréchal Bazaine des travaux préparatoires exécutés d'après ses ordres, ni provoquer une décision que le commandant en chef restait toujours libre de prendre dans le sens qui lui paraissait le plus conforme à ses projets.

Aucune destruction ne fut donc ordonnée, ni dans la journée du 13, ni dans celle du 14, et le passage de la Moselle resta ainsi absolument ouvert aux armées allemandes; l'armée française, au contraire, entassée sous les murs de la forteresse, et uniquement préoccupée de « faire mouvement », — suivant une expression d'alors, — ne faisait même plus surveiller par sa cavalerie la vallée d'Ars à Pont-à-Mousson, vallée qu'elle eût pu transformer si facilement en un obstacle matériel de quelque valeur à opposer à la marche de la IIe armée.

Ordres du commandant en chef. — L'ordre de mouvement de l'armée est daté du 13 août et porte le titre d'*Instructions* du maréchal commandant en chef (2) :

Instructions du maréchal Bazaine.

Borny, 13 août 1870.

« Le général Jarras s'assurera, avec le concours du général Coffinières, que les artères principales de Metz

---

(1) Procès Bazaine, page 253. Cette affirmation comporte d'ailleurs de sérieuses atténuations, ainsi qu'on vient de le voir.

(2) Il ne porte pas d'heure, mais il a vraisemblablement été fait dans la matinée du 13, puisqu'il prescrit le départ de la réserve de cavalerie pour 1 heure de l'après-midi, le même jour.

conduisant aux deux portes de la ville seront libres dans l'après-midi (1) pour le passage des bagages de la Garde et du 3ᵉ corps, ainsi que de la réserve du général Canu.

« Ces bagages et convois devront se garer au Ban-Saint-Martin. A cet effet, le général Jarras donnera l'ordre aux divisions Forton et du Barail de quitter leur camp vers 1 heure de l'après-midi ; leurs bagages resteront au Ban-Saint-Martin pour prendre place dans le convoi, de sorte que les divisions soient aussi légères que possible. La division Forton suivra la route de Verdun par Mars-la-Tour ; la division du Barail celle de Verdun par Doncourt-les-Conflans (ou en Jarnisy). Elles s'éclaireront en avant et sur leur flanc découvert et se relieront entre elles ; elles s'établiront toutes les deux à Gravelotte, s'il y a assez d'eau ; dans le cas contraire, l'une des deux serait à Gravelotte, l'autre à Rezonville. Elles échelonneront deux ou trois escadrons en avant, sur la droite et sur la gauche, de manière à bien couvrir le terrain et à permettre aux troupes de déboucher plus tard.

« Le général Jarras préviendra également les parcs de tous les corps de se mettre en mouvement quand on saura que les convois des 2ᵉ et 4ᵉ corps commencent leurs mouvements. Ces parcs se placeront sur le même emplacement que les convois de leurs corps d'armée, mais en tête de ces convois. On devra, à cet effet, faire reconnaître les emplacements à l'avance, pour voir s'ils sont suffisants. Dans le cas contraire, les parcs devraient suivre le mouvement des troupes.

« Des ordres ont été expédiés ce matin, de très bonne heure, aux 2ᵉ et 4ᵉ corps : ils vont être adressés à la Garde et au 3ᵉ corps ; le général Jarras devra prévenir le 6ᵉ corps.

---

(1) Du 13 août.

« Le 2ᵉ et le 6ᵉ corps placeront leurs convois entre Longeville et Moulins-les-Metz ; le 4ᵉ corps placera le sien à gauche de ses ponts, vers la Maison-de-Planches. Le 3ᵉ corps, la Garde et la réserve du général Canu placeront leurs convois au Ban-Saint-Martin.

« Le 2ᵉ et le 6ᵉ corps suivront la route de Verdun par Mars-la-Tour, Harville, Manheulles ; le 4ᵉ et le 3ᵉ s'avanceront par Conflans, Étain ; la Garde suivra le 3ᵉ corps ou exécutera les ordres qui lui seront donnés par l'Empereur.

« Le mouvement des troupes ne commencera vraisemblablement que dans la soirée, au clair de lune ; si cela est possible, il commencera dans l'après-midi.

« Le général Jarras est prié d'envoyer des officiers à Borny pour faire dire à M. le Maréchal si le Ban-Saint-Martin sera libre vers 2 heures et si les artères de la ville seront dégagées pour laisser passer les bagages du 3ᵉ corps et de la Garde.

« Dès que M. le Maréchal aura reçu les rapports de ses reconnaissances, s'il n'y a rien de nouveau, il ira prendre les ordres de l'Empereur à Metz ; mais il ne peut savoir à quelle heure cela lui sera possible.

« BAZAINE. »

Ces *Instructions* surprenantes, qui tinrent réellement lieu d'ordre de mouvement à toute l'armée, ne constituaient même pas, comme on le voit, un ordre d'exécution, puisqu'à l'exception de la réserve de cavalerie, aucun corps d'armée n'y peut trouver une heure de départ. Tout au plus faisaient-elles prévoir que le mouvement commencerait dans l'après-midi du 13 ou mieux encore dans la soirée.

On sait comment la détérioration des ponts militaires par la crue du 12 au 13, constitua, pour le commandant en chef, un motif suffisant pour remettre la retraite à plus tard et comment il expédia dans la soirée l'ordre de se tenir prêt, dès 4 h. 30, à partir le lendemain matin.

Or il y a lieu de remarquer que les convois, devant, d'après les *Instructions*, prendre la tête des troupes, rien n'empêchait de les mettre en route immédiatement, ou, tout au moins, à la suite de la réserve de cavalerie, dont le départ était prévu pour 1 heure de l'après-midi.

On doit donc attribuer l'ajournement du départ des convois et de la cavalerie, soit au désir inavoué de retarder l'exécution d'une retraite que l'Empereur cherchait à imposer, soit à l'idée incomplète et inexacte que le commandement se faisait du temps nécessaire à l'écoulement d'une colonne aussi considérable que celle dont il s'agissait (1).

La teneur même de ces *Instructions* pouvait faire prévoir les circonstances malheureuses qui devaient en accompagner l'exécution.

La réunion des voitures à bagages et des convois de toute l'armée, aux abords de la route de marche et dans l'intérieur d'un défilé dont les ponts ne formaient que l'entrée, mais qui s'étendait en réalité jusqu'à Gravelotte, constituait un écueil dangereux pour la régularité de la marche des troupes qui devaient suivre.

Jusqu'au plateau du Point-du-Jour, la route est étroitement encaissée entre des hauteurs boisées ou couvertes de vignes qui eussent rendu les mouvements latéraux très difficiles en cas d'attaque. Au delà du Point-du-

---

(1) On verra plus tard, en effet, qu'à midi 30, c'est-à-dire au moment où les troupes commençaient leur mouvement de retraite *en une seule colonne*, le Maréchal télégraphiait à l'Empereur :

« ..... J'espère que le mouvement sera terminé ce soir. » (Dépêche télégraphique du maréchal Bazaine à l'Empereur, Borny, 12 h. 30 du soir.)

Jour et avant d'arriver au plateau de Gravelotte, il fallait franchir le ravin étroit et profond de la Mance, ce que des colonnes, et surtout des voitures, ne pouvaient faire que par la grande route. Il semble cependant que le commandant en chef se fût rendu compte de ces particularités en prescrivant à la réserve de cavalerie de gagner tout d'abord Gravelotte, — et éventuellement Rezonville (1) — et de se protéger en avant et sur les flancs « de manière à bien couvrir le terrain et à permettre aux troupes de déboucher plus tard ». Malheureusement, les 1re et 3e divisions de cavalerie n'exécutèrent leur mission que d'une manière bien sommaire et bien incomplète, ainsi qu'on le verra plus tard. D'ailleurs, comme Gravelotte marquait à la fois l'embranchement des deux voies qu'on comptait suivre le lendemain, et la sortie du long défilé compris entre la place de Metz et le ravin de la Mance, c'était s'exposer à de graves déboires que de se borner à prescrire l'occupation du village par de la cavalerie, alors que celle-ci eût dû sans doute pousser jusqu'à Hannonville et Conflans, pour éclairer une solide avant-garde de toutes armes qui se fût établie sur le plateau : Flavigny, Saint-Marcel, Anoux-la-Grange.

D'autre part, le commandement en chef savait, par les rapports de la veille (2), que non seulement on était menacé sur le front Servigny-Montoy-Peltre pendant le stationnement de l'armée sur la rive droite, mais encore que de forts détachements de cavalerie ennemie s'étaient montrés à Pont-à-Mousson et à Corny. Le bulletin de

---

(1) Les « Instructions » du Maréchal prévoyaient l'occupation de Rezonville par la 3e division de cavalerie. Mais ce n'était qu'une prescription éventuelle qui, d'ailleurs, n'était pas motivée, dans l'esprit du Maréchal, par des considérations d'ordre tactique.

(2) Voir « Journée du 13 août », pages 11, 21 et suivantes.

renseignements du 13 août estimait, par ailleurs, que l'armée du prince Frédéric-Charles pouvait être en mesure de déboucher le lendemain 14 sur la Moselle, en amont de Metz, tandis qu'une armée importante (évaluée à 150,000 hommes) pouvait pénétrer d'un moment à l'autre par Longwy et Thionville (1). Outre la perspective d'un enveloppement complet qui commandait impérieusement une retraite immédiate, il semble que le commandant en chef eût dû examiner l'éventualité d'une attaque de flanc (2), dirigée contre les colonnes en marche par de la cavalerie accompagnée d'artillerie et peut-être même d'infanterie. Or, on est frappé, à la lecture des *Instructions* du Maréchal, de n'y trouver aucune prescription relative à la protection d'une armée qui allait défiler tout entière à très faible distance des points que la cavalerie ennemie occupait en force depuis la veille et à une journée de marche à peine des emplacements qu'on assignait aux têtes de colonnes de l'infanterie adverse. Ces seules considérations ne font-elles pas apparaître l'insuffisance absolue de ces « deux ou trois escadrons » qu'on prescrivait à la réserve de cavalerie d'échelonner « en avant, sur la droite et sur la gauche », et ne font-elles pas ressortir la nécessité qui s'imposait de garder par de fortes flanc-gardes les avenues conduisant de la vallée de la Moselle (en

---

(1) De ces deux renseignements, le premier était entaché d'erreur en ce qui concerne la date, le second était complètement erroné. Mais ce n'en est pas moins sur eux que le haut commandement devait logiquement se baser pour déterminer les mesures à prendre.

(2) Ou même sur les deux flancs, puisqu'on craignait une attaque par Thionville. Il est d'ailleurs à remarquer que cette dernière supposition aurait pu se réaliser partiellement si le commandant de la Ire armée n'avait retenu la 3e division de cavalerie sur la rive droite, contrairement aux ordres du grand quartier général allemand.

amont et en aval de Metz) vers la région Mars-la-Tour, Conflans (1)?

Enfin, et même en admettant que la marche pût s'exécuter avec ordre et régularité, le mouvement ultérieur en deux colonnes, tel qu'il avait été prévu, excluait l'utilisation d'une chaussée unique jusqu'à Gravelotte, si l'on ne voulait pas s'exposer, *à priori*, à subir un retard précisément égal à la durée d'écoulement de l'une de ces colonnes.

A ce sujet, le maréchal commandant en chef a déclaré, lors de son interrogatoire, que, dans son esprit, les *Instructions* signées par lui le 13 août, n'avaient d'autre but que de donner des « indications générales » et qu'il appartenait à son état-major de fixer ce qu'il appelle « les détails d'exécution » (2). Bien qu'il paraisse difficile d'admettre une telle excuse, surtout lorsqu'elle est formulée par un commandant en chef qui se complaisait au contraire, — et presque exclusivement, — dans des mesures de détail, il n'en est pas moins vrai que la

---

(1) C'est ainsi qu'on aurait pu concevoir l'envoi, dès le 13 août, de flanc-gardes importantes à Ars-sur-Moselle, Gorze et Chambley.

(2) Interrogatoire du maréchal Bazaine. (Procès Bazaine, pages 216 et 246.)

De son côté, le chef d'état-major général écrit dans ses *Souvenirs* :

« ..... Le commandant de Villenoisy, professeur à l'École d'application, vint me faire part des inquiétudes que lui inspirait le mouvement de retraite de l'armée, qui abandonnait à l'ennemi une portion importante de territoire, et aussi la manière dont se faisait ce mouvement. Je répondis au commandant de Villenoisy que, comme lui, je souffrais profondément de la situation où se trouvait la France ; que les chemins qu'il m'indiquait m'étaient connus, et que le commandant en chef ne pouvait pas les ignorer ; *qu'il ne m'appartenait en aucune façon de modifier des ordres dont une partie avait été donnée directement par le Maréchal*, et que je n'avais qu'à obéir. C'était, en effet, *le seul rôle que j'eusse à remplir* dans la situation qui m'était faite par le maréchal Bazaine. » (Page 84.)

désignation de chemins secondaires permettant de gagner en plusieurs colonnes le plateau Gravelotte-Vernéville eût considérablement facilité la marche de l'armée.

De la place de Metz, — ou de ses abords immédiats, — quatre routes ou chemins permettaient d'accéder au plateau de la rive gauche sur le front Gravelotte-Saint-Privat (1) :

1° La grande route de Metz à Gravelotte par Longeville et Moulins ;

2° Le chemin de Metz à Vernéville par Plappeville, Lessy et Châtel-Saint-Germain (2) ;

3° Le chemin de Metz à Amanvillers par le Coupillon et Lorry ;

4° La grande route de Briey par Woippy et Saint-Privat.

En outre, on doit se souvenir que les trois ponts fixes de la Moselle offraient un moyen de passage permanent qu'il eût été possible d'utiliser en attendant que les ponts militaires, réparés, vinssent les doubler.

Même en se maintenant dans le cadre général tracé par les instructions du commandant en chef, et même en faisant abstraction des mesures qu'on aurait dû prendre pour assurer la sécurité du mouvement, il semble donc qu'il eût été relativement aisé d'organiser la marche de l'armée vers l'Ouest. La réserve de cavalerie et les convois, filant dès le 13 août en deux colonnes convenablement organisées et surveillées, eussent certainement dégagé les ponts avant les premières heures

---

(1) Voir le croquis n° 1 de la « Journée du 14 août ».

(2) La partie de ce chemin comprise entre Lessy et Châtel (environ 1 kilomètre), quoique moins praticable que le reste de l'itinéraire, n'en était pas moins utilisable, puisqu'elle fut suivie effectivement par une partie des troupes dans la journée du 15 août.

du jour, le 14. En supposant qu'il fût nécessaire de laisser un corps d'armée entier sur le plateau de Borny, pour protéger le passage des autres sur la rive gauche de la Moselle, il restait à mettre en route, sur quatre itinéraires (1), quatre corps d'armée et la réserve générale d'artillerie, et à les amener dans le quadrilatère Vionville, Batilly, Saint-Privat, le Point-du-Jour.

C'était là une question qui, malgré certaines difficultés provenant de l'organisation défectueuse des convois et de l'entassement préalable des troupes sur un étroit espace de la rive droite, n'eût certainement pas paru insoluble si on se la fût nettement posée au grand quartier général.

II. — Exécution du mouvement de retraite.

Marche des convois. — En exécution des ordres du Commandant en chef, toutes les troupes prirent les armes dès 4 h. 30 du matin, sellèrent les chevaux et se tinrent prêtes à rompre en attendant un ordre de départ qui ne devait d'ailleurs parvenir que de longues heures plus tard.

Les bagages et les convois s'étaient mis en route les premiers ainsi que le prescrivaient les *Instructions* du Maréchal.

Ceux du 2ᵉ corps s'ébranlèrent vers 7 heures du matin, formés dans l'ordre des divisions, s'engagèrent sur le Pont-des-Morts (2) pour gagner par Longeville l'empla-

---

(1) Les quatre itinéraires cités plus haut étaient desservis, dans la journée du 14, par les trois ponts fixes et par quatre autres passages créés de toutes pièces.

(2) Le plus méridional des ponts de Metz sur le grand bras de la Moselle.

cement qui leur avait été assigné entre Longeville et Moulins, de part et d'autre de la route de marche.

Malheureusement, des désordres se produisirent dès le début dans cette longue file de voitures où la discipline de marche n'était pas assez strictement observée et où le défaut de préparation qu'on a déjà signalé se traduisit par des erreurs d'itinéraires et des croisements dans l'intérieur d'une ville aux rues étroites et tortueuses (1). Les difficultés et la lenteur de la marche furent encore augmentées quand les bagages du 6ᵉ corps (2) et ceux du 3ᵉ, de la Garde et de la réserve générale d'artillerie tentèrent de s'engager dans la ville dès les premières heures de l'après-midi (3). D'ailleurs, l'enchevêtrement presque inextricable des voitures aux abords du Pont-des-Morts, n'était pas le seul obstacle dont il s'agissait de triompher pour avancer, car la retraite des troupes du 2ᵉ corps ayant été

---

(1) Le vaguemestre général de l'armée avait cependant été chargé de faire déblayer les rues de Metz. Un « grand nombre de gendarmes » et même des officiers de l'état-major général reçurent la mission « de veiller à ce que les choses se passent conformément aux ordres du Maréchal. » (Déposition du général Jarras. Procès Bazaine, page 238.) Cependant, il ne semble pas qu'on puisse conclure de cette déposition, aussi vague que la consigne à laquelle elle fait allusion, que des itinéraires précis eussent été désignés à l'avance pour chaque colonne, ni que les troupes les connussent, ainsi que ceux qui étaient chargés de veiller à l'exécution du mouvement.

(2) Les voitures du 6ᵉ corps étaient relativement peu nombreuses, puisque tous les convois de ce corps d'armée étaient restés à Châlons.

(3) La tête du convoi du 3ᵉ corps (convoi auxiliaire) fut mise en route à 11 heures du matin. Les bagages de la Garde se mirent en marche vers 2 heures, ceux de la réserve générale d'artillerie vers midi ; mais à cette heure, les voitures du 3ᵉ corps étaient loin d'avoir dégagé la route, puisque le convoi de la 2ᵉ division du 3ᵉ corps ne partit que vers 4 heures du soir.

Les convois du 6ᵉ corps devaient rejoindre ceux du 2ᵉ entre Longe-

entamée sur ces entrefaites (vers midi) (1) et s'effectuant par les ponts de bateaux établis en amont de Metz, de nouvelles colonnes vinrent se déverser à hauteur du Ban-Saint-Martin sur une route encombrée de voitures et où le mouvement était déjà presque impossible.

Le 4ᵉ corps, qui devait masser ses convois vers la Maison-de-Planches (500 mètres au Nord de la porte de Thionville) dirigea ses voitures dans la matinée (2) par la porte des Allemands sur le pont Pontiffroy (3). Bien qu'une partie des bagages du quartier général, de la division de cavalerie et de la 1ʳᵉ brigade de la 2ᵉ division s'engageât par erreur sur la route de Moulins d'où il fut impossible de la faire rétrograder, le mouvement du reste de la colonne paraît s'être fait dans des conditions assez normales et n'avoir pas retardé le débouché, sur la rive gauche, des troupes du 4ᵉ corps : les premières quittèrent, en effet, leurs camps de Grimont vers 1 heure (4), tandis que le reste des convois se

---

ville et Moulins ; ceux de la Garde et du 3ᵉ corps devaient se masser au Ban-Saint-Martin avec ceux de la réserve de cavalerie et de la réserve générale d'artillerie.

(1). *Le maréchal Bazaine au général Frossard* (Dépêche télégraphique).

Borny, 14 août, 11 h. 55 matin.

« Vous pouvez commencer votre mouvement par votre droite et aller vous établir sur la route de Verdun, si vous le pouvez aujourd'hui ; sinon, sur le plateau de Jussy-Rozérieulles. »

(2) *Dépêche télégraphique du général de Ladmirault au maréchal Bazaine.*

« Le mouvement de mes bagages est commencé. »

Cette dépêche, non datée, porte la mention :

« Reçue à Borny le 14 août à 9 h. 25 du matin. »

(3) Pont le plus septentrional de Metz sur le grand bras de la Moselle.

(4) Rapport du général Osmont, chef d'état-major du 4ᵉ corps.

Le maréchal Bazaine au général de Ladmirault.

Borny, 14 août.

« Vous pouvez commencer votre mouvement par votre gauche. Vous

massait de part et d'autre de la route de Thionville dans la plaine de Devant-les-Ponts.

Marche de la réserve de cavalerie. — On se rappelle que dans les *Instructions* du 13 août, le maréchal Bazaine prescrivait aux deux divisions de la réserve de cavalerie de quitter leur camp « vers 1 heure de l'après-midi » le jour même, et de se diriger sur Gravelotte en laissant leurs bagages au Ban-Saint-Martin. On sait également dans quelles circonstances le départ fut remis au lendemain pour l'armée tout entière.

Le rôle que le Commandant en chef assignait à la cavalerie de réserve, et qui consistait à prendre pied sur le plateau de Gravelotte-Rezonville, en s'éclairant en avant et sur ses flancs « de manière à bien couvrir le terrain et *à permettre aux troupes de déboucher plus tard* », paraissait cependant exiger un départ immédiat. Rien ne forçait à le différer, puisque la 1re division de cavalerie se trouvait déjà sur la rive gauche au Ban-Saint-Martin et que la 3e disposait des ponts fixes de Metz.

Quoi qu'il en soit, le chef d'état-major général ne transmit que le 14 août (1) aux généraux du Barail et de Forton l'ordre de se mettre en route à 1 heure de l'après-midi, de laisser leurs bagages au Ban-Saint-Martin, puis de gagner Gravelotte pour s'engager le lendemain 15 : la 1re division sur la route de Conflans ; la 3e sur la route de Mars-la-Tour (2).

---

irez vous établir, si vous le pouvez, sur la route de Conflans ; sinon, vous prendrez position en arrière de manière à ce que vous puissiez prendre la route de Conflans demain matin (le 3e corps derrière le 4e) ».

Le numéro d'enregistrement de cette dépêche paraît indiquer qu'elle fut écrite entre 11 h. 55 et 12 h. 30.

(1) Probablement de bonne heure dans la matinée.

(2) Cet ordre du général Jarras n'est que la paraphrase des prescriptions contenues dans les « Instructions » du 13.

Les deux divisions de cavalerie se mirent simultanément en marche vers 1 heure de l'après-midi (1).

La 1ʳᵉ division (général du Barail) avec ses deux batteries à cheval prit la route de Longeville déjà encombrée par les convois des 2ᵉ et 6ᵉ corps, de sorte qu'à partir de Moulins elle ne put progresser qu'en s'engageant sur le chemin latéral qui passe par Rozerieulles (2). Elle arriva vers 3 heures à Gravelotte et s'installa au bivouac à proximité de la Malmaison et un peu au Sud de la route de Conflans.

De son côté, la 3ᵉ division de cavalerie s'était dirigée à 1 heure, de son bivouac de Montigny, sur les ponts militaires jetés en amont de Metz, tandis qu'elle faisait escorter ses deux batteries à cheval par le 5ᵉ escadron du 1ᵉʳ régiment de dragons et son convoi par le 5ᵉ escadron du 10ᵉ régiment de cuirassiers, lesquels s'engageaient dans la ville et ne traversaient le Pont-des-Morts qu'avec la plus grande difficulté.

Après une marche très lente et très pénible, la division arriva vers 7 heures du soir seulement à Gravelotte où elle s'établit au bivouac (3).

Pendant la marche, la 1ʳᵉ division de cavalerie, — tenant la tête, — avait détaché « quelques pelotons en avant-garde et éclaireurs qui ne signalèrent rien d'important » (4).

A leur arrivée au bivouac, les deux divisions de cavalerie se couvrirent, suivant les errements d'alors, par

---

(1) Voir le croquis nº 2 de la « Journée du 14 août ».
(2) Ancienne route.
(3) A 200 mètres au Sud de la route de Mars-la-Tour et à l'Ouest du village de Gravelotte. (Historiques du 9ᵉ régiment de dragons et du 10ᵉ régiment de cuirassiers.) (Man. de 1871).
L'Historique du 1ᵉʳ régiment de dragons relate que « les chevaux restent sellés par ordre et que tout le monde se tient sur le qui vive ».
(4) Historique du 3ᵉ régiment de chasseurs d'Afrique. (Man. de 1871).

quelques grand'gardes installées à courte distance en avant et sur les flancs (1).

Dans la soirée, « les éclaireurs signalent dans les environs la présence d'éclaireurs ennemis, et les gens du pays affirment que les Prussiens ont des forces importantes à Ars-sur-Moselle (2) ».

Pendant la nuit, la grand'garde du 10ᵉ régiment de cuirassiers (3) reçoit quelques coups de feu, et les vedettes du 7ᵉ régiment de cuirassiers « signalent la présence de quelques éclaireurs courant les bois ».

Aucune reconnaissance ne paraît avoir été faite, ni pendant la marche, ni pendant le stationnement.

Les récentes prescriptions du quartier impérial sur le service de la cavalerie avaient eu pour résultat de provoquer de nombreuses reconnaissances d'escadrons ou de régiments pendant que l'armée stationnait à l'Est de Metz (4). Mais nulle part il ne fut question, comme on l'a pu voir, d'un véritable service d'exploration tel que la cavalerie française l'avait si brillamment pratiqué autrefois. Ce rappel tardif aux saines doctrines ne fut donc que très imparfaitement compris et ne produisit d'ailleurs qu'un réveil d'activité très momentané dans la sphère restreinte où il fut appliqué. Le 14 août, en effet, on ne relève même plus de reconnaissances à courte portée analogues à celles qu'on avait exécutées la veille, et il semble que la cavalerie,

---

(1) C'est ainsi que l'Historique du 10ᵉ régiment de cuirassiers relate l'installation d'une grand'garde forte d'un peloton « dans l'espace compris entre les bois qui bordent le plateau, ses vedettes *observant* la lisière du bois (des Ognons) et toute la portion de la plaine qui se détache sur le fond de l'horizon » (crête à l'Est de Rezonville).
(2) Journal de marche de la 1ʳᵉ division de cavalerie.
(3) Grand'garde dont il vient d'être question plus haut. (Voir note 1).
(4) C'est-à-dire pendant les journées du 12 et du 13.

ayant à faire étape en même temps que l'armée, se considérait par cela même comme dégagée de toute autre obligation.

Marche du 2ᵉ corps (1). — Les troupes du 2ᵉ corps, comme toutes les autres, avaient pris les armes à 4 heures du matin.

Par suite d'un ordre, dont il sera question plus loin et qui prescrivait de laisser à Metz la division de Laveaucoupet en remplacement de la division La Font de Villiers, le 2ᵉ corps se trouvait réduit à deux divisions (Vergé et Bataille) et à une brigade (Lapasset).

Le mouvement commença par la 2ᵉ division. Son infanterie quitta le plateau de la Basse-Bévoye vers midi en contournant le fort de Queuleu par le Sud, passa la Seille sur les ponts de chevalets construits à l'Ouest du fort, et enfin gagna les ponts de bateaux de l'île Saint-Symphorien en traversant les villages du Sablon et de Montigny. Pendant ce temps, l'artillerie, qui jusqu'alors avait marché entre les deux brigades de la division, entrait à Metz par la porte Serpenoise pour traverser la Moselle au Pont-des-Morts (2).

La 1ʳᵉ division quitta Magny à 2 heures, gagna les ponts d'amont par les glacis de la ville après avoir laissé filer son artillerie vers le Pont-des-Morts (3) (4).

---

(1) Voir le croquis n° 2 de la « Journée du 14 août ».

(2) Le 67ᵉ était déjà arrivé à hauteur de Sainte-Ruffine quand le canon se fit entendre. (Historique du 67ᵉ). Mais il est probable qu'en raison de l'encombrement, la queue de la division était encore près des ponts. Le 8ᵉ régiment, en effet, n'arrive près de Longeau qu'à la nuit close. (Historique du 8ᵉ.) (Man. de 1871).

(3) Cette artillerie resta immobilisée dans l'intérieur de la ville jusqu'à 1 heure du matin, heure à laquelle elle put enfin passer le Pont-des-Morts « en même temps qu'un régiment de dragons sur un trottoir, et un régiment d'infanterie sur l'autre ».

(4) A 4 heures, le 76ᵉ régiment n'avait pas encore traversé la Moselle.

La brigade Lapasset partit à 3 heures de l'après-midi et suivit la queue de la 1re division.

La division de cavalerie du 2e corps, mise en route à 2 heures de l'après-midi, dut venir se heurter à la colonne qui suivait la grande route de Magny, puis fut longtemps retardée par les batteries entassées pêle-mêle avec des voitures de toute sorte aux portes de la ville. Elle ne pénétra, en effet, dans la place qu'à 11 heures du soir et ne passa le Pont-des-Morts qu'à une heure avancée de la nuit.

Quant à la réserve d'artillerie, elle prit la tête des batteries divisionnaires et suivit par la ville l'itinéraire précédemment indiqué pour ces dernières.

Enfin, le parc d'artillerie et celui du génie suivirent la colonne d'artillerie et parvinrent à dépasser les convois déjà parqués entre Longeville et Moulins-les-Metz (1).

Cette marche très lente et très pénible ne se termina pour certains régiments que très avant dans la nuit, bien que le général commandant le 2e corps eût profité de la latitude que lui laissait le commandant en chef pour arrêter ses troupes sur le plateau Jussy-Rozérieulles (2).

Aux premières heures de la matinée du 15 août, les emplacements occupés par le 2e corps étaient les suivants (3) :

Le *quartier général* du 2e corps à Longeau ;

1re *division*. — La 1re division, arrivée à partir de 9 heures du soir près de Rozérieulles et campée « dans

---

A la même heure, le 55e quittait Magny. (Historiques des 55e et 76e.) (Man. de 1871).

(1) A l'exception de la 2e compagnie de pontonniers qui fut mise, le 14 août, à la disposition du gouverneur de Metz.

(2) Dépêche du maréchal Bazaine au général Frossard, 14 août, 11 h. 55 du matin.

(3) Voir le croquis n° 5 de la « Journée du 14 août ».

les vignes un peu au-dessus du village », « à proximité de l'ancienne voie romaine » (1), n'est rejointe par son artillerie qu'à 4 heures du matin.

2e *division*. — La 2e division qui avait pris la tête du 2e corps, et qui pour cette raison éprouva moins de retard, avait atteint Longeau vers 4 heures du soir et bivouaqué de part et d'autre de la grande route : la 1re brigade « sur les coteaux couverts de vignes qui forment la base du mont Saint-Quentin, à l'Ouest de Sey » (2); la 2e brigade « sur les hauteurs, dans les vignes, entre Sainte-Ruffine et Rozérieulles ».

L'artillerie de la division n'était arrivée qu'à 9 heures du soir, et avait installé son parc dans les prés, au Sud de la route, entre celle-ci et le ruisseau.

Brigade Lapasset. — La brigade Lapasset, partie la dernière de Mercy-le-Haut, n'était arrivée qu'à 10 heures du soir entre Rozérieulles et Sainte-Ruffine où elle avait établi ses bivouacs.

Division de cavalerie. — Elle passa à 5 h. 30 du matin (le 15 août) à la ferme Saint-Hubert où elle s'arrêta un instant et arriva à Vionville à 9 h. 30.

La *réserve d'artillerie* s'était arrêtée très tard, — entre 10 et 11 heures du soir —, dans les prés qui bordent la route entre Longeville et Moulins.

Le *parc d'artillerie* se forma entre Moulins et Longeau.

Enfin les convois du 2e corps étaient parqués dans une

---

(1) Chemin partant de Longeau, passant à 500 mètres au Nord de Rozérieulles et rejoignant la grande route au coude du Point-du-Jour.

(2) Le 12e bataillon de chasseurs avait été « envoyé en avant-garde à l'entrée du village de Rozérieulles ». (Journal de marche de la 2e division du 2e corps.) Mais il se trouva par la suite *à la même hauteur* que la 1re division tout entière et que la brigade Lapasset. Sauf sur ce point particulier, les journaux de marche et historiques ne donnent aucun renseignement au sujet des mesures de sécurité qu'on adopta au 2e corps.

confusion plus ou moins complète, avec ceux du 6°, dans la prairie qui borde la route au Sud et s'étend entre Longeville et Moulins (1).

Dans la matinée du 14 août, l'Empereur avait prescrit au Maréchal commandant en chef de laisser la division de Laveaucoupet à Metz pour relever la division La Font de Villiers.

Par dépêche datée de 11 h. 15 du matin, le maréchal Bazaine transmettait cet ordre au commandant du 2ᵉ corps et ajoutait : « Si le mouvement des troupes se fait avant que la division entre dans la place, elle se rapprochera du fort de Queuleu où elle prendra position. »

D'après la décision que le gouverneur de Metz prit sur ces entrefaites, les troupes de la division de Laveaucoupet devaient être immédiatement réparties dans les forts pour les mettre à l'abri d'une insulte (2).

Mais, le général de Laveaucoupet avait à peine replié sa division sur les glacis du fort de Queuleu (vers 4 heures) que la bataille de Borny s'engageait devant Colombey. Comme d'ailleurs les routes étaient encore encombrées, le général de Laveaucoupet conserva toute son artillerie et les trois bataillons du 2ᵉ régiment d'infanterie au fort de Queuleu (3). Le reste de la division fut dirigé par détachements sur les différents forts de la place, de sorte que vers la fin de l'après-midi, la 3ᵉ division du 2ᵉ corps était ainsi répartie :

---

(1) Certains corps furent rejoints dans la nuit par leurs bagages. Mais bon nombre de voitures régimentaires durent passer la nuit sur l'emplacement qu'on vient d'indiquer.
(2) Lettre du général Coffinières au général de Laveaucoupet, commandant la 3ᵉ division du 2ᵉ corps. Metz, 14 août.
(3) Lettre du général de Laveaucoupet, commandant la 3ᵉ division du 2ᵉ corps, au général Coffinières, 14 août, 10 h. 10 du soir.

Fort de Queuleu...	Quartier général de la division. Artillerie $\left(\frac{7,\ 8,\ 11}{15}\right)$ IIe et IIIe bataillons du 2e régiment.
Fort Bellecroix....	Ier bataillon du 2e régiment (1). IIIe bataillon du 63e régiment.
Fort Saint-Julien..	Ier et IIe bataillons du 63e régiment.
Fort Saint-Quentin.	Ier et IIe bataillons du 24e régiment.
Fort Moselle.......	IIIe bataillon du 24e régiment. 10e bataillon de chasseurs à pied.
Fort Plappeville....	Ier, IIe et IIIe bataillons du 40e régiment. 13e compagnie du 3e régiment du génie.

Les trois batteries d'artillerie, qui eussent dû être réparties entre les forts Saint-Julien, Bellecroix et Saint-Quentin, ainsi que l'avait prescrit le commandant supérieur de la place de Metz, étaient donc les seules troupes de la division qui n'occupèrent pas les emplacements désignés dans la journée par le général Coffinières.

Mouvements du 6e corps. — Le commandant du 6e corps recevait à 1 h. 45 de l'après-midi (2), une lettre du Maréchal commandant en chef l'avisant que les 2e et 4e corps avaient commencé le passage de la Moselle, et qu'après le relèvement de la division La Font de Villiers par celle du général de Laveaucoupet, le 6e corps devait suivre le 2e sur la route de Gravelotte (3).

A 4 heures de l'après-midi, c'est-à-dire au moment de l'attaque de la brigade de Goltz devant Colombey, le mouvement des troupes du maréchal Canrobert n'était

---

(1) Maintenu jusqu'à la nuit au fort de Queuleu avec le reste du régiment.

(2) Heure indiquée par le *Cahier de notes* du général Henry, chef d'état-major du 6e corps.

(3) Lettre du maréchal Bazaine au maréchal Canrobert, Borny, 14 août.

pas encore entamé. Les bagages et les convois seuls s'étaient engagés sur la route de Gravelotte à la suite de ceux du 2ᵉ corps pour venir se former entre Longeville et Moulins.

« Vers 3 h. 30 (1) le général de Ladmirault fait prévenir le maréchal Canrobert que son arrière-garde est fortement engagée (2). On entend distinctement le canon et la fusillade du côté de Borny. Au même moment, le général Tixier (1ʳᵉ division) signale des mouvements d'infanterie en face de son front (Montigny) (?). Le 6ᵉ corps prend les armes, prêt à obéir aux ordres du général en chef. Le maréchal Canrobert monte à cheval et va reconnaître la position du général Tixier, fort importante, puisqu'elle couvre le pont du chemin de fer qui doit servir de passage aux deux divisions campées près de Montigny » (3).

L'alerte fut vive surtout à la 1ʳᵉ division dont les camps s'étendaient, à hauteur du hameau de Saint-Privat, depuis la Moselle jusqu'à la Horgne-au-Sablon. Toutes les troupes restèrent sous les armes jusqu'à la nuit, mais ne prirent aucune part au combat qui se livrait sur leur gauche vers Grigy et le fort de Queuleu. A 8 heures du soir, la division tout entière se retira au Nord et le long de la voie ferrée qui enveloppe Montigny

---

(1) Extrait du *Cahier de notes du général Henry*. Cette heure est évidemment erronée. Le premier coup de canon a été tiré vers 4 heures seulement devant Colombey.

(2) La division Grenier, du 4ᵉ corps, ne fut attaquée que vers 5 heures.

(3) La 1ʳᵉ division (Tixier) seule était déployée au Sud de Montigny, car la 3ᵉ division n'avait qu'un régiment (le 94ᵉ) à la Horgne-au-Sablon. La 3ᵉ division de la réserve de cavalerie, campée précédemment à Montigny, était déjà partie quand le combat s'engagea. D'autre part, le pont du chemin de fer ne fut désigné comme point de passage pour la 1ʳᵉ division que dans la soirée du 14 août, à 11 heures.

par le Sud (1). Le 100ᵉ régiment cependant passa la nuit à quelques centaines de mètres au Sud des Sablons, déployé face au Sud entre la Seille et la voie ferrée, c'est-à-dire sur l'emplacement qu'il vint occuper au cours de la bataille « *pour protéger le flanc Sud du fort de Queuleu* » (2).

L'artillerie de la division se retira, à la nuit, jusque sur les glacis de la citadelle, en laissant une pièce de la 5ᵉ batterie auprès d'un bataillon formant arrière-garde au hameau de Saint-Privat et une section de la 8ᵉ batterie « près du pont de la route qui passe sur le chemin de fer à Montigny » (3).

La 2ᵉ division (Bisson), réduite comme on le sait à un seul régiment (le 9ᵉ), quitta dans la soirée son campement de Saint-Éloy « pour se rapprocher d'un kilomètre environ de la gare de Devant-les-Ponts (4) ».

La 3ᵉ divison (La Font de Villiers) s'était mise en route dès qu'elle avait été relevée par la division de Laveaucoupet. La 1ʳᵉ brigade arriva à la nuit close à hauteur de Longeville où elle installa son bivouac « près de la Moselle (5) ». La 2ᵉ brigade (dont l'un des régiments, le 94ᵉ, suivit la voie ferrée depuis la Horgne-au-Sablon jusqu'à Longeville) (6) parvint, avec la compagnie du génie à dépasser les troupes entassées sur la route au delà de Longeville et vint camper : partie dans

---

(1) Voir le croquis n° 5 de la « Journée du 14 août ».
(2) Historique du 100ᵉ régiment d'infanterie (man. de 1871).
(3) Historique des 5ᵉ, 7ᵉ et 8ᵉ batteries du 8ᵉ régiment (man. de 1871).
(4) Les bagages du 9ᵉ régiment avaient été arrêtés devant Pont-à-Mousson et durent rétrograder sur Châlons. (Historique du 9ᵉ régiment.) (Man. de 1871.)
(5) Historique du 75ᵉ régiment d'infanterie (man. de 1871).
(6) Il est impossible de déterminer l'itinéraire de l'autre régiment (le 93ᵉ) dont les bataillons occupaient les forts de Bellecroix et de Queuleu.

le village de Sainte-Ruffine, partie dans les vignes qui descendent de ce village sur Moulins (1).

L'artillerie de la division atteignit Moulins.

Enfin la 4ᵉ division (Levassor-Sorval) resta sous les armes pendant les premières heures de la bataille et installa ses bivouacs entre 5 et 6 heures sur une position un peu plus rapprochée de la place entre le hameau du Sansonnet et la voie ferrée de Thionville (2).

En résumé, le 6ᵉ corps n'avait pu entamer que partiellement son mouvement de retraite. La 2ᵉ brigade de la 3ᵉ division était seule parvenue — mais avec de grosses difficultés —, à gagner Sainte-Ruffine. Tout le reste du corps d'armée fut arrêté, non pas à cause de la nécessité à laquelle il se trouva soumis de rester à proximité de la place pour être à même d'agir dans la bataille, mais parce que les convois d'une grande partie de l'armée et les troupes du 2ᵉ corps formaient, à partir de Longeville et de Ban-Saint-Martin, c'est-à-dire aux portes mêmes de Metz, un barrage infranchissable pour les troupes qui eussent voulu s'engager sur la route de Gravelotte.

Réserve générale d'artillerie. — Des huit batteries du 13ᵉ régiment d'artillerie, quatre étaient réparties dans

---

(1) « La route de Moulins est tellement encombrée par la cavalerie et par le convoi, que, tout en marchant dans les fossés, nous mettons deux heures à parcourir la distance qui sépare Longeville de Moulins. » (Historique du 94ᵉ régiment.) (Man. de 1871.)

(2) Cette division n'était pas pourvue d'artillerie. Cependant le commandant en chef prescrivit, le 14, au commandant de l'artillerie de l'armée, de mettre provisoirement à la disposition du commandant du 6ᵉ corps deux batteries de 4 $\left(\frac{7,\ 8}{18}\right)$ affectées à la 4ᵉ division et deux batteries de 12 $\left(\frac{9,\ 10}{13}\right)$ affectées à la 2ᵉ division. Cet ordre ne fut exécuté que le 15 août.

les forts Bellecroix et Moselle où elles restèrent jusqu'au lendemain (1).

Les quatre autres suspendirent leur départ quand le canon de Borny se fit entendre, et ne quittèrent leur bivouac des Bordes qu'entre 9 et 10 heures du soir pour traverser les ponts de l'île Chambière et venir former le parc vers minuit au Ban-Saint-Martin (2).

Les huit batteries du 18ᵉ régiment, — à cheval depuis 5 heures du matin —, ne reçurent l'ordre de rompre le parc qu'à 3 h. 30 du soir. Le mouvement était à peine commencé que la fusillade le fit interrompre. Les batteries ne prirent à la bataille qu'une très faible part, ainsi qu'on le verra plus loin, et rejoignirent dans la nuit le bivouac du Ban-Saint-Martin (3).

Réserve générale du génie et grand parc. — Les troupes de la réserve générale du génie conservèrent les mêmes emplacements que les jours précédents :

2ᵉ compagnie du 1ᵉʳ régiment (télégraphistes)		A Metz.
3ᵉ régiment du génie.	1ʳᵉ compagnie de sapeurs-mineurs	Au fort Saint-Julien.
	1ʳᵉ compagnie de sapeurs de chemins de fer	Au fort Bellecroix.
	Sapeurs-conducteurs	Au camp des Sapeurs (4).
Détachement d'ouvriers		Caserne des ouvriers du génie.

Le grand parc resta sur les glacis de la citadelle,

---

(1) 5ᵉ et 6ᵉ batteries au fort Moselle.
7ᵉ : dans les ouvrages extérieurs du fort Bellecroix.
8ᵉ : partie au fort Bellecroix, partie au fort Moselle.
(2) Historique du 13ᵉ régiment d'artillerie (man. de 1871).
(3) Historique du 18ᵉ régiment d'artillerie (man. de 1871).
(4) Probablement sur les glacis de la citadelle, auprès du bivouac du grand parc du génie.

— qui furent encombrés de bivouacs jusqu'au milieu de la nuit (1).

Mouvements du 4ᵉ corps (2). — En exécution des prescriptions contenues dans les *Instructions* du Maréchal commandant en chef, le général commandant le 4ᵉ corps avait prescrit les mesures suivantes :

Château de Grimont, 14 août.

« Les troupes du 4ᵉ corps évacueront leurs positions pour se diriger vers les ponts de l'île Chambière, d'après les dispositions suivantes :

« La 2ᵉ division prendra à l'avance toutes ses dispositions pour couvrir le mouvement général : elle aura ses tirailleurs étendus sur une grande ligne, la droite à Mey, le centre contre les bois de Grimont et la gauche vers les pentes en arrière du bivouac occupé par la 3ᵉ division (3).

« Le bataillon de la 2ᵉ division qui se trouve sur la route de Kédange près de la Moselle, y restera en position en faisant face à la vallée (4).

« M. le Général commandant la 2ᵉ division distribuera, en arrière de sa première ligne, son artillerie, de manière à soutenir vigoureusement ce mouvement de retraite.

« M. le Commandant de la 2ᵉ division disposera son deuxième échelon sur les pentes Sud et Nord du fort Saint-Julien, de manière à bien couvrir le passage de la rivière. Une section d'artillerie ira se placer avec le

---

(1) Rapport sur les opérations du grand parc du génie.
(2) Voir le croquis n° 2 de la « Journée du 14 août ».
(3) C'est-à-dire à l'Ouest de la route de Kédange, à mi-distance de Chieulles et du bois de Grimont.
(4) $\frac{111}{98}$.

bataillon sur la route de Kédange, aussitôt que la première ligne des tirailleurs du Général commandant la 2ᵉ division se mettra en retraite, et selon les circonstances, les pièces d'artillerie de cette division se dirigeront vers l'île Chambière pour prendre les ponts.

« Les 1ʳᵉ et 3ᵉ divisions exécuteront simultanément leur mouvement de retraite avec lenteur et en se couvrant au loin par des tirailleurs.

« La 1ʳᵉ division dirigera successivement ses bataillons par la route d'en haut en arrière de Saint-Julien, pour passer les ponts; son artillerie prendra la tête de colonne.

« La 3ᵉ division se dirigera pour prendre la route de Kédange et se rapprocher de la Moselle. Son artillerie sera en tête pour passer les ponts.

« L'artillerie de réserve quittera les positions aussitôt qu'elle verra le mouvement de retraite des 1ʳᵉ et 3ᵉ divisions et gagnera la rivière pour passer avant toutes les troupes d'infanterie.

« Trois régiments de cavalerie passeront les ponts avant tout mouvement commencé, ainsi que l'artillerie à cheval attachée à cette division.

« Un régiment de dragons sera désigné pour être jeté assez au loin sur la route de Kédange et sur celle de Bouzonville, afin d'observer l'ennemi de ce côté. Il rentrera pour passer les ponts avant toutes les troupes de la 2ᵉ division.

« Pour passer les ponts de chevalets et de bateaux, les cavaliers doivent mettre pied à terre et tenir leurs chevaux par la bride.

« La compagnie du génie de réserve se portera à l'avance à l'entrée des ponts, pour parer aux besoins qui pourraient se présenter; le parc du génie s'engagera sur les ponts après l'artillerie de réserve. Des hommes de cette compagnie du génie, munis d'outils, seront dispersés çà et là pour les travaux qui se présenteraient.

« Ce mouvement de retraite se fera sans sonnerie ni batterie.

« Telles sont les dispositions adoptées, et l'heure sera indiquée pour commencer le mouvement de retraite des troupes.

« *P.-S.* — Avoir bien soin d'attendre l'ordre donné pour commencer le mouvement.

« *Le Général commandant en chef le 4ᵉ corps,*

« De Ladmirault. »

Depuis le matin, les troupes du 4ᵉ corps étaient sous les armes « attendant la rentrée des reconnaissances journalières (1) » et dirigeaient leurs bagages et les convois sur la porte des Allemands ainsi qu'on l'a vu précédemment.

Vers midi, le Maréchal commandant en chef jugea le mouvement général des convois assez avancé pour adresser au commandant du 4ᵉ corps, l'ordre de commencer sa retraite (2).

Abstraction faite des convois et des deux divisions de la réserve de cavalerie, trois corps d'armée (2ᵉ, 6ᵉ et 4ᵉ) dont les bivouacs n'étaient pas échelonnés sur une profondeur de plus de 10 kilomètres (de Montigny à Chieulles, à vol d'oiseau), allaient donc se mettre en marche simultanément pour s'engager sur une route unique. Encore, l'échelonnement en profondeur, dont il vient d'être question, était-il plus apparent que réel en ce qui concerne l'influence qu'il pouvait avoir sur la formation de la colonne, car les 2ᵉ

---

(1) Journal de marche du 4ᵉ corps.
(2) Voir page 67, la dépêche du maréchal Bazaine au général de Ladmirault.

et 4ᵉ corps, qui s'ébranlèrent tous deux à midi et qui, séparés par le 6ᵉ, devaient former, l'un la tête et l'autre la queue, se trouvaient sensiblement à égale distance de Longeville, point de passage obligé de toutes les troupes ? Il en résulte qu'en donnant les ordres de départ qu'on connaît, le haut commandement avait négligé de la façon la plus absolue de tenir compte de la durée d'écoulement de deux corps d'armée entiers : les 2ᵉ et 6ᵉ.

Au reçu de l'ordre de départ adressé vers midi au 4ᵉ corps, la division de cavalerie Legrand (moins un régiment, le 3ᵉ dragons, qui fut laissé sur le plateau), gagna les ponts avec ses deux batteries à cheval (1). La réserve d'artillerie du 4ᵉ corps suivit. Puis, les 1ʳᵉ et 3ᵉ divisions se mirent à peu près simultanément en marche, l'une par la route de Bouzonville, l'autre par la route de Kédange après avoir relevé leurs avant-postes. Le hasard fit que la 3ᵉ division, qui devait marcher en queue de colonne, arriva la première à la bifurcation de Saint-Julien, de sorte qu'elle prit le pas sur la 1ʳᵉ.

Quoi qu'il en soit, le mouvement s'effectuait au début avec assez de régularité. La division de cavalerie, avec ses deux batteries, s'étant arrêtée en dehors de la route de marche (2), laissait filer la réserve d'artillerie sur Longeville comme celle-ci en avait reçu l'ordre ; mais

---

(1) La réserve du génie du 4ᵉ corps (2ᵉ compagnie du 2ᵉ régiment) était occupée depuis le matin à la réparation des ponts jetés sur le grand bras de la Moselle. Elle resta sur place pour « surveiller le passage des troupes sur ces ponts avant et après la bataille ». (Rapport sur la part prise par le génie du 4ᵉ corps à l'affaire du 14 août 1870.)

(2) Les trois régiments (2ᵉ et 7ᵉ hussards, 11ᵉ dragons) s'arrêtaient sur les glacis, près de la porte de Thionville, les deux batteries à cheval (5ᵉ et 6ᵉ du 17ᵉ régiment) à la gare de Devant-les-Ponts.

alors, la tête de colonne des batteries vint se heurter, à la porte de France, aux troupes du 2e corps, également en marche sur Longeville. « Le général Frossard dit en passant au commandant Prémer (commandant les 6e et 9e batteries du 8e régiment) que nous nous sommes certainement trompés de route (1). Le commandant Ladrange (commandant les 11e et 12e batteries du 1er régiment), tête de colonne, engagé sur la route de Longeville, tourne par le village de Ban-Saint-Martin. Nous faisons le tour de Ban-Saint-Martin pour nous retrouver à la porte de France. On entendait déjà dire par-ci par-là qu'on entendait le canon sur la rive droite. Nous rencontrons alors l'état-major de notre corps, qui nous expédie sur la route de Thionville. Nous allons camper à l'Ouest de la route, à peu près à hauteur de Saint-Éloi, derrière une houblonnière, vers 5 heures. »

Le général commandant le 4e corps, en effet, s'était décidé, en constatant l'encombrement de la route, à faire bivouaquer ses troupes entre Woippy et le fort Bellecroix (2), en attendant qu'il fût possible de continuer la marche par la route de Gravelotte (3).

---

(1) Journal de campagne du lieutenant Palle, de la 9e batterie du 8e régiment.

(2) Procès Bazaine. Déposition du général de Ladmirault, page 232. Journal de marche de la 3e division du 4e corps : « La 1re brigade passa les ponts vers 4 heures (cette heure est évidemment trop tardive) et elle s'achemina vers Longeville, malgré l'encombrement de la route aux environs de Metz, lorsque le général en chef prescrivit de rétrograder et de venir bivouaquer à hauteur de Woippy, au lieu dit la Maison-Neuve (route de Metz à Thionville). »

(3) Ceci résulte de la déposition du général de Ladmirault au procès Bazaine (pages 230 et 231), car le lendemain 15, le général tenta encore d'acheminer son corps sur Gravelotte par Lessy et Longeau, ainsi qu'il en avait reçu l'ordre, et ce ne fut que devant l'impossibilité de passer par cette voie qu'il se décida à gagner Doncourt par la route de Woippy le lendemain 16.

La tête de la 3ᵉ division, déjà engagée sur la route qui suit le pied des glacis du fort Moselle, obliqua vers Woippy, au moment où les premiers coups de canon se faisaient faiblement entendre dans le lointain, c'est-à-dire vers 4 heures, puis elle continua sa marche sur la rive gauche et vint installer ses bivouacs : le 33ᵉ au Coupillon et le 15ᵉ à hauteur de Maison-Neuve (1). Toutes les autres troupes de la division achevèrent le passage de la Moselle et se rendirent aux points qu'on venait de leur désigner pour leurs bivouacs : l'artillerie près de Woippy entre le chemin de fer et la route de Thionville (2); le 54ᵉ régiment d'infanterie au Sansonnet; le 65ᵉ près de Woippy (3). Enfin, le 2ᵉ bataillon de chasseurs « qui marchait en queue de la division » dépassa les troupes encore massées dans l'île Chambière, traversa le grand bras de la Moselle et déposa ses sacs sur le bord de la route de Thionville pour se reporter ensuite sur la rive droite et marcher au canon.

La 1ʳᵉ division du 4ᵉ corps, arrêtée à Saint-Julien par la 3ᵉ, s'était remise en marche dès que la route avait été libre. La tête de colonne arrivait vers 4 heures à proximité des ponts et commençait peu après le passage du petit bras de la Moselle (4). Le 20ᵉ bataillon de chasseurs

---

(1) Historiques des 15ᵉ et 33ᵉ régiments d'infanterie (man. de 1871).

(2) Historique des événements dont a été témoin M. Migurski, capitaine en second à la 9ᵉ batterie du 1ᵉʳ régiment d'artillerie.

(3) Deux bataillons seulement (les Iᵉʳ et IIᵉ) parvinrent jusqu'à Woippy. Le 3ᵉ, séparé des deux premiers par une batterie d'artillerie, fut retardé dans son passage par cette dernière, et probablement par la tête de colonne de la 1ʳᵉ division qui le devança; il se trouvait donc encore dans l'île Chambière « lorsqu'il fut arrêté par le général de Ladmirault qui lui donna l'ordre de reposer ses sacs et de se porter au secours des troupes engagées sur les hauteurs en avant du fort Saint-Julien ». (Historique du 65ᵉ régiment d'infanterie. Man. de 1871.)

(4) Ordre de marche de la 1ʳᵉ division, reconstitué d'après les journaux de marche et historiques : 20ᵉ bataillon de chasseurs, escortant

et l'artillerie divisionnaire étaient déjà massés dans l'île Chambière quand le général commandant le 4ᵉ corps — qui, sur ces entrefaites, regagnait la rive droite avec son état-major — leur donna l'ordre de remonter la côte de Saint-Julien pour se porter au secours de la 2ᵉ division laissée dans les environs de Mey (1). Il prescrivait en même temps au général commandant la 1ʳᵉ division de marcher au canon avec toutes ses troupes et l'avisait que le même ordre allait être donné à la 3ᵉ division (2).

La 2ᵉ division du 4ᵉ corps devait, ainsi qu'on l'a vu précédemment former l'arrière-garde du corps d'armée et se déployer « sur une grande ligne, la droite à Mey, le centre contre les bois de Grimont et la gauche vers les pentes en arrière du bivouac occupé par la 3ᵉ division (3) ». L'artillerie devait être « distribuée » en arrière de la première ligne et le reste des troupes d'infanterie de la division devait être disposé près du fort Saint-Julien. En fait, ce déploiement « en tirailleurs » ne fut point exécuté (4), et, sauf en ce qui concerne l'artillerie, la 2ᵉ division conserva pendant toute la matinée les emplacements qu'elle occupait déjà la veille, savoir (5) :

Le 5ᵉ bataillon de chasseurs à pied, les 13ᵉ et 43ᵉ régiments d'infanterie, déployés dans l'ordre de bataille, face au Nord-Est entre Mey et la route de Bouzonville ;

---

l'artillerie sur les bas côtés de la route ; 6ᵉ et 1ᵉʳ régiments d'infanterie ; compagnie du génie ; 57ᵉ et 73ᵉ régiments d'infanterie.

(1) Historiques du 20ᵉ bataillon de chasseurs à pied et des 5ᵉ, 9ᵉ et 12ᵉ batteries du 15ᵉ régiment d'artillerie. Man. de 1871.

(2) *Souvenirs inédits* du général de Cissey.

(3) Ordre pour la journée du 14, du général commandant le 4ᵉ corps.

(4) Les rapports, fournis le lendemain 15 août par les généraux et chefs de corps, ne laissent pas de doute à cet égard.

(5) Voir le croquis n° 1 de la Journée du 13 août.

— les deux premiers bataillons du 98ᵉ en seconde ligne au nord de la route ; — le IIIᵉ bataillon du 98ᵉ en grand'-garde sur la route de Kédange ; — le 64ᵉ aux avant-postes avec une batterie (la 6ᵉ du 1ᵉʳ régiment) à Villers-l'Orme (1) ; — deux batteries (5ᵉ et 7ᵉ du 1ᵉʳ régiment) en avant du front du 43ᵉ régiment d'infanterie.

On ne trouve nulle trace, dans les archives, du motif pour lequel le commandant de la 2ᵉ division crut ne pas devoir se conformer aux prescriptions du général en chef. Peut-être a-t-il considéré qu'un déploiement *en tirailleurs* d'une partie de ses troupes et sur un front aussi étendu, ne pouvait avoir d'objet immédiat et que par suite cet ordre ne devenait exécutoire qu'au cas où une attaque l'eût précisément nécessité dans les conditions prévues ; qu'enfin il suffisait, pour l'instant, d'assurer la sécurité de la division sur son front de manière à pouvoir prendre à temps les dispositions qu'exigerait un mouvement offensif bien défini de l'adversaire. A ce point de vue, la division était parfaitement couverte dans la direction de la route de Bouzonville par le 64ᵉ régiment dont l'une des grand'gardes, celle de Failly, se trouvait à près de 3 kilomètres du gros des troupes.

Malheureusement, cette grand'garde resta absolument isolée par suite du repliement des avant-postes de la 1ʳᵉ division qui occupaient Poixe et Servigny (2) et de ceux que la 3ᵉ division avait installés devant Chieulles et Vany. Le IIIᵉ bataillon du 98ᵉ, qui avait été détaché en grand'-garde sur la route de Kédange, suivit le

---

(1) Iᵉʳ bataillon à Failly, IIᵉ bataillon à Villers-l'Orme, IIIᵉ bataillon « en réserve avec le colonel à la Salette ». (Historique du 64ᵉ régiment. Man. de 1871.)

(2) Le 57ᵉ régiment, relevé avant le départ de la division de Cissey.

mouvement de la 3ᵉ division et parvint jusque dans l'île Chambière, de sorte que vers le milieu de la journée, l'arrière-garde du 4ᵉ corps n'exerçait sa surveillance que sur un seul point (Failly) du large front sur lequel l'ennemi montrait cependant depuis la veille des patrouilles de cavalerie et même des détachements d'infanterie.

A l'exception du 3ᵉ régiment de dragons (de la division de cavalerie du 4ᵉ corps), qui fit reconnaître dans la matinée les routes de Sarrelouis et de Bouzonville (1), aucune autre disposition de sécurité ne paraît avoir été prise par la 2ᵉ division. Les seuls renseignements qui parvinrent à sa connaissance furent ceux que tout officier pouvait recueillir lui-même depuis les bivouacs en entendant tirailler de temps à autre les avant-postes de Failly (2) ou en observant à la lorgnette les détachements ennemis qui se montraient depuis la veille sur les hauteurs situées à l'horizon entre Poixe et Servigny (3). « Nous devions donc craindre, ajoute le rapport du général Grenier, de voir déboucher aussi par la route de Bouzonville des colonnes prussiennes et nous étions ainsi menacés sur notre front et sur notre droite. »

D'ailleurs, la 2ᵉ division paraît avoir admis que le rôle d'arrière-garde qui lui était dévolu n'impliquait pas pour elle l'obligation de maintenir en place ses

---

(1) Le 1ᵉʳ escadron fut envoyé sur la route de Sarrelouis, le 3ᵉ sur celle de Bouzonville, tandis que les 2° et 4° « occupaient le centre et se reliaient avec les deux premiers ». (Historique du 3ᵉ régiment de dragons.) Les éclaireurs du 3ᵉ escadron aperçurent un groupe de hulans et lui tirèrent quelques coups de fusil. Ces éclaireurs durent à peine dépasser la ligne Failly, Poixe, car les avant-postes de la 3ᵉ division de cavalerie tenaient eux-mêmes la ligne Vrémy, Sainte-Barbe.

(2) Historique du 5ᵉ bataillon de chasseurs (man. de 1871).

(3) Rapport du général commandant la 2ᵉ division du 3ᵉ corps, daté du 15 août.

avant-postes jusqu'à ce que le reste du corps d'armée eût au moins franchi les ponts. La queue de colonne de la 1re division était, en effet, à peine arrivée à hauteur de Grimont et le gros du corps d'armée était par conséquent encore pleinement engagé dans la période critique d'un passage de rivière, que déjà les trois bataillons d'avant-postes (ceux du 64e) avaient été repliés, avec la batterie qui les accompagnait $\left(\frac{6}{1}\right)$.

Un peu avant 4 heures, le général commandant la 2e division observait les mouvements de troupes ennemies qui débouchaient par la route de Sarrelouis, quand le canon se fit entendre dans la direction du Sud-Est. Le général prit alors immédiatement les dispositions nécessitées par une attaque qui paraissait devoir se dessiner à la fois sur son front par Poixe et Servigny et sur sa droite par Noisseville et Nouilly. Toute la division fut portée, ainsi qu'on le verra plus loin, au delà des positions qu'elle occupait, sur la crête qui remonte de Mey vers Villers-l'Orme.

III. — Opérations des armées allemandes le 14 août.

On a vu comment les armées allemandes, après avoir complètement perdu le contact à la suite des premiers combats sur la frontière, l'avaient tardivement repris par leurs reconnaissances de cavalerie alors que l'armée française séjournait sur la Nied ; et comment, dans la journée du 13 août, la Ire armée vint établir ses avant-postes à portée de canon des bivouacs français installés sur le plateau de Borny. « Ce fut seulement quand les positions et les campements de l'adversaire, au bois de Grimont, à Nouilly, Borny, Mercy, Magny et jusqu'à la Moselle, au Sud de Montigny, se déroulèrent comme un vaste panorama aux yeux des têtes de colonnes prussiennes, ce fut alors seulement que les divers détachements se trouvèrent en présence des troupes avancées des Français, qui, en général, se maintinrent d'ailleurs strictement sur la défensive (1). »

Dans l'après-midi du 13 août, le général de Sperling, chef d'état-major général de la Ire armée, avait parcouru la ligne des avant-postes et rendait compte au général Steinmetz que rien ne lui semblait annoncer des projets d'offensive de la part des Français, mais que cependant cette éventualité ne pouvait être formellement écartée. D'après l'*Historique du Grand État-Major prussien*, le commandant de la Ire armée établit un rapport dans ce sens et le transmit au grand quartier général qui était venu, le 13, de Saint-Avold à Herny (2).

« L'attitude qu'on avait observée chez les Français à la suite de la bataille de Spicheren avait tout d'abord

---

(1) *Historique du Grand État-Major prussien*, page 438.

(2) Les renseignements recueillis par la cavalerie pendant la journée du 13 ne paraissent pas avoir fourni au grand quartier général des éclaircissements importants, dont il n'avait d'ailleurs pas grand besoin à la suite du rapport de la Ire armée.

D'après le général von Pelet-Narbonne (*La cavalerie des Ire et IIe armées allemandes*), le compte rendu du général de Grœben (commandant la 3e division de cavalerie) sur les renseignements fournis par ses patrouilles, ne fut adressé au général Steinmetz que le 14 août à 10 heures du matin. D'ailleurs « ce rapport n'a pas été transmis au grand quartier général, de sorte que celui-ci ignora que son ordre de jeter des détachements de cavalerie de l'autre côté de la Moselle était resté jusque-là inexécuté ». (Voir « Journée du 13 août », pages 44 et 49.)

La 6e division de cavalerie avait pris le contact devant Coincy, Ars-Laquenexy, Peltre et Jury, et avait reconnu la présence de forces considérables (deux ou trois corps d'armée) dans les environs de Borny ; elle avait même envoyé ses patrouilles jusqu'à Novéant, Gorze et Thiaucourt, mais aucun de ses rapports ne dépassa le commandant du corps d'armée (le IIIe) au service duquel elle était affectée, et cela malgré l'invitation qui lui avait été faite, ainsi qu'aux autres divisions de cavalerie, d'avoir à transmettre directement les renseignements importants au commandant en chef. (Von Pelet-Narbonne.)

fait naître cette opinion au grand quartier général qu'aucune lutte sérieuse ne pouvait plus avoir lieu à l'Est de Metz. Depuis le 12 août cependant, alors qu'on sut qu'une grande partie de l'armée française était restée sur la rive droite de la Moselle, on admit la possibilité d'un combat dans de telles conditions. Un tel état de choses pouvait être favorable aux armées allemandes, mais il n'était pas sans créer de nouvelles difficultés. Il était, en effet, indispensable d'occuper le plus tôt possible la ligne importante de la Moselle, c'est-à-dire de faire effectuer le passage de la rivière par la IIe armée tout en laissant la Ire au contact de l'ennemi, ce qui amenait la séparation des deux armées » (1).

Ordre du grand quartier général. — C'est en raison de ces considérations que le chef du grand quartier général se crut obligé de maintenir la Ire armée sur la Nied et de lui donner un soutien formé des corps de droite de la IIe armée.

L'ordre suivant fut expédiée d'Herny le 13 août à 9 heures du soir : (2)

« D'après les nouvelles reçues jusqu'ici, des fractions ennemies importantes se trouvaient encore ce matin en deçà de Metz à Servigny et à Borny.

« Sa Majesté prescrit par suite à la Ire armée de rester demain, 14 août, dans sa position sur la Nied française, en poussant des avant-gardes pour observer si l'ennemi se retire ou bien passe à l'offensive.

« En prévision de cette dernière éventualité la IIe armée portera demain, le IIIe corps tout d'abord jusqu'à la hauteur de Pagny seulement, et le IXe vers Buchy dans la direction de la Moselle (Pont-à-Mousson).

---

(1) *Kriegsgeschichtliche Einzelschriften*, Heft 18.
(2) *Correspondance militaire du maréchal de Moltke.*

Ils seront ainsi à la distance d'un mille et à même, en partant à temps, de coopérer à une action sérieuse devant Metz. La route de Herny à Pagny par Buchy devra être complètement évacuée par les convois.

D'autre part, la Ire armée est en situation d'empêcher par une attaque de flanc tout mouvement de l'ennemi vers le Sud.

Les autres corps de la IIe armée continueront la marche vers le secteur de la Moselle, Pont-à-Mousson, Marbache. Le Xe corps prendra position en avant de Pont-à-Mousson.

La cavalerie des deux armées sera poussée le plus possible en avant, et inquiétera éventuellement la retraite de l'ennemi sur la route Metz-Verdun. »

DE MOLTKE.

Le grand quartier général allemand confiait donc à la Ire armée ainsi qu'à deux corps de l'aile droite de la IIe une mission purement défensive (1). Il s'agissait simplement, pour ces deux groupes, *d'observer* si l'ennemi se retirait, ou bien de parer à une offensive qui paraissait possible et dont l'hypothèse était, à la vérité, la seule manière plausible d'expliquer la persistance de l'armée française à se maintenir sur la rive droite de la Moselle. En se plaçant à ce point de vue particulier, on doit constater que les dispositions prises par le chef du Grand État-Major allemand répondaient parfaitement à une telle éventualité : de la région Buchy, Pagny, l'aile

---

(1) On pouvait même considérer le XIIe comme devant faire partie du groupe de droite de la IIe armée, car ce corps, marchant dans le sillage du IXe, devait venir, et vint en réalité, se joindre aux deux autres (IIIe et IXe). Enfin le IIe corps, très en retard, allait arriver dans la journée du lendemain à Faulquemont, et aurait pu être utilisé le surlendemain.

droite de la IIᵉ armée ne devait se trouver qu'à une dizaine de kilomètres du point où elle pourrait agir, le cas échéant, sur le flanc droit des corps français qui tenteraient une attaque sur le front de la Iʳᵉ armée ; celle-ci, d'autre part, se trouvait d'ores et déjà en mesure « d'empêcher par une attaque de flanc tout mouvement de l'ennemi vers le Sud. »

Il y a lieu de remarquer toutefois que la solution adoptée par le haut commandement le détournait, momentanément au moins, du but que lui prête l'*Historique du Grand État-major prussien*, savoir : chercher tout d'abord à empêcher la jonction de l'armée du Rhin avec les forces qu'on réunissait en arrière (au camp de Châlons). Cinq corps d'armée (1) allaient, en effet, être maintenus dans une situation expectante devant l'armée française, alors que trois corps seulement, et précisément les plus éloignés de Metz, demeureraient seuls disponibles pour exécuter la manœuvre par la rive gauche de la Moselle, manœuvre qui, seule, pouvait conduire sûrement à la bataille décisive tant désirée.

Il semble donc que, dans cette circonstance, le haut commandement allemand ait montré la même préoccupation qu'il avait déjà manifestée au début des opérations, d'éviter à tout prix un échec, même partiel ; l'éventualité d'une attaque de l'adversaire sur la rive droite de la Moselle le conduisait, en effet, à immobiliser plus des deux tiers de ses corps devant Metz afin d'être en mesure de recevoir, à égalité de forces, une bataille qu'il se croyait obligé d'accepter si on la lui offrait, mais dont l'initiative restait, en fait, à la disposition exclusive du commandement français.

Si le maréchal de Moltke eût été fermement décidé, dès le 13 août, à *imposer* à l'armée française une bataille

---

(1) Et même sept en comptant les IIᵉ et XIIᵉ corps.

décisive qu'il désirait sur la Moselle après l'avoir vainement cherchée sur la Sarre, peut-être eût-il tenté de gagner de vitesse son adversaire en lançant sur les routes de Verdun une avant-garde riche en cavalerie et formée par les corps les plus proches du nouvel objectif, tandis qu'une fraction, aussi réduite que possible, eut observé la place sur la rive droite et qu'enfin, le gros des forces eût été réuni au Sud de Metz en une position centrale lui permettant d'agir du côté que la suite des événements imposerait.

La conception d'une telle manœuvre ne rentre, à la vérité, que d'une manière tout à fait imparfaite dans le cadre des méthodes de guerre du maréchal de Moltke, mais il n'en subsiste pas moins cependant, que si le plan du grand quartier général eût été aussi positivement arrêté, dès la soirée du 13, que le laisse supposer l'*Historique du Grand État-major prussien*, on serait en droit de s'étonner que l'aile gauche de la IIe armée eût seulement reçu l'ordre de *continuer* sa marche vers la Moselle, sans qu'on la pressât autrement, et surtout sans qu'on lui indiquât le but stratégique qu'elle devait atteindre.

Opérations de la IIe armée (1). — L'aile gauche de la IIe armée continuait, le 14 août, sa marche vers la Moselle ainsi que le prescrivait l'ordre du grand quartier général (2) :

Le IVe corps venait cantonner à Leyr, Armaucourt, Manhoué et Malaucourt, sur les deux rives de la Seille ;

La 2e division de la Garde atteignait la Moselle à

---

(1) Voir le croquis n° 1 de la « Journée du 14 août ».

(2) Les emplacements du 14 au soir ont été déterminés à l'aide de l'*Historique du Grand État-Major prussien* et des Historiques des corps de troupe. On a été ainsi conduit à un croquis différant sensiblement sur plusieurs points de celui (Skizze 2) qui accompagne le fascicule n° 18 des monographies du Grand État-Major allemand.

Dieulouard; la *1ʳᵉ* division se rendait à Sivry; la queue du corps d'armée s'étendait jusqu'à Arraye sur la Seille.

Les deux divisions et l'artillerie de corps du Xᵉ corps se réunissaient à Pont-à-Mousson sur les deux rives de la Moselle et détachaient deux bataillons, deux escadrons et une batterie légère dans la direction de Metz, à Vandières, sous le commandement du colonel de Lyncker, tandis que la *38ᵉ* brigade s'avançait à 5 kilomètres au delà de Pont-à-Mousson jusqu'à la bifurcation des routes de Thiaucourt et de Flirey pour servir de soutien à la *5ᵉ* division de cavalerie poussée jusqu'à Thiaucourt et Beney (1).

Il est intéressant de remarquer que les étapes parcourues par ces trois corps d'armée varient de 20 à 27 kilomètres et ne dépassent pas, par conséquent, une bonne moyenne (2) : l'effort eût sans doute été plus grand, si la pressante nécessité de gagner les plateaux de la rive gauche avec des troupes d'infanterie fût clairement apparue au commandant de la IIᵉ armée, et s'il eût voulu atteindre le but, que l'*Historique* allemand prête au grand quartier général, de chercher tout d'abord à nous couper de Verdun pour obtenir la bataille décisive (3).

Du côté de Metz, le IXᵉ corps se rend à Buchy, Luppy et Béchy; le IIIᵉ corps à Vigny, Louvigny et Allémont; le XIIᵉ à Solgne, Moncheux, Tragny, Morville, Lucy, Baudrecourt et Vatimont.

---

(1) Les avant-postes de la *13ᵉ* brigade furent poussés jusqu'à Saint-Benoît-en-Woëvre par le *17ᵉ* hussards qui avait atteint la veille Régneville-en-Haye.

(2) G. G......, dans ses *Essais de critique militaire*, fait remarquer que dans une situation analogue, les corps Davout et Bernadotte parcoururent 40 kilomètres le 12 octobre 1806, pour atteindre Naumbourg en se portant sur la ligne de retraite de l'armée prussienne.

(3) L'ordre du grand quartier général n'insistait aucunement sur cette nécessité, ainsi qu'on l'a déjà fait remarquer.

Encore très en retard, le II⁰ corps atteint Faulquemont dans la journée.

En ce qui concerne la cavalerie, le commandant de la II⁰ armée avait prescrit à la 5ᵉ division de se porter sur le plateau entre Meuse et Moselle, à Thiaucourt, et de diriger ses pointes vers le Nord pour observer la route Metz-Verdun. « Le point des Baraques à l'Est de Chambley, ajoutait l'ordre, et le plateau au Nord-Ouest de Gorze donnent des vues sur cette route ».

Des trois brigades de la 5ᵉ division de cavalerie, deux seulement se rendirent à Beney et Thiaucourt (23 kilomètres de Pont à-Mousson) car la brigade Bredow, malgré les ordres pressants donnés la veille par le commandant de l'armée, ne put dépasser Pont-à-Mousson dans la journée du 14.

Les deux escadrons du *11ᵉ* hussards, qui avaient passé la nuit à Pagny-sur-Moselle, furent dirigés sur Gorze et les Baraques d'où ils n'aperçurent aucune troupe ennemie sur la route Metz-Verdun (1).

Deux escadrons du *13ᵉ* hulans poussèrent leurs reconnaissances dans la direction de Flirey ; un autre (du même régiment) se porta sur Ancy, dans la vallée de la Moselle, et une reconnaissance d'officier qui s'était avancée jusque sur les hauteurs de Jouy-aux-Arches, fit savoir qu'il n'y avait plus sur la rive droite de la Moselle que des bivouacs tout à fait insignifiants et qu'au dire des habitants, de forts contingents marchaient de Metz vers l'Ouest (2).

---

(1) Le compte rendu, daté de 11 h. 30 du matin, arriva « tard dans la soirée » à l'état-major de la II⁰ armée. (D'après le général von Pelet-Narbonne, *La cavalerie des Iʳᵉ et II⁰ armées allemandes.*)

(2) La première partie de ce renseignement était complètement erronée. Le rapport parvint à Pont-à-Mousson à 8 h. 45 du soir.

« On ne peut dire (1) que les résultats donnés par l'exploration de la 5ᵉ division de cavalerie aient été satisfaisants, ni que tout ait été fait pour les rendre tels. La cause en doit être attribuée à ce que la division ne s'est pas portée suffisamment loin dans la direction de son objectif. Son gros fit, de Pont-à-Mousson à Thiaucourt, une marche de 23 kilomètres ; une progression aussi lente ne répondait ni à l'importance de la mission, ni à l'ordre donné à la cavalerie par Sa Majesté..... Il ne semble pas que c'eût été demander un effort excessif que de faire faire, ce jour-là, 40 kilomètres au gros des troupes et de lui faire atteindre les environs de Chambley, Xonville. Les avant-postes auraient alors pu être placés, dans la soirée, sur la route importante (2) (3). »

La brigade de dragons et celle de hulans de la Garde, ne dépassèrent Dieulouard que de quelques kilomètres et vinrent bivouaquer respectivement à Rogéville et Villers-en-Haye. Leurs patrouilles poussaient jusqu'à Frouard et un escadron du 2ᵉ dragons était envoyé en reconnaissance sur Toul avec mission de détruire la voie ferrée entre cette place et Frouard. Ce dernier escadron détruisit la voie sur le pont de Gondreville et s'aventura jusque dans un faubourg de la place forte qu'il dut d'ailleurs abandonner précipitamment, non sans avoir ouvert les écluses qui retenaient l'eau dans les fossés

---

(1) Von Pelet-Narbonne, *La cavalerie des Iʳᵉ et IIᵉ armées allemandes.*

(2) Le général de Woyde fait fort justement remarquer, au sujet du peu d'étendue du rayon d'exploration de la 5ᵉ division de cavalerie, qu'une part de la responsabilité en revient au commandement de la IIᵉ armée, qui eut l'idée malheureuse d'indiquer un *observatoire* (les hauteurs des Baraques et de Gorze) aux reconnaissances de cette cavalerie.

(3) *La cavalerie des Iʳᵉ et IIᵉ armées*, par le général von Pelet-Narbonne.

des fortifications. Les cuirassiers de la Garde bivouaquaient à Lixières au Nord de Sivry (1).

Quant à la *6e* division de cavalerie, elle fut maintenue sur ses emplacements de la veille vers Coin-sur-Seille « pour couvrir la marche de flanc des autres corps vers la Moselle (2) ». Une reconnaissance, faite par le colonel commandant le *3e* hulans, constata, du château Saint-Blaise (1500 mètres Sud-Est de Jouy-aux-Arches), la présence d'un camp ennemi sur les pentes du mont Saint-Quentin, près du pont du chemin de fer de Longeville sur la rive droite de la Moselle, et d'un autre à Montigny; elle terminait cependant son rapport par cette conclusion : « Il semble que les forces principales ne sont pas à Metz. »

Les *3e* et *15e* hulans prirent le service des avant-postes entre Corny et Orny.

Dans l'après-midi, deux escadrons, l'un du *15e* hulans, l'autre du *6e* cuirassiers, tentent une pointe sur Fleury, se heurtent à un régiment de chasseurs français et constatent que les camps de Peltre et de Mercy sont abandonnés.

On voit que la *6e* division de cavalerie remplit avec activité la mission d'observation et de protection qu'on lui avait attribuée. Mais il est permis de se demander si la *1re* division de cavalerie, laissée, elle aussi, comme on le verra plus loin, au Sud de la place, n'eût pas suffi à assurer ce service conjointement avec les régiments divisionnaires qui arrivaient eux-mêmes dans la journée entre Louvigny et Béchy; et s'il n'eût pas été plus conforme aux prescriptions du grand quartier général de faire passer dès le matin la Moselle à la *6e* division de

---

(1) Au moins les gardes du corps stationnaient-ils en ce point. On n'a pu déterminer l'emplacement de l'autre régiment de la brigade.
(2) Ordre du général commandant la *6e* division de cavalerie.

cavalerie pour explorer la région qui s'étend à l'Ouest de Metz et pour « inquiéter la retraite de l'ennemi » (1) le cas échéant.

Opérations de la Ire armée. — L'ordre du grand quartier général était parvenu au commandant de la Ire armée à Varize le 14 août à 1 heure du matin. « Le général de Steinmetz (2) concluait du dispositif adopté que la mission qui lui incombait, avait un caractère *principalement défensif, sauf le cas où l'adversaire tenterait quelque chose vers le Sud*. Rien n'était moins dans sa pensée que d'entreprendre une attaque de front contre les masses ennemies établies sous la protection de leurs forts. »

A 2 h. 30 du matin le commandant de l'armée avisait simplement ses commandants de corps « que la Ire armée resterait ce jour-là sur ses positions. »

Seule, la *1re* division de cavalerie recevait un ordre un peu plus complet, daté de 1 h. 1/2 du matin :

« La *1re* division de cavalerie est informée que la IIe armée poursuit aujourd'hui sa marche vers la Moselle. Le IIIe corps s'avançant seulement jusqu'à Pagny et le IXe jusqu'à Buchy seront ainsi à portée en cas d'une attaque venant de Metz. La *1re* division de cavalerie devra observer la direction de Metz et prévenir sans tarder de tout mouvement de l'ennemi de ce côté. »

Ce procédé sommaire d'indiquer aux divers éléments d'une armée la mission qui incombe à chacun d'eux pouvait avoir, et eut en réalité, de graves conséquences.

Aucun des corps d'armées de la Ire armée, non plus que la *3e* division de cavalerie, n'avait connaissance des mouvements de l'armée voisine. La *1re* division de cavalerie était renseignée sur ce dernier point, mais en

---

(1) Ordre du grand quartier général.
(2) *Historique officiel du Grand État-Major prussien*, page 448.

revanche elle ignorait ce que devaient faire les corps de sa propre armée.

Il semble qu'en cette circonstance, le commandement supérieur de la Ire armée ait uniquement retenu, de l'ordre du grand quartier général, ce fait matériel que, dans son ensemble, la Ire armée devait « conserver sa position de la Nied ».

C'est ainsi que le paragraphe relatif à la cavalerie « qui devait s'avancer aussi loin que possible et inquiéter la retraite éventuelle de l'ennemi » resta à l'état de lettre morte.

D'autre part, il apparaît que le rôle auquel pouvait être appelé la Ire armée dans le cas d'une attaque de l'armée française vers le Sud, aurait dû amener le commandant de cette armée à modifier quelque peu les dispositions qu'il avait adoptées la veille et en particulier à déplacer son centre de gravité de ce côté en rapprochant le VIIIe corps (formant réserve) de la portion de la Nied qui coule entre Rémilly et Courcelles (1).

On sait que le général de Sperling, chef d'état-major de la Ire armée, avait parcouru, dans la soirée du 13, la ligne des avant-postes des Ier et VIIe corps. « Cette

---

(1) Le VIIIe corps était bivouaqué autour de Varize et de Bionville, c'est-à-dire à une journée de marche de la région où la Ire armée eut pu être amenée à prononcer « une attaque de flanc » sur l'armée française qui se fut portée offensivement vers le Sud contre l'aile droite de la IIe armée. En conservant les dispositions de la veille, le commandant de la Ire armée risquait donc de ne pouvoir faire sentir son action dans cette direction qu'avec un seul de ses corps (le VIIe, bivouaqué autour de Pange et Domangeville). Pour être en mesure de déboucher avec deux corps dans la direction du Sud-Ouest, il eut sans doute fallu amener préalablement le VIIIe corps dans la région Stoncourt, Frécourt, Berlize. Dans cette dernière éventualité, le Ier corps eut alors joué le rôle de réserve d'armée.

D'ailleurs, cette nouvelle disposition de l'armée ne lui occasionnait aucune gêne pour le cas où elle eut à faire face à une attaque venant directement de Metz.

reconnaissance lui donna l'opinion (1) qu'il ne restait plus, de ce côté de Metz, des détachements ennemis assez importants pour prendre l'offensive (2). » Mais cette nouvelle, qu'on avait transmise au grand quartier général, fut rectifiée le lendemain matin par une nouvelle dépêche (expédiée de Varize à 9 h. 45) annonçant que des renseignements sûrs permettaient de conclure à la présence de forces très importantes, dans l'après-midi du 13, aux abords des routes de Sarrebrück et de Sarrelouis ainsi qu'au Sud-Ouest de la place (3). « On en tirait la conclusion que l'ennemi avait l'intention de défendre les positions derrière la coupure du ruisseau de Colombey à Lauvallier (4). »

Ce ne fut qu'à partir de 11 heures du matin, le 14, qu'on commença à recevoir, dans les quartiers généraux des divisions, des rapports annonçant la marche rétrograde de l'armée française.

Dès 6 heures du matin, le général de Goltz, commandant l'avant-garde du VIIe corps (*26e* brigade), s'était porté de sa personne avec un escadron du régiment de sa division (le *8e* hussards) sur Colligny. Un peloton, sous le commandement d'un lieutenant fut alors chargé de pousser une pointe vers Metz pour s'assurer si l'ennemi était encore établi en grandes forces en deçà de la Moselle ou s'il battait en retraite. Parvenu jusqu'à Coincy après avoir essuyé plusieurs fois le feu de nos grand'gardes, le lieutenant fit connaître, à 10 h. 45, « qu'il semblait résulter de ses observations un lent mouvement de retraite de toute la ligne Ars-Laque-

---

(1) Fausse, d'ailleurs.
(2) *La crise de Borny*, par Cardinal von Widdern.
(3) Cette dépêche confirmait donc celle qu'on avait expédié la veille à 2 heures de l'après-midi, signalant des camps ennemis à Servigny, Borny, Mey, Nouilly et Vantoux.
(4) Cardinal von Widdern. *Loc. cit.*

nexy, Colombey, Vantoux, Lauvallier, Coincy, Noisseville (1) (2) (3) ».

De son côté, la *1re* division de cavalerie faisait savoir à 12 h. 30, des environs de Mécleuves, que l'ennemi tenait encore Peltre et le bois au Sud de Mercy-le-Haut, mais que de fortes fractions de troupes avaient déjà disparu des environs de ces derniers points. Un peu plus tard, à 1 h. 45, elle annonçait qu'on apercevait distinctement des colonnes en marche quittant Mercy (4).

Quant à la *3e* division de cavalerie, elle ne paraît avoir montré qu'une activité excessivement restreinte. Elle se contenta, comme d'ailleurs le lui prescrivait l'ordre de l'armée, de « rester sur ses positions ».

Les renseignements recueillis sur la ligne des avant-postes du Ier corps fournissaient des indications précieuses :

Un capitaine de l'état-major de la *2e* division rendait compte, des environs de Château-de-Gras, un peu après midi, que le camp de Borny paraissait avoir été levé, que des colonnes se mettaient en marche, mais que

---

(1) *La cavalerie des Ire et IIe armées allemandes*, par le général von Pelet-Narbonne.

(2) Le rapport ajoutait encore le renseignement suivant qui pouvait avoir son importance :

« Le fort Saint-Quentin est fortement armé, et d'énormes travaux de terrassement y ont été faits récemment. Le fort Grimont (Saint-Julien), situé au Nord, est aussi fortement armé ».

(3) Ce rapport parvint au général de Goltz à 11 h. 30; au commandant de la *13e* division à 12 h. 55; au commandant du VIIe corps à 2 heures ; au commandant de la Ire armée (en copie) à 2 heures.

(4) Le *4e* hulans s'était porté vers Frontigny à 6 heures du matin. Soutenu par une fraction d'infanterie du *15e* régiment, il essuya un feu assez vif partant de Mercy et se trouva en présence d'un régiment de cavalerie. Cependant, d'après le général von Pelet-Narbonne, le rapport ne paraît pas en avoir été transmis; au moins n'en trouve-t-on pas trace dans les archives.

cependant Vrémy, Poixe, Servigny, Noisseville étaient encore occupés par l'ennemi. Le général commandant la 2e division, arrivé sur ces entrefaites auprès de Château-de-Gras, transmettait ces renseignements au commandant du Ier corps. Enfin, vers 3 heures de l'après-midi, le général commandant la 2e division, qui était retourné à Landonvillers, rendait compte, de ce point, que d'après une nouvelle reconnaissance faite par un officier de son état-major, Vrémy était évacué, que Poixe et Servigny étaient encore occupés, mais qu'au Nord-Ouest de la ligne Vrémy, Saint-Julien, aucun camp n'était plus en vue (1).

Des patrouilles des 1er et 10e régiments de dragons (2) constataient également, des environs de Flanville et de Servigny, que les troupes du plateau de Borny commençaient un mouvement rétrograde sur Metz.

D'ailleurs, le général de Manteuffel, commandant le Ier corps d'armée, arrivait vers 2 heures au Sud de Retonfey et faisait *de visu* la même constatation (3).

Pour être rapidement informé de ce qui se passait sur le front de la Ire armée, le grand quartier général avait envoyé de grand matin aux avant-postes de cette armée deux officiers d'état-major : le colonel de Brandenstein et le capitaine de Winterfeld.

---

(1) En réalité, Failly seul restait occupé par un bataillon de la 2e division du 4e corps. Encore fut-il évacué d'assez bonne heure (l'heure exacte reste inconnue), puisqu'à 4 heures le 64e, dont ce bataillon faisait partie, était au complet, en colonne, sur la route de Bouzonville à hauteur du bois de Grimont.

(2) Régiments des 1re et 2e divisions d'infanterie.

(3) Nous verrons plus loin, quand nous reviendrons sur ce point, qu'à la suite d'autres rapports qui lui parvinrent, le commandant du 1er corps resta indécis sur la question de savoir si l'armée française se retirait ou si, au contraire, elle prononçait un mouvement offensif vers le Sud. (D'après le compte rendu du 1er corps sur le combat du 14 août.)

Après avoir parcouru la ligne des avant-postes jusqu'à la route de Sarrebrück, ces deux officiers constatèrent qu'aucune reconnaissance particulière n'était exécutée ainsi que l'avait prescrit l'ordre du grand quartier général (1). Ils se rendirent alors au quartier général du Ier corps, à Pange, où ils apprirent que le commandant de la Ire armée n'avait donné aucune indication à ce sujet et qu'en outre on n'avait aucune connaissance de la situation générale.

Cependant, le commandant du Ier corps était personnellement disposé à attaquer (2). Quand il fut mis au courant de la situation générale des deux armées, il considéra comme indispensable d'observer attentivement l'ennemi et de se tenir prêt à l'attaquer pour le cas où il se retirerait. Il fut donc convenu que le colonel de Brandenstein se rendrait immédiatement auprès du commandant de la Ire armée et solliciterait de lui l'autorisation nécessaire.

Entre temps, le commandant du Ier corps faisait renforcer l'avant-garde de la 2e division qui comporta dès lors une brigade et quatre batteries. En outre, il ordonnait à ses deux divisions de manger la soupe de bonne heure et de se tenir prêtes à marcher à partir de midi.

Cependant, le colonel de Brandenstein s'était rendu à

---

(1) La Ire armée devait « pousser des avant-gardes pour observer si l'ennemi se retirait ou bien passait à l'offensive ». Cette phrase paraît d'ailleurs assez peu compréhensible. S'il s'agissait simplement d'*observer*, des reconnaissances suffisaient. On serait tenté d'admettre que le grand quartier général entendait implicitement que des avant-gardes fussent poussées assez près des positions françaises pour enrayer *immédiatement* toute tentative d'offensive ou pour attaquer vivement en cas de retraite de l'ennemi.....

(2) D'après Cardinal von Widdern, ces dispositions à l'offensive ne prenaient leurs sources dans aucune combinaison stratégique, mais provenaient simplement d'une impulsion instinctive portant à attaquer un adversaire qui fuyait depuis Spicheren et qu'on venait de rejoindre.

Varize ; mais, malgré ses instances, le commandant de la Ire armée maintint sa décision de « conserver ses positions de la Nied », conformément à la lettre de l'ordre du grand quartier général. Il était alors près de midi.

De son côté, le général de Goltz, commandant l'avant-garde du VIIe corps, était complètement fixé, tant par ses observations personnelles que par les rapports de ses patrouilles, sur les mouvements de retraite commencés dans le camp français depuis les premières heures de la matinée par les convois et vers midi par les troupes elles-mêmes.

Dans la matinée, le général avait rencontré le général de Hartmann, commandant la 1re division de cavalerie, et s'était entretenu avec lui de la situation présente. Comme le commandant de la 1re division de cavalerie avait été sommairement avisé des mouvements de la IIe armée par le général de Steinmetz, Cardinal von Widdern en conclut que le commandant de l'avant-garde du VIIe corps se trouvait ainsi mis au courant d'une situation qu'il ignorait complètement jusque-là, et qu'il a pu, par conséquent, prendre une détermination basée sur des considérations d'ordre stratégique (1).

Peut-être n'est-ce pas exclusivement dans le désir de faciliter la manœuvre de la IIe armée, — manœuvre qui paraît n'être d'ailleurs encore que faiblement esquissée

---

(1) Il faut cependant remarquer que le général de Hartmann n'avait que des notions assez vagues sur la mission de la IIe armée. Il savait seulement (voir plus haut l'ordre du commandant de la Ire armée à la 1re division de cavalerie) que la IIe armée « poursuivait sa marche vers la Moselle » et que les IIIe et IXe corps s'arrêteraient dans la journée à Pagny et Buchy. Le général de Goltz n'était donc peut-être pas informé lui-même d'une manière très complète. Il est vrai qu'il avait également rencontré dans la matinée le colonel d'un des régiments de la 6e division de cavalerie avec lequel il s'entretint de la situation générale.

dans l'esprit du haut commandement, — qu'il faut rechercher le motif de la décision prise par le général de Goltz d'attaquer l'armée française.

Peut-être a-t-il, en grande partie, obéi à l'impulsion instinctive, qui déjà se manifestait à l'état-major du Ier corps d'armée, d'attaquer un adversaire qu'on cherchait à atteindre depuis plusieurs jours, et qui allait encore une fois se dérober (1).

Peut-être enfin a-t-il été influencé dans le sens vers lequel il penchait déjà, par la communication que lui fit, en passant, un officier du Ier corps d'armée envoyé au grand quartier général, savoir : que la 1re division d'infanterie « voulait attaquer (2) ».

La genèse de la décision du commandant de l'avant-garde — décision qui fut grosse de conséquences et qu'on discutera plus tard — paraît donc assez complexe et assez difficile à préciser.

Quoi qu'il en soit, et sans donner des raisons très péremptoires, le général de Goltz écrit dans ses Mémoires : « Je reçus alors avis de mes avant-postes et du lieutenant Stumm, du *8e* hussards (3), qui s'était avancé très près de Metz, que l'ennemi se retirait. Il fallait donc que j'agisse sans perdre de temps. »

---

(1) D'après Cardinal von Widdern, le général de Goltz aurait dit au colonel de Brandenstein qu'il rencontra dans les environs de Marcilly, au moment où il se portait à l'attaque avec sa brigade : « Je ne peux pourtant pas laisser les Français s'en aller si tranquillement ». D'après le même auteur, le colonel de Brandenstein ne fit qu'*assister* au mouvement de la *26e* brigade et n'eut aucun entretien avec le général de Goltz. Il n'en est pas moins vrai que le silence même de l'officier du grand quartier général dut fortifier le général dans la décision qu'il venait de prendre.

(2) D'après les Mémoires privés du général de Goltz. (Cardinal von Widdern.)

(3) Officier commandant le peloton envoyé en reconnaissance sur Coincy et dont il a été question plus haut.

A 1 h. 45, en effet, le général de Goltz adressait au commandant du VII⁰ corps d'armée le compte rendu suivant :

« Le I⁰ʳ corps prend l'offensive. Notre avant-garde se tient prête à combattre. »

Puis, vers 3 h. 30, il se portait dans la direction de Colombey avec ses sept bataillons, ses huit escadrons et ses deux batteries, non sans avoir prévenu les commandants des *13*⁰ et *14*⁰ divisions et les avoir priés de le soutenir. Il adressait d'ailleurs la même communication au commandant du I⁰ʳ corps d'armée et à celui de la *1*ʳᵉ division de cavalerie (1).

Quelle que soit la diversité des motifs ayant provoqué la détermination du commandant de l'avant-garde du VII⁰ corps, il semble que l'initiative de l'attaque doive lui être entièrement assumée. On recherchera, plus loin, si cette décision était légitimée par les exigences de la situation stratégique et quelles en furent les conséquences réelles.

IV. — Préliminaires de la bataille de Borny.

Situation de l'armée française vers 4 heures du soir (2). — On se rappelle que dans les premières heures de l'après-midi, la réserve de cavalerie puis le 2⁰ corps s'étaient engagés sur la route de Gravelotte, encore encombrée par les convois de l'armée. A 4 heures du soir, c'est-à-dire au moment même où l'avant-garde prussienne ouvrait le feu devant Colombey, une grande partie des troupes du 2⁰ corps se trouvait encore sur la

---

(1) Un officier d'état-major de la *25*⁰ division d'infanterie (IX⁰ corps), rencontré par hasard, fut chargé d'adresser la même demande à son chef.

(2) Voir le croquis n⁰ 2 de la « Journée du 14 août ».

rive droite (1); le 6ᵉ corps n'avait pas commencé son mouvement ; la réserve générale d'artillerie entamait à peine le sien (2) ; le 4ᵉ corps, enfin, n'avait encore jeté sur la rive gauche de la Moselle que sa division de cavalerie, sa réserve d'artillerie et une brigade d'infanterie (3).

D'après les *Instructions* du commandant en chef, le 3ᵉ corps et la Garde devaient simplement *suivre* le 4ᵉ (4). Aucune prescription particulière n'assignait au 3ᵉ corps les fonctions d'une arrière-garde chargée de protéger la retraite du gros de l'armée ni ne lui indiquait sa mission éventuelle en cas d'attaque.

Dans son *Rapport sur le combat de Borny* (5), le maréchal Bazaine dit que le « mouvement des troupes devait s'exécuter *par les deux ailes* et que, par conséquent, le demi-cercle qu'elles formaient en avant de Queuleu et de Saint-Julien devait se rétrécir en proportion jusqu'à venir s'appuyer sous le feu du fort Bellecroix..... ». Cet étrange projet, consistant à faire refluer « par les ailes », il est vrai, mais en fait *presque simultanément* (6), quatre corps d'armée jusqu'à l'entrée

---

(1) 1ʳᵉ division; brigade Lapasset; division de cavalerie et toute l'artillerie du corps d'armée.

(2) Quelques batteries du 18ᵉ régiment avaient déjà quitté les Bordes.

(3) 1 Br $\frac{3\,D}{4}$ (15ᵉ et 33ᵉ).

(4) Cette prescription comportait cependant une restriction concernant la Garde : « La Garde suivra le 3ᵉ corps *ou exécutera les ordres qui lui seront donnés par l'Empereur.* » En fait, cette restriction ne fut suivie d'aucun effet, car l'Empereur n'intervint en aucune façon ; mais elle montre que le maréchal Bazaine n'était pas fixé d'une manière bien nette sur l'étendue de ses droits de commandant en chef. D'ailleurs, il annonce, à la fin de ses *Instructions*, qu'il « ira prendre les ordres de l'Empereur à Metz ».

(5) Voir : Documents annexes, page 107.

(6) Le 3ᵉ corps commença, en effet, son mouvement de retraite vers 3 heures de l'après-midi, alors que les 2ᵉ et 4ᵉ s'étaient mis en marche entre midi et 1 heure.

même des ponts et à les rassembler à proximité du corps de place, où ils n'eussent d'ailleurs point été à l'abri du canon de l'adversaire, a servi plus tard de prétexte au commandant en chef pour alléguer que « le 3ᵉ corps, occupant le centre de la ligne, devait couvrir la retraite (1) ». Mais le Maréchal ajoute un peu plus loin : « Des pertes de temps et de distance furent cause que le dernier échelon du 3ᵉ corps se trouvait encore à son campement alors qu'il aurait dû être en pleine opération de retraite et déjà sous le feu des forts. Profitant de ce retard, l'ennemi attaqua vers 3 heures (2)..... » (3).

Au moment de l'attaque prussienne, en effet, les divisions Montaudon, Metman et Castagny commençaient à peine leur marche vers Metz, ainsi qu'on va le voir ; il est à noter, d'autre part, que les bivouacs du 3ᵉ corps étaient tous placés, depuis trois jours déjà, « sous le feu des forts ». La phrase qu'on vient de citer exprimerait donc le regret que « l'arrière-garde » de l'armée n'eût déjà été complètement repliée en arrière de Borny, alors que les colonnes des 2ᵉ et 4ᵉ corps s'étendaient encore respectivement jusqu'à la Basse-Bévoye et jusqu'à Mey.

Pour obtenir le résultat qu'aurait désiré le commandant en chef, il eût fallu que cette « arrière-garde » se fût retirée à peu près en même temps que les corps voisins, afin de venir se placer dans une situation qui lui interdisait précisément de remplir les fonctions que le Maréchal prétend lui avoir réservées vis-à-vis des corps d'ailes encore très attardés.

Si donc ce rôle spécial dévolu au 3ᵉ corps ne fut pas imaginé après coup pour la défense — d'ailleurs fort peu adroite — d'une mauvaise cause, on se voit dans l'obli-

---

(1) *L'armée du Rhin*, page 54.
(2) *Lire* . 4 heures.
(3) *L'armée du Rhin*, page 54.

gation de conclure que le commandant en chef méconnaissait de la façon la plus absolue le but et les fonctions d'une arrière-garde.

On ne retrouve aux archives aucune trace des ordres de départ donnés au 3ᵉ corps et à la Garde.

Un peu après 3 heures, cependant, le général Bourbaki recevait la dépêche suivante :

Le maréchal Bazaine au général Bourbaki (D. T.).

Borny, 3 h. 5 soir.

« Déjà le 2ᵉ corps, s'il ne peut pousser plus loin, doit camper à hauteur de Jussy et de Rozérieulles, ayant derrière lui le 6ᵉ corps.

« Je crois que le meilleur emplacement pour vous serait en arrière de Longeville, Devant-les-Ponts et le Fort-Moselle, si, comme j'en ai donné l'ordre, ce terrain est libre.

« Vous savez que vous devez suivre demain la route de Verdun par Mars-la-Tour (1). »

La division Deligny avait pris les armes vers 3 heures, conformément aux ordres du général Bourbaki (2), mais elle ne quittait qu'un peu avant 4 heures (3) ses bivouacs du rû de la Chenau pour gagner à travers champs la porte Mazelle. Quant à la 2ᵉ division, qui devait « prendre les armes aussitôt que la division Deligny arriverait à sa hauteur, puis se rendre près de la porte

---

(1) D'après les *Instructions* du 13 août, la Garde devait s'engager sur la route de Conflans, à la suite des 4ᵉ et 3ᵉ corps.

(2) Voir l'ordre du général Bourbaki au commandant de la 1ʳᵉ division. (Documents annexes.)

(3) Un peu avant 4 heures seulement, car, au premier coup de canon, la tête de colonne paraît n'avoir encore parcouru qu'un kilomètre environ.

des Allemands (1) », elle n'avait pas encore quitté ses bivouacs à 4 heures du soir, non plus que la réserve d'artillerie et la division de cavalerie du général Desvaux.

De son côté, le 3ᵉ corps avait également commencé son mouvement de retraite vers 3 heures (2).

« Conformément aux ordres reçus, dit le rapport du 3ᵉ corps sur la journée du 14 août, les quatre divisions d'infanterie et la division de cavalerie étaient prêtes, dès 4 heures du matin, à franchir la Moselle et à aller s'établir dans les nouvelles positions sur la rive gauche. Vers 11 heures, le convoi se mit en marche suivi par les voitures régimentaires; à 3 heures, le mouvement des troupes se dessinait; la division Montaudon et la division Castagny se retiraient en échelons lorsque les grand'-gardes de cette dernière division (3), en route pour rejoindre leurs corps, furent vivement attaquées » (4).

Vers 4 heures, la 1ʳᵉ division du 3ᵉ corps, campée au Nord de la route de Grigy, la Grange-aux-Bois, avait, en effet, déjà entamé son mouvement de retraite (5); la 2ᵉ division, bivouaquée sur le rebord du plateau qui domine le ravin de la Planchette, entre la route de Sarrebrück et le parc de Colombey, avait reporté sa 2ᵉ bri-

---

(1) Voir l'ordre du général Bourbaki au commandant de la 2ᵉ division. (Documents annexes.)

(2) Il faut sans doute entendre par là que le relèvement des avant-postes commença vers 3 heures, car, lorsque l'action s'engagea, les colonnes du 3ᵉ corps n'avaient encore parcouru que très peu de chemin vers Metz.

(3) Ce sont les grand'gardes de la division Metman, qui occupaient encore le château d'Aubigny et le bois d'Ars-Laquenexy, qui furent attaquées.

(4) Rapport daté du 25 août, provenant de la succession du maréchal Lebœuf.

(5) Journal de marche de la 1ʳᵉ division du 3ᵉ corps.

L'artillerie marchait en tête; la 1ʳᵉ brigade suivait; la 2ᵉ brigade était encore près du bois de Borny.

gade (69ᵉ et 90ᵉ) à hauteur de l'embranchement des deux routes de Sarrelouis et de Sarrebrück ; le 19ᵉ était déjà massé sur la route de Sarrebrück ; le 15ᵉ bataillon de chasseurs avait dépassé l'allée d'arbres conduisant de Colombey à Bellecroix ; enfin le 41ᵉ rompait après avoir rallié ses grand'gardes et les quatre compagnies détachées dans le château de Colombey.

La 4ᵉ division (bivouaquée entre Bellecroix et Vantoux) avait elle-même déjà rassemblé sa 1ʳᵉ brigade (44ᵉ et 60ᵉ) (1). Enfin, la 3ᵉ division, stationnée à l'Ouest de Colombey, allait rompre les faisceaux pour se conformer au mouvement général de retraite. Le 59ᵉ régiment était même déjà en route et le 71ᵉ s'apprêtait à le suivre. « Les mouvements rétrogrades des 1ʳᵉ et 2ᵉ divisions étant accomplis, dit le général Metman, j'ai jugé qu'il y avait lieu de commencer la retraite en échelons qui m'avait été prescrite lorsque j'avais été prévenu que je formais l'arrière-garde de la colonne du 3ᵉ corps. Je donnai donc l'ordre de la retraite. Au moment même où l'exécution de cet ordre commençait, une vive fusillade, appuyée de coups de canon, s'est fait entendre (2). »

Il résulte de ce rapport que la 3ᵉ division, qui avait reçu du général Decaen la mission de couvrir le mouvement rétrograde du 3ᵉ corps, crut devoir commencer sa retraite quelques minutes à peine après que les divisions voisines eurent quitté leurs bivouacs. Il est assez remarquable, en effet, qu'au moment où le 59ᵉ régiment se mettait en marche, la brigade Clinchant (81ᵉ-95ᵉ) venait seulement d'abandonner son camp entre les bois

---

(1) Rapport du général Nayral sur le combat de la 2ᵉ division du 3ᵉ corps le 14 août (daté du 19 août 1870).

La division n'était cependant pas encore en route, mais elle avait sans doute fait rentrer ses avant-postes, suivant une coutume constante.

(2) Rapport du général Metman sur le combat du 14 août (daté du 16 août 1870).

de Colombey et de Borny et se tenait arrêtée, au Nord de ce dernier, pour attendre que l'autre brigade de sa division eût défilé sur la route de Grigy ; au Nord de Colombey, la 1re brigade de la division Castagny (15e ch., 19e, 41e) n'était pas encore arrivée à hauteur de Bellecroix et la 2e brigade (69e et 90e) était toujours rassemblée au Sud-Est de ce point. Ceci indique bien nettement que, dans l'esprit du commandant de la 3e division, les fonctions d'arrière-garde dévolues à la troupe qu'il commandait n'impliquaient nullement pour elle la nécessité de garder la position qu'elle occupait jusqu'à ce que le gros du corps d'armée eût, au moins, gagné une distance suffisante le mettant hors d'atteinte d'une attaque possible de l'ennemi. Au reste, on ne saurait trouver aucune différence essentielle, à ce point de vue particulier, entre la manière d'agir du commandant de la 3e division du 3e corps et celle que le commandant de l'armée cherche à s'attribuer lui-même (1). Tous deux paraissent n'avoir considéré une arrière-garde que comme une fraction de troupe marchant *immédiatement à la suite* du gros et cela sans obligations particulières d'aucune sorte, la place qu'elle occupait dans la colonne suffisant sans doute à justifier le nom qu'elle portait. Le même fait s'observait d'ailleurs au 2e corps, où la brigade Lapasset attendait, en colonne, que la route fût dégagée par la 1re division, et il allait probablement s'observer également au 4e corps, où la 2e division avait déjà replié ses avant-postes et se tenait prête à rompre.

Chez aucune des troupes stationnées sur la rive droite de la Moselle, soit qu'on les considère dans leur ensemble, soit qu'on n'envisage qu'une fraction d'entre elles — corps d'armée ou division — on ne prescrivit donc aucune

---

(1) Voir page 109.

mesure spéciale ayant pour but de surveiller efficacement les agissements d'un adversaire qui montrait cependant ses avant-postes et ses vedettes à courte distance depuis la veille, et devant lequel on voulait se dérober (1). Bien plus, les avant-postes d'infanterie qui, sauf au 4ᵉ corps, étaient d'ailleurs très rapprochés des bivouacs, avaient été presque tous repliés avant 4 heures de l'après-midi. Seule, la division Metman tenait encore le château d'Aubigny $\left(\frac{4}{7\ \text{Ch}}\right)$ et le bois d'Ars-Laquenexy (trois compagnies du 7ᵉ régiment).

Si donc on embrasse d'un coup d'œil d'ensemble la situation de l'armée, au moment où le canon prussien se fit entendre sur la croupe de Marsilly, on constate qu'en dépit de certains rapports officiels sur la bataille — rapports dans lesquels une phraséologie d'apparence technique pourrait faire croire tout d'abord à l'application de mesures de protection quelque peu rationnelles — les quatre corps d'armée se repliaient, en fait, à peu près simultanément vers Metz, sans que le moindre organe de sûreté couvrît efficacement le mouvement de retraite.

V. — Débuts de la bataille devant Colombey (2).

« Tous les renseignements envoyés par les grand'-gardes, dit le général Metman, indiquaient une concentration de l'ennemi faite pendant la nuit (?) et une attaque probable au moment de la retraite. Il faut

---

(1) Seules, quelques reconnaissances de la division de cavalerie du 3ᵉ corps paraissent avoir poussé sur la rive droite du ravin de Colombey, mais à si courte distance qu'elles ne rendirent compte de l'approche de l'ennemi que très peu de temps avant l'attaque.

(2) Voir le croquis nº 3 de la « Journée du 14 août ».

reconnaître que cette attaque était favorisée par la configuration du sol, puisque les points extrêmes de la position que nous devions abandonner en étaient les points dominants (1). »

Ces « points extrêmes », occupés par des grand'gardes, étaient : le château d'Aubigny (4ᵉ compagnie du 7ᵉ bataillon de chasseurs à pied); la parcelle de bois situé à 300 mètres au Sud-Est de ce dernier point (une compagnie du 59ᵉ régiment); un autre point « près du château d'Aubigny » (une compagnie du Iᵉʳ bataillon du 7ᵉ régiment); la clairière que traverse le chemin de Colombey à Ars-Laquenexy (une compagnie du 7ᵉ régiment); et enfin deux points situés « dans le bois d'Ars-Laquenexy » (deux compagnies du 7ᵉ régiment).

Des trois grand'gardes installées sur le plateau d'Aubigny, deux furent relevées avant que tout mouvement de retraite fut commencé (celles du 7ᵉ et du 59ᵉ), de sorte que la compagnie de chasseurs resta isolée au château.

« Entre 3 heures et 3 h. 15 (2), dit le général de Potier, de grandes masses d'infanterie prussienne accompagnées d'artillerie ont été signalées marchant dans la direction du château d'Aubigny occupé par une compagnie du 7ᵉ bataillon de chasseurs à pied.

« De 3 h. 15 à 3 h. 30, le commandant de chasseurs a été informé par le commandant de sa compagnie de grand'garde que la compagnie du 59ᵉ, qui était à sa droite, avait quitté sa position. Il lui envoya l'ordre de se retirer pour éviter que l'ennemi ne l'isolât en passant

---

(1) Rapport du général Metman (daté du 16 août).
(2) Toutes les heures données dans ce rapport paraissent un peu avancées, car, d'une part la colonne du général de Goltz ne se mit en route qu'à 3 h. 30 et ne put être signalée entre 3 heures et 3 h. 15, et d'autre part le feu ne fut ouvert qu'à 4 heures par les Allemands.

complètement en arrière d'elle, ce qui était possible, vu le départ de la division Castagny et de la grand'garde du 59e.

« La compagnie de chasseurs ayant quitté sa position et l'ennemi ayant ouvert le feu, le 59e de ligne abandonna à 3 h. 30 la tranchée-abri qui couvrait la gauche de notre position, en face du village d'Ars (1). Je me trouvais à ce moment à la gauche de la tranchée-abri du 7e de ligne et j'envoyai aux trois compagnies de grand'garde de la brigade, qui étaient encore en position dans le bois d'Ars et la clairière qui est à sa gauche, l'ordre de se replier immédiatement sur leur corps (2). »

Il a paru nécessaire de citer cet extrait de rapport — en anticipant légèrement sur les événements — pour faire ressortir la hâte avec laquelle on procéda au relèvement des avant-postes, relèvement qu'on avait entrepris prématurément dans toutes les autres divisions et qu'on se crut obligé d'exécuter au plus vite dans celle qui subissait le premier choc de l'adversaire. Cette mesure eut la conséquence fâcheuse de laisser le combat se transporter, dès le début, sur la position principale de résistance de la 3e division, c'est-à-dire sur les hauteurs qui bordent la rive gauche du ravin de Colombey, alors qu'un renforcement des avant-postes eût permis de protéger efficacement la retraite du 3e corps contre l'attaque que le rapport du général Metman signale comme « probable. »

Attaque de l'avant-garde de la 26e brigade prussienne. — On a vu précédemment qu'à la suite de la résolution prise par son chef, l'avant-garde du VIIe corps prus-

---

(1) Tranchée-abri creusée devant les bivouacs du 7e régiment, au Sud-Est du bois de Colombey.

(2) Rapport du général commandant la 1re brigade de la 3e division du 3e corps (daté du 15 août).

sien (1) s'était mise en marche vers 3 h. 30 sur Marsilly et le château d'Aubigny « avec l'intention d'occuper seulement la position de Colombey (2) »

Les Ier et IIe bataillons du *15e* régiment avec la 6e batterie se dirigeaient de Marsilly sur le château d'Aubigny, soutenus : à gauche par le *7e* bataillon de chasseurs et à droite par le *8e* régiment de hussards, pendant que le reste de l'avant-garde suivait plus en arrière.

Cette marche d'approche n'avait pas échappé à la cavalerie de la division de Clérembault, dont un escadron (3) se trouvait alors à hauteur du château d'Aubigny. Un officier, envoyé un peu plus en avant, découvrit la colonne ennemie et se replia aussitôt pour en aviser l'état-major du 3e corps. Mais l'adversaire était déjà si proche, que l'escadron dut se retirer bientôt devant le *8e* hussards pour rejoindre sa division sur le plateau de Borny.

A 4 heures, en effet, le Ier bataillon du *15e* régiment se déployait devant Aubigny, encore occupé par la 4e compagnie (Jupin) du 7e bataillon de chasseurs français, et faisait tourner le château, au Sud, par une compagnie, tandis que le *8e* régiment de hussards s'avançait par le Nord.

La compagnie Jupin $\left(\frac{4}{7\,\text{Ch}}\right)$ « exposée au feu de l'ennemi sur ses deux flancs pendant que les hulans (4) gagnaient ses derrières (5) », se retira par le chemin de

---

(1) *26e brigade (15e et 55e régiments), 7e bataillon de chasseurs, 8e régiment de hussards,* 5e *et* 6e *batteries légères.*

(2) *Historique du Grand Etat-Major prussien.*

(3) $\frac{5}{2\,\text{Ch}}$.

(4) *Lire :* hussards.

(5) Renseignement donné par M. le colonel Chassepot, alors lieutenant à la 4e compagnie (Jupin) du 7e bataillon de chasseurs à pied.

Colombey sous le feu de la 5ᵉ batterie prussienne qui, sur ces entrefaites, avait commencé le tir depuis la croupe située au Nord de Marsilly.

Laissant deux compagnies $\left(\frac{2,3}{15}\right)$ au château d'Aubigny, l'avant-garde allemande poussait une compagnie $\left(\frac{4}{15}\right)$ sur Colombey à la suite de la compagnie Jupin et dirigeait trois autres compagnies $\left(\frac{1,6,7}{15}\right)$ vers la Planchette « pour déborder l'ennemi par la droite »(1).

Le 7ᵉ bataillon de chasseurs (2) s'était avancé sur Ars-Laquenexy. Pendant qu'une compagnie occupait ce village (la 2ᵉ), les trois autres remontaient vers le Nord. Mais bientôt prises en flanc par le feu du IIᵉ bataillon du 7ᵉ régiment installé dans les tranchées-abris au Sud-Ouest de Colombey, et gênées par le feu des 5ᵉ et 6ᵉ batteries du 11ᵉ établies sur le mamelon 241 et près de Colombey, les trois compagnies de chasseurs prussiennes étaient obligées de chercher un abri dans le fond du ravin près du moulin de Colombey. La 4ᵉ compagnie cependant traversa de nouveau le ruisseau et s'engagea sur les pentes conduisant à Colombey, pendant que la 4ᵉ compagnie du *15ᵉ* prenait pied dans le parc de Colombey, évacué par le 41ᵉ une demi-heure auparavant. En même temps, deux autres compagnies du *15ᵉ* pénétraient dans le village par l'Est $\left(\frac{5,8}{15}\right)$.

Sur ces entrefaites, la compagnie Jupin s'était retirée en combattant dans la direction de Colombey et s'était arrêtée dans un petit bouquet de bois situé sur la lisière Sud du village; mais bientôt menacée sur son front par les chasseurs prussiens et sur son flanc par les compa-

---

(1) *Historique du Grand État-Major prussien.*
(2) *Geschichte des Westfalischen Jager-Bataillons Nr 7* (Berlin, 1897).

gnies du *15ᵉ* qui marchaient sur le parc, elle dut presque immédiatement se retirer vers le Nord. « Au moment de déboucher, elle fut accueillie par une violente fusillade des troupes françaises », et fut obligée de faire sonner : *Cesser le feu* pour se faire reconnaître (1).

Déploiement de la division Metman. — Dès les premiers coups de canon, le général Decaen avait fait porter par le sous-lieutenant Kergorre, de son escorte $\left(\frac{3}{10 \text{ Ch}}\right)$, l'ordre aux 2ᵉ et 3ᵉ divisions de reprendre les positions qu'elles venaient de quitter. En même temps, d'ailleurs, le général commandant la 3ᵉ division prescrivait de réoccuper immédiatement les positions défensives partiellement abandonnées par suite du commencement de la retraite.

Malheureusement, le général commandant la 1ʳᵉ brigade (2) avait déjà cru devoir prescrire aux trois compagnies du 7ᵉ régiment restées dans le bois d'Ars-Laquenexy et dans la clairière au Nord-Est de ce bois, de se replier en arrière. Puis, il ordonnait au 7ᵉ régiment d'infanterie de garnir les tranchées qu'on avait construites pour lui au Sud-Est du bois de Colombey. Le 29ᵉ régiment recevait également l'ordre de jeter un bataillon dans la tranchée-abri creusée sur la crête 233.

Mais au moment où ce mouvement s'exécutait, l'avant-garde allemande était déjà parvenue jusqu'au massif boisé qui entoure le château et le village, de sorte que le IIᵉ bataillon du 29ᵉ, pris à revers dans sa tranchée-abri, dut se retirer presque aussitôt, suivi de la 6ᵉ batterie du 11ᵉ : trois compagnies gagnèrent la lisière Est du bois de Colombey et les trois

---

(1) Renseignement donné par M. le colonel Chassepot. (*Loc. cit.*)
(2) D'après le rapport du général de Potier, commandant la 1ʳᵉ brigade de la 3ᵉ division du 3ᵉ corps, daté du 15 août.

autres le fossé bordé d'arbres parallèle à la tranchée-abri et situé à 300 mètres environ au Nord-Ouest de cette dernière (1). En outre, le colonel commandant le 29ᵉ régiment fit déployer deux compagnies $\left(1, 2\dfrac{\text{III}}{29}\right)$ face à l'Est pour « empêcher que le demi-bataillon placé dans le fossé fût tourné par son aile gauche ou pris à revers ». Enfin, le général commandant la 1ʳᵉ brigade porta encore deux compagnies du IIIᵉ bataillon du 29ᵉ dans le bois de Colombey « pour relier complètement » le reste du régiment laissé sur la crête 241-232 au 7ᵉ. Après avoir évacué la tranchée-abri de Colombey, à la suite du 29ᵉ, le capitaine Jupin $\left(\dfrac{4}{7\text{ Ch}}\right)$ s'était replié à hauteur de la nouvelle ligne de combat, c'est-à-dire à la gauche du 29ᵉ. Là il se joignait aux 2ᵉ et 3ᵉ compagnies de son bataillon, venues de leur bivouac (cote 225) et déployées aux côtés de quelques tirailleurs du 59ᵉ. Deux compagnies du 29ᵉ furent placées avec la 5ᵉ compagnie du 7ᵉ bataillon de chasseurs dans la tranchée-abri creusée par le 81ᵉ sur le mamelon 241 « afin d'obvier à ce que ce bois fût tourné par la droite ». Le Iᵉʳ bataillon du 29ᵉ, enfin, fut placé en réserve sur la crête 241-232 « afin de rendre moins pénible au 7ᵉ de ligne l'évacuation du bois lorsqu'il serait devenu urgent de le quitter ».

De son côté, le 7ᵉ régiment d'infanterie s'était déployé dans ses tranchées-abris face au bois d'Ars-Laquenexy. Huit compagnies des IIᵉ et IIIᵉ bataillons occupèrent ces tranchées; toutes les autres garnirent la lisière du bois de Colombey à l'exception d'une seule $\left(6\dfrac{\text{I}}{7}\right)$ laissée en réserve dans une clairière à 100 mètres de la lisière;

---

(1) Avec la 4ᵉ compagnie du 7ᵉ bataillon de chasseurs, qui rétrogradait d'Aubigny.

bientôt cette compagnie fut rejointe par la 6e compagnie du 7e bataillon de chasseurs sur l'ordre du général commandant la brigade. Quant à la dernière compagnie de chasseurs $\left(\frac{1}{7\text{ Ch}}\right)$ elle fut placée en soutien de l'artillerie de la division et en arrière des batteries (1).

La 2e brigade de la 3e division (dont l'un des régiments — le 59e — était déjà en marche au moment où éclatait la canonnade) rétrograda au delà de la crête 232-241 et vint se placer en réserve. Le 59e se forma sur deux lignes au Sud du chemin de Borny à Colombey; le 71e en échelon refusé, également sur deux lignes, au Nord de ce même chemin.

L'artillerie de la 3e division s'était immédiatement installée sur la crête 235-241 (2). La 6e batterie du 11e régiment occupait, comme on sait, l'épaulement construit pour elle sur la lisière Ouest du village de Colombey. Après avoir tiré quelques coups (à 2,200 mètres) contre l'avant-garde allemande, elle avait dû se retirer en même temps que les compagnies du 29e qui garnissaient les tranchées-abris installées à sa hauteur, pour venir prendre position sur la crête 235 et diriger tout d'abord son feu (à 500 mètres) sur les tirailleurs prussiens qui occupaient déjà le massif boisé formant la lisière Nord de Colombey. Sur ces entrefaites, la 7e batterie s'était installée à peu près à la même hauteur et dirigeait également son tir (à 600 ou 800 mètres) sur le même objectif. Enfin, la 3e batterie (à balles), s'établissait sur la crête « entre les bois de

---

(1) Emplacement indiqué par le lieutenant-colonel Hilpert, alors sous-lieutenant au 7e bataillon de chasseurs. (Lettre du 24 février 1901.)

(2) Les pièces étaient attelées depuis midi, en vue du départ. (Rapport du capitaine Mignot, commandant la 5e batterie du 11e régiment.)

Borny » (1) et ouvrait le feu à 1600 mètres sur l'infanterie qui se montrait sur la crête opposée (2).

La 26ᵉ brigade renforce sa première ligne et étend son mouvement jusqu'à la Planchette. — Pendant que la division Metman prenait les dispositions qu'on vient d'indiquer, la 26ᵉ brigade prussienne s'étendait vers le Nord par le ravin de Colombey. Déjà, ainsi qu'on l'a vu, trois compagnies $\left(\frac{1, 6, 7}{15}\right)$ s'étaient dirigées d'Aubigny vers la Planchette ; la 6ᵉ batterie légère avait ouvert le feu depuis la croupe 237 sur les deux batteries de la division Metman, installées aux abords du chemin de Borny à Colombey $\left(\frac{6, 7}{11}\right)$. Mais, bientôt prise d'écharpe par l'artillerie de la division Castagny, placée à environ 1600 mètres de là sur la croupe 228, cette batterie dut reculer de quelques centaines de mètres pour s'installer à la gauche de la 5ᵉ légère qui, entre temps, était arrivée près et au Sud-Ouest de Coincy (3).

« On se trouvait avoir pris pied solidement sur le revers opposé du ravin (à Colombey) ; mais, pour le mo-

---

(1) C'est-à-dire entre le bois de Borny et celui de Colombey (mamelon 241).

(2) C'est-à-dire sur l'infanterie qui descendait du château d'Aubigny. « Une bonne carte des environs de Metz, dit le capitaine Mignot, m'avait permis d'apprécier exactement la distance, et mon feu fut assez efficace pour arrêter net, dès les premières salves, le mouvement de l'ennemi en ce point. » (Rapport du capitaine Mignot, commandant la 5ᵉ batterie du 11ᵉ régiment).

(3) D'après le major Hoffbauer, le feu de l'artillerie française ne fut réellement efficace que contre la 6ᵉ batterie (première position). La distance de tir était alors d'environ 1600 mètres. Les deux batteries (5ᵉ et 6ᵉ) ne subirent que peu de pertes quand elles furent réunies au Sud-Ouest de Coincy, c'est-à-dire à une distance d'environ 2,000 mètres de l'artillerie française.

ment, il n'était pas possible de pousser au delà..... Les compagnies qui avaient marché sur la Planchette ne pouvaient gagner du terrain sur le revers Ouest du ravin..... Aussitôt que le général de Goltz avait remarqué la tournure sérieuse que prenait l'affaire, il s'était occupé de faire soutenir sa première ligne par le reste de l'avant-garde (1). »

Dans ce but, les deux premiers bataillons du 55e recevaient l'ordre de marcher sur Colombey, puis les bataillons de fusiliers des 15e et 55e régiments étaient portés sur la Planchette, l'un par les pentes Est du ravin, l'autre par Coincy et la route de Sarrebrück.

Le Ier bataillon du 55e suivit la route de Coincy à Colombey, laissa deux compagnies $\left(\frac{1, 4}{55}\right)$ au pont du ruisseau et s'étendit au Nord-Est du parc avec les deux autres; le IIe bataillon occupa le parc et le château de Colombey. Quant aux compagnies du 15e régiment, qui s'étaient engagées vers le Nord sur les pentes orientales du ravin, elles se trouvèrent bientôt prises en flanc par le feu de la division Castagny, de sorte qu'elles s'égrenèrent dans les couverts qu'elles rencontrèrent au cours de leur marche : une compagnie $\left(\frac{12}{15}\right)$ vint rejoindre la garnison de Colombey; quatre autres $\left(\frac{6, 7, 9, 10}{15}\right)$ se jetèrent dans le petit bois qui borde le ruisseau plus au Nord; enfin, deux autres encore $\left(\frac{1, 11}{15}\right)$ parvinrent jusqu'à la Planchette, qu'elles occupèrent presque simultanément avec les fusiliers du 55e, venus par Coincy et la route de Sarrebrück.

A l'extrême gauche prussienne, les trois premières compagnies du 7e bataillon de chasseurs étaient parve-

---

(1) *Historique du Grand État-Major prussien.*

nues à atteindre le chemin conduisant de Colombey à la Grange-aux-Bois. Deux compagnies (2ᵉ et 3ᵉ) s'étaient déployées le long de ce chemin et engageaient bravement un combat très inégal avec les tirailleurs du 7ᵉ régiment embusqués dans leurs tranchées-abris, tandis que la 1ʳᵉ compagnie restait en soutien sur le chemin venant d'Ars (1).

Déploiement des divisions Castagny et Aymard. — On sait que la 2ᵉ brigade de la division Castagny s'était déjà retirée sur la crête de Bellecroix, quand éclata le premier coup de canon. Au même moment, les grand'-gardes de la 1ʳᵉ brigade avaient rejoint leurs régiments ; les quatre compagnies du 41ᵉ, qui occupaient précédemment le château de Colombey, mis en état de défense, s'étaient repliées, et le régiment du colonel Saussier s'était déjà mis en marche. Enfin, le 19ᵉ régiment avait quitté son bivouac et se trouvait massé sur la route de Sarrebrück.

Assailli en terrain découvert par le feu de l'artillerie ennemie des hauteurs de Coincy, le 41ᵉ éprouva d'abord un léger flottement très vite réparé. Le mouvement de retraite ne paraît cependant avoir été arrêté qu'à 400 mètres en arrière de l'allée d'arbres ; le régiment tout entier se reporta alors en avant; deux compagnies $\left(5, 6\frac{II}{41}\right)$ furent jetées dans le petit bois de sapins, au Nord-Ouest de Colombey (2). Les quatre autres compagnies de ce bataillon, ayant à leur droite le IIIᵉ bataillon, puis deux compagnies du Iᵉʳ $\left(1, 2\frac{I}{41}\right)$, se déployèrent

---

(1) *Geschichte des Jäger-Bataillons Nr. 7.* (*Loc. cit.*)

(2) Petit bois planté sur le bord Est du chemin planté d'arbres et à 700 mètres de la lisière de Colombey. Ce bois ne porte pas de nom, mais comme il jouera un rôle important dans la bataille, on le désignera sous le nom de *bois A*, pour éviter les périphrases.

en tirailleurs le long de l'allée d'arbres. Enfin, les quatre dernières compagnies du Ier bataillon restèrent en réserve sur le chemin de Colombey à Borny.

Malheureusement, le parc de Colombey ne fut pas réoccupé. Ce ne fut même qu'un peu plus tard, et sur l'ordre du général Nayral (1), que deux compagnies du Ier bataillon tentèrent de mettre la main sur le château : « Mais ces deux compagnies (3e et 4e) trouvèrent le parc déjà très fortement occupé, et tous leurs efforts durent se borner à empêcher l'ennemi d'en déboucher ; elles furent soutenues dans cette rude tâche par les 1re et 2e compagnies du même bataillon (2). »

Un peu plus au Nord, le 15e bataillon de chasseurs était revenu vivement sur l'emplacement de son bivouac ; il déployait tout d'abord deux compagnies en tirailleurs sur la crête à l'Est du bois A ; puis le 19e régiment étant entré en ligne à son tour sur la gauche, une seule compagnie fut maintenue sur la crête ; deux autres occupèrent la lisière orientale du bois, et les trois dernières restèrent en réserve derrière le même bois.

Le 19e régiment avait fait également demi-tour et s'était reformé au Nord du bois A avec ses IIe et IIIe bataillons, en déployant sur la crête 228 de nombreux tirailleurs et en laissant le Ier bataillon en troisième ligne (3).

Sur ces entrefaites, les deux batteries de 4 $\left(\frac{9,\ 11}{4}\right)$ de la 2{e} division s'étaient rapidement mises en batterie sur la croupe qui, de la cote 228, descend vers le Nord : la

---

(1) Au moins l'ordre fut-il apporté par le capitaine Périgord, aide de camp du général Nayral.

(2) Rapport du général Nayral, daté du 19 août, et Historique du 41e régiment. (Man. de 1871.)

(3) Rapport du général Nayral et Historique du 19e régiment. (Man. de 1871.)

11ᵉ batterie paraît avoir, seule, dirigé son tir sur l'artillerie ennemie de Coincy, puis toutes deux soutinrent efficacement l'infanterie de la 1ʳᵉ brigade en canonnant à courte distance (1) les fractions de la 26ᵉ brigade qui s'avançaient par le ravin et se déployaient sur la lisière du bois situé au Nord de Colombey. Quant à la batterie de mitrailleuses de la division $\left(\frac{9}{4}\right)$, elle restait à l'embranchement des routes sur la croupe 233 et n'intervenait qu'un peu plus tard, alors que l'infanterie ennemie (sans doute $\frac{F}{55}$) descendait de la croupe de Montoy vers la Planchette. Deux batteries à cheval de la réserve d'artillerie $\left(\frac{1,2}{17}\right)$ venaient d'ailleurs bientôt se placer à sa droite, surveillant les pentes dans la direction de Lauvallier.

On se rappelle qu'à 4 heures, la 2ᵉ brigade de la 2ᵉ division était rassemblée près de l'embranchement de Bellecroix. Au premier coup de canon, le colonel Letourneur, du 69ᵉ, prescrivit au Iᵉʳ bataillon de déployer en tirailleurs deux de ses compagnies sur la crête qui domine le ravin. Le commandant Crémieux fit donc partir les deux premières compagnies de son bataillon (2) jusqu'à 400 ou 500 mètres en avant de la bifurcation et au Nord de la route de Sarrelouis, tandis qu'il formait ses quatre autres compagnies en colonnes de division sur les pentes descendant vers Lauvallier. Les IIᵉ et IIIᵉ bataillons restèrent provisoirement en réserve un peu plus en arrière, de part

---

(1) Il n'est pas sans intérêt de remarquer que le fusil Dreyse des Allemands n'avait presque aucune efficacité au delà de 600 mètres. La hausse n'était pas graduée pour une distance supérieure à celle-là.

(2) Lettre du 5 juillet 1901 de M. le colonel Sorlin, alors capitaine commandant la 4ᵉ compagnie du Iᵉʳ bataillon du 69ᵉ.

et d'autre de la grande route. Dès leur arrivée sur la ligne de combat, des deux compagnies envoyées en avant $\left(1, 2\dfrac{1}{69}\right)$, l'une la 1re se déploya tout entière en tirailleurs, l'autre forma soutien.

Le Ier bataillon du 90{e} avait été placé au Sud de la route de Sarrebrück (trois compagnies $\left(1, 2, 3\dfrac{1}{90}\right)$ en tirailleurs à mi-côte, les trois autres en réserve sur l'allée bordée d'arbres); le IIe bataillon au Nord de la même route (deux compagnies bordant une ligne de peupliers — chemin conduisant à Lauvallier — et quatre autres à 50 mètres en arrière); enfin le IIIe bataillon, à la gauche du précédent et face à Lauvallier (deux compagnies en tirailleurs, deux autres en arrière et les deux dernières en soutien de la batterie de mitrailleuses près de l'embranchement des deux routes).

Le combat allait d'ailleurs prendre une très vive tournure devant le front de la 2e division par suite de l'entrée en ligne des deux avant-gardes du Ier corps allemand. Mais avant d'aborder les péripéties de cette lutte, il est nécessaire, pour terminer ce qui est relatif au déploiement du 3e corps français, d'indiquer les dispositions prises par la division Aymard qui se tenait prête à commencer son mouvement de retraite sur Metz.

Sur l'ordre du général Aymard (1), les deux brigades d'infanterie, prêtes à rompre, firent face en arrière et restèrent provisoirement sur les emplacements de leurs bivouacs, savoir :

A hauteur de la bifurcation le 11e bataillon de chasseurs; à la gauche de ce dernier, le 44e s'étendant dans

---

(1) Le général Aymard avait pris, le matin même, le commandement de la 4e division, en remplacement du général Decaen, placé à la tête du 3e corps d'armée.

la direction du moulin situé à 500 mètres à l'Est de Vantoux; en seconde ligne et à hauteur de Bellecroix, le 60e; enfin, à 200 mètres en arrière de ce dernier, la 2e brigade (80e et 85e) formant une troisième ligne.

L'artillerie de la division se porta, dès le début de l'action qui s'engageait plus à droite vers Colombey — c'est-à-dire peu après 4 heures — sur la crête couvrant, du côté de l'Est, le rassemblement des deux brigades d'infanterie, crête descendant de la croisée des routes, vers le moulin de la Tour. Elle fut placée sur le terrain qui avait été reconnu la veille par les officiers supérieurs et les commandants de batterie (1). La 9e forma la droite de la position d'artillerie et s'installa au Nord de la route de Sarrelouis, à 100 mètres en avant des troupes de la première ligne; la 10e, tenant l'extrême gauche de la position (au-dessus du moulin de la Tour) disposa deux de ses pièces de manière à bien découvrir le ravin de Nouilly; la batterie de mitrailleuses, enfin, se plaça au centre du plateau, entre les deux autres batteries.

Enfin, la division de cavalerie du 3e corps avait quitté son camp de Borny dès 2 heures pour venir se former près de Bellecroix « afin de soutenir le mouvement de retraite du 3e corps » (2), et s'était disposée tout d'abord en échelons par brigade, la gauche appuyée à la grande route. Au moment où le canon se faisait entendre, le général de Clérembault reçut, de deux escadrons d'éclaireurs envoyés en reconnaissance, des rapports annonçant que l'ennemi s'avançait en force (3). Laissant la

---

(1) Rapport sur l'emploi de l'artillerie dans la journée du 14 août (non signé), provenant de la succession du maréchal Lebœuf.

(2) Rapport du général de Clérembault, daté du 21 août.

(3) Il s'agit sans doute du rapport du lieutenant d'Origny, appartenant au 5e escadron du 2e chasseurs envoyé en reconnaissance au château d'Aubigny, et de ceux du 5e escadron du 10e chasseurs, parti

brigade de Juniac (5ᵉ et 8ᵉ dragons) en réserve près de Bellecroix, le commandant de la division de cavalerie porta en avant la brigade de Maubranches (2ᵉ et 4ᵉ dragons) de manière à la rapprocher de la ligne de combat et dirigea dans le même but la brigade de Bruchard (2ᵉ et 3ᵉ chasseurs et le 1ᵉʳ escadron du 10ᵉ chasseurs) vers la droite entre Borny et Colombey. « Ainsi placée, dit le général de Clérembault, ma cavalerie soutenait les divisions Castagny et Metman et se trouvait prête à charger les troupes prussiennes qui seraient parvenues à gagner les crêtes et à déboucher sur le plateau (1). »

Dès que les compagnies prussiennes des *15ᵉ* et *55ᵉ* régiments apparurent dans les environs de la Planchette, les tirailleurs du 90ᵉ ouvrirent un feu rapide qui paraît n'avoir pas été soumis dès le début à une discipline rigoureuse. Les 1ᵉʳ et IIᵉ bataillons dirigèrent leur tir « sur les tirailleurs ennemis qui s'avançaient le long du ruisseau abrités par des taillis et une ligne d'arbres. Sur la droite, ces tirailleurs étaient à 200 ou 300 mètres des nôtres; en face du front, la distance était plus grande » (2). Quoi qu'il en soit, le feu de l'infanterie française fut absolument impuissant à empêcher l'adversaire de progresser dans le ravin et de venir s'embusquer, aux environs de la Planchette, à courte distance des tirailleurs de la défense.

Désormais, la *26ᵉ* brigade allemande était tout entière déployée sur un front d'environ 2 kilomètres et avait réussi à mettre la main sur tous les points d'appui de cette

---

dans la direction de Montoy vers 2 h. 30. (Voir les Historiques des régiments.)

(1) Rapport du général de Clérembault. (*Loc. cit.*)
(2) Historique du 90ᵉ régiment. (Man. de 1871.)

longue ligne de combat ; en face d'elle, trois divisions françaises s'étaient bornées *à occuper les crêtes* qui s'étendent de l'extrémité Sud du bois de Colombey, jusqu'à Lauvallier et le moulin de la Tour, et avaient ainsi laissé à l'assaillant toute liberté d'utiliser le ravin de Colombey à la Planchette, pour cheminer à couvert — au moins en grande partie — à quelques centaines de mètres à peine des feux de la défense.

Le général de Goltz, avait donc obtenu, dans un court espace de temps, un résultat des plus importants et ceci, surtout à cause de la déplorable passivité de son adversaire.

Il est à remarquer, en effet, que bien qu'on eût, du côté français, le vague sentiment qu'une attaque était possible, et même « probable », aucune tentative sérieuse n'avait été faite, au moment de la retraite, pour s'assurer que l'ennemi conservait toujours une attitude expectante. Ce fut donc seulement lorsque la *26ᵉ* brigade arriva sur la croupe de Marsilly qu'elle fut aperçue par des reconnaissances de cavalerie qui avaient à peine dépassé le château d'Aubigny et le village de Montoy. Par suite, le canon ennemi produisit sur tous une véritable surprise dont les effets fâcheux sur le commandement ne purent être palliés par la résistance d'une ligne d'avant-postes qu'on venait précisément de replier, au moins partiellement. Pendant que l'une des grand'gardes encore en position était vivement rejetée vers l'arrière, et que les trois autres étaient rappelées par leur général de brigade avant même qu'elles fussent attaquées, les commandants des 2ᵉ et 3ᵉ divisions ne se préoccupèrent nullement de réoccuper les points d'appui qu'ils venaient d'abandonner, ni de contre-attaquer les faibles fractions que l'adversaire engageait successivement dans le ravin, mais seulement de déployer le plus de compagnies possible sur ce qu'ils considéraient comme leurs « positions de combat », savoir : pour la 3ᵉ division, les tranchées-abris et le bois de Colombey, pour la 2ᵉ division, les crêtes s'étendant de Colombey à Lauvallier; pour la 4ᵉ division, enfin, le plateau de Bellecroix. L'infanterie prussienne put donc atteindre Colombey, le bois au Nord et même la Planchette sans qu'on lui disputât l'un quelconque de ces points d'appui et sans éprouver d'autre gêne que celle qui résultait de pertes, au reste assez faibles, infligées de loin par un petit nombre de batteries et par quelques tirailleurs. Bien plus, la menace de quelques compagnies de l'assaillant parvenues jusqu'à Colombey suffit pour provoquer l'abandon des tranchées-abris du 29ᵉ, bien qu'une division tout entière fut présente sur les lieux. La seule tentative qu'il soit possible de relever à l'actif des deux divisions du 3ᵉ corps pour rejeter l'assaillant dans le ravin, est celle que le 41ᵉ tenta — très tardivement et avec des moyens très insuffisants — contre le parc de Colombey.

Le déploiement de l'avant-garde allemande, qui eût pu être rendu très laborieux et qui n'eût jamais dû la conduire jusqu'à Colombey ou la Planchette, se trouva donc être relativement très aisé, et cette avant-garde ne se heurta à une résistance réellement sérieuse que lorsqu'elle tenta de progresser à découvert sur les pentes occidentales du ravin.

Il est à remarquer d'autre part, qu'en considérant seulement les 2ᵉ et 3ᵉ divisions, — seules exposées pour l'instant aux efforts de la brigade prussienne —, on avait déployé, dès le principe, 15 bataillons sur une ligne de combat de moins de 3,000 mètres d'étendue, et ceci, avant qu'on eût aucune indication précise sur la tournure qu'allaient prendre les événements. Devant l'irruption de quelques bataillons ennemis sur la croupe d'Aubigny, on n'eut d'autre préoccupation que·de reprendre au plus vite — sur tout le front du 3ᵉ corps et avec le plus de troupes possible — les emplacements des bivouacs pour les défendre — avec une bravoure d'ailleurs admirable — dans une lutte pied à pied d'où toute combinaison était absente.

La 4ᵉ division, moins directement menacée que les deux précédentes au début de l'action, se contenta, il est vrai, de porter son artillerie sur la crête de Bellecroix et maintint tout d'abord son infanterie abritée et rassemblée en arrière de cette crête. Malheureusement ces dispositions rationnelles ne furent pas complétées par l'occupation, qui s'imposait immédiate, des points d'appui de Lauvallier, du Goupillon et du moulin de la Tour.

D'ailleurs, toute action coordinatrice paraît avoir échappé, dès le début, au commandant du 3ᵉ corps, dont les trois divisions s'engagèrent côte à côte par le simple effet du désir instinctif — mais peut-être illogique en la circonstance — que chacune d'elles avait de « reprendre ses lignes », c'est-à-dire le front de bandière de ses anciens bivouacs.

Le Maréchal commandant en chef, de son côté, ne paraît pas, non plus, avoir exercé, au commencement de la lutte, une influence quelconque sur les déterminations prises sur cette partie du champ de bataille. Peu après le commencement de la canonnade, il se trouvait en effet, entre Grigy et Plantières sur la route de Strasbourg où il prescrivait au commandant de la 1ʳᵉ division (Montaudon), de continuer sa marche vers Metz sans s'occuper d'une « *tiraillerie sans objet* » (1). Il se porta ensuite vers l'Est et ne put, par conséquent, arriver sur le lieu de l'action qu'au moment où les divisions Metman, Castagny et Aymard avaient déjà pris les dispositions qu'on connaît. Il semble cependant que le commandant en chef n'ait pu qu'affermir davantage ses lieutenants dans l'attitude passive qu'ils avaient adoptée dès

---

(1) *Souvenirs* du général Montaudon.

l'abord, car au moment où il parvenait auprès de Bellecroix, c'est-à-dire lorsque la lutte était déjà engagée à Lauvallier, il manifestait encore vivement sa volonté formelle qu'on « n'avançât pas d'une semelle » (1).

Il n'en fallait certes pas plus pour qu'à la lutte offerte par le général de Goltz — lutte téméraire il est vrai, mais faite tout entière d'initiative et de mouvement — le 3e corps n'opposât qu'une défense presque absolument passive et dépourvue de toute idée directrice.

VI. — Combat sur le front Colombey-Lauvallier.

Entrée en ligne du Ier corps d'armée prussien. — A la suite de l'entrevue du lieutenant-colonel de Brandenstein, du grand quartier général, avec le commandant du Ier corps d'armée, ce dernier avait, comme on sait, demandé au général Steinmetz, l'autorisation de prononcer un mouvement offensif contre l'armée française. Mais à 11 h. 30 du matin on recevait une réponse négative du commandant de la Ire armée et le général de Manteuffel décommandait l'entreprise projetée (2).

Le commandant du Ier corps, cependant, s'était porté sur la ligne des avant-postes au Sud de Retonfey (vers 1 h. 30). Là, il reçut la confirmation des mouvements de l'armée française, et quoiqu'il fût encore indécis sur la véritable direction des colonnes de l'adversaire (retraite vers l'Ouest ou bien au contraire marche offensive vers le Sud contre la IIe armée), il résolut de faire prendre les armes à tout son corps d'armée (3). L'ordre venait d'en être expédié quand le canon de la brigade de Goltz

---

(1) Lettre du 2 février 1901 du général Zurlinden au Ministre de la guerre. (Documents annexes.)

(2) D'après *La crise de Borny*, par Cardinal von Widdern.

(3) D'après Cardinal von Widdern, « la résolution d'attaquer n'était

se fit entendre vers le Sud-Ouest. Peu d'instants après, c'est-à-dire vers 4 heures, le commandant du Ier corps, qui se portait de ce côté, reçut la demande du général de Goltz de soutenir le mouvement offensif de la 26e brigade sur Colombey; il envoya aussitôt à ses deux divisions et à l'artillerie de corps l'ordre de s'avancer sur Metz par les routes de Sarrelouis et de Sarrebrück, et d'attaquer l'ennemi « sans se laisser attirer sous le feu des canons de la place ». A 4 h. 45, il adressait d'ailleurs des environs de Coincy le compte rendu suivant au commandant de l'armée :

« Je viens de reconnaître que l'ennemi quitte ses campements de Metz. J'entends en même temps le canon; des détachements du VIIe corps sont déjà engagés. J'entre en ligne avec mon corps d'armée. »

Les avant-gardes des 1re et 2e divisions s'étaient mises en route presque simultanément, se faisant toutes deux devancer par quelques batteries escortées de cavalerie.

Vers 4 h. 45 la 1re batterie (de la 1re division) arrivait sur les pentes Sud du ravin de Coincy avec un escadron du 1er régiment de dragons et ouvrait le feu sur l'infanterie déployée au delà de Colombey. Mais bientôt, elle gagnait le versant opposé et s'établissait au Sud-Ouest de Montoy, à proximité de la route de Sarrebrück, « où les pertes augmentèrent dans une proportion inquiétante » sous le feu des mitrailleuses et des pièces françaises (1).

A peu près à la même heure (c'est-à-dire vers 5 heures), deux batteries de la 2e division (les 5e et 6e),

---

pourtant pas encore prise définitivement. L'on avait simplement décidé de rapprocher les troupes, quand ce qui se passa au VIIe corps agit sur les déterminations du Ier corps ». (*La crise de Borny.*)

(1) *La bataille de Borny*, par Hoffbauer.
Cette batterie se trouvait alors à des distances des batteries françaises variant de 1500 à 1800 mètres.

accompagnées par le *10*ᵉ régiment de dragons, s'installaient un peu à l'Ouest de la brasserie de l'Amitié et dirigeaient leurs feux sur l'infanterie française du plateau de Bellecroix et des pentes de Lauvallier, sans éprouver elles-mêmes grand mal du fait de l'artillerie française (1).

Déploiement de l'avant-garde de la 1ʳᵉ division. — Il était à peu près 5 h. 30 quand l'avant-garde de la *1*ʳᵉ division déboucha à l'Est de Flanville. « Informé, dit l'*Historique du Grand État-Major prussien*, d'un retour des Français par Lauvallier » (2) le colonel commandant le *43*ᵉ régiment fit tête de colonne à droite et franchit le ravin de Montoy. Puis, exécutant une conversion à gauche pour ne point masquer les batteries voisines de la ferme de l'Amitié, il se déployait avec deux bataillons en première ligne, et joignant ses efforts à ceux de l'avant-garde de la *2*ᵉ division, il se portait vers le ravin dont il parvenait à atteindre le fond en occupant Lauvallier avec son extrême droite (3).

« On commence alors, au Sud de ce village, à s'élever sur le versant Ouest du ravin, dans l'espace compris entre les deux routes. Mais l'ennemi, embusqué dans des tranchées-abris étagées (4), couvrait d'un feu si meurtrier

---

(1) D'après le major Hoffbauer.

Il est à remarquer que, pour l'artillerie française des hauteurs de Bellecroix, les distances de tir étaient comprises entre 2,000 et 2,400 mètres. Ces distances ne correspondaient pas aux deux seuls évents des projectiles de 4 (1400 et 2,750 mètres).

(2) C'est-à-dire du déploiement du 69ᵉ et du 90ᵉ devant le front la Planchette—Lauvallier.

(3) Les 1ʳᵉ et 2ᵉ compagnies du *1*ᵉʳ bataillon de chasseurs, qui suivaient le *43*ᵉ régiment, s'étaient glissées par le ravin de Montoy et étaient venues prolonger la gauche du *43*ᵉ.

(4) Il s'agit sans doute des lignes de tirailleurs des 69ᵉ et 90ᵉ régiments.

Les IIᵉ et IIIᵉ bataillons du 90ᵉ étaient, en effet, déployés entre les

les pentes qui descendent sur Lauvallier, que les chasseurs et les fusiliers ne peuvent réussir à gagner du terrain dans la direction de Bellecroix (1). »

Entre temps, la 2ᵉ division d'infanterie avait atteint avec son avant-garde le plateau de l'Amitié et avait tout d'abord dirigé quelques compagnies, ainsi qu'on le verra plus loin, dans la direction de Mey où se montraient de gros rassemblements de troupes. Cependant, comme le feu devant Lauvallier augmentait en intensité par suite de l'entrée en ligne de la division Aymard, « les Français donnaient à craindre qu'ils n'eussent l'intention de pénétrer entre les 1ʳᵉ et 2ᵉ divisions d'infanterie » (2). Aussi, le général de Memerty (commandant la 3ᵉ brigade) dirigea-t-il deux bataillons (Iᵉʳ et IIᵉ du 4ᵉ) sur Bellecroix en longeant la grande route de Sarrelouis (3).

Le Iᵉʳ bataillon se déployait tout d'abord de chaque côté de la route en colonnes de compagnies sous un feu violent d'artillerie. Au Sud de la route, deux compagnies $\left(\frac{1, 4}{4}\right)$ se jetaient dans le ravin derrière l'aile gauche du 43ᵉ régiment et échouaient devant les feux du 90ᵉ régiment dans une première tentative pour gagner les pentes opposées. Au Nord de la route, les deux autres compagnies du Iᵉʳ bataillon (du 4ᵉ) débouchaient devant Lauvallier avant que l'aile droite du 43ᵉ ne fut encore entrée en action sur ce point. Malgré l'appui que leur donnait bientôt le IIᵉ bataillon en prolongeant leur

---

deux routes, sur deux lignes très rapprochées l'une de l'autre. Les tirailleurs du 69ᵉ étaient embusqués plus en arrière et près de la route de Sarrelouis.

On ne trouve, toutefois, nulle indication sur la construction de « tranchées-abris étagées ».

(1) *Historique du Grand État-Major prussien.*

(2) Ce mouvement s'effectuait simultanément avec celui du 43ᵉ régiment, débouchant de Montoy.

(3) *Historique du Grand État-Major prussien.*

droite, ces deux compagnies ne pouvaient avancer jusqu'au ruisseau qu'après l'occupation de Lauvallier par l'aile droite du *43*ᵉ qui avait tourné le hameau par le Sud.

Déploiement de la 4ᵉ *division du* 3ᵉ *corps.* — Il était alors près de 6 heures du soir.

Devant l'attaque débouchant de Montoy et de Noisseville, la division Aymard avait déployé, en avant de la crête déjà occupée par son artillerie, le 11ᵉ bataillon de chasseurs à pied et le 44ᵉ régiment d'infanterie ; les trois autres régiments (60ᵉ, 80ᵉ et 85ᵉ) restaient jusqu'à nouvel ordre en réserve.

Le 11ᵉ bataillon de chasseurs, appuyant sa droite à la route de Sarrelouis, déploya quatre de ses compagnies à 200 mètres en avant des batteries : les deux premières compagnies sur la route ; les 3ᵉ et 4ᵉ en avant de la batterie de droite de la division $\left(\frac{9}{11}\right)$; les deux dernières en soutien de la batterie de canons à balles $\left(\frac{8}{11}\right)$. Le Iᵉʳ bataillon du 44ᵉ prolongea la ligne des quatre premières compagnies de chasseurs dans la direction du moulin de la Tour et déploya une compagnie en tirailleurs, tandis que le IIIᵉ bataillon, bientôt soutenu par deux compagnies du IIᵉ, s'avançait vers le moulin de la Tour, à l'extrême gauche de la division, pour surveiller le ravin de Vantoux.

Les deux bataillons de première ligne de la 4ᵉ division (11ᵉ chasseurs et $\frac{I}{44}$), concentrant leurs feux avec les compagnies des 69ᵉ et 90ᵉ régiments, déployées beaucoup plus en avant et sur leur droite, tinrent en respect, dans le fond du ravin, les vingt-huit compagnies prussiennes qui s'étendaient depuis la Planchette jusqu'au delà de Lauvallier, et firent échouer leurs tentatives pour gravir les pentes.

Déploiement de l'artillerie du 1ᵉʳ et du VIIᵉ corps, jusqu'à 6 heures. — Vers 6 heures du soir, la presque totalité de l'infanterie des trois avant-gardes prussiennes était donc engagée sur le ravin de Colombey (1), et ne pouvait progresser devant le feu des tirailleurs du 3ᵉ corps qui garnissaient les crêtes de la rive gauche, depuis le bois de Colombey jusqu'au-dessus du moulin de la Tour.

Cependant, les batteries des *1*ʳᵉ, *2*ᵉ et *13*ᵉ divisions prussiennes avaient fait successivement leur entrée sur le champ de bataille et apportaient à leur infanterie un appui dont elle avait grand besoin, mais qui ne lui permit pas encore cependant de faire le moindre progrès.

Après l'arrivée des cinq batteries formant l'artillerie des trois avant-gardes (2), les deux batteries lourdes (Iʳᵉ et IIᵉ) de la *1*ʳᵉ division se présentaient les premières sur la route de Sarrebrück au Sud de Montoy, et s'installaient au Sud de cette route, à peu près à hauteur de la 1ʳᵉ batterie. Bientôt la 2ᵉ batterie de la même division vint les rejoindre et se mit en batterie à leur gauche et un peu plus en arrière. Toutes trois, faisant face au Sud-Ouest, prenaient pour objectif l'infanterie déployée devant elles, c'est-à-dire le 15ᵉ bataillon de chasseurs et le 41ᵉ régiment.

Les deux batteries lourdes de la *13*ᵉ division (Vᵉ et VIᵉ) débouchaient également de Coincy. Comme, à ce moment, les compagnies qui occupaient Colombey se trouvaient engagées contre des forces très supérieures,

---

(1) En y comprenant les fractions dirigées par Nouilly sur Mey. Il sera question de cet engagement un peu plus loin.

(2) 5ᵉ et 6ᵉ de la *13*ᵉ division, installées au Sud-Ouest de Coincy;
1ʳᵉ de la *1*ʳᵉ division, au Sud-Ouest de Montoy;
5ᵉ et 6ᵉ de la *2*ᵉ division, à l'Ouest de la brasserie de l'Amitié.

le général de Goltz donnait l'ordre (1) à la Ve batterie de se porter rapidement au delà du ravin. « Cette batterie alla prendre position à proximité d'une campagne (château) située au Nord-Ouest de Colombey, au milieu d'un feu de mousqueterie ennemie des plus violents, auquel se joignit encore le feu des obus et des schrapnels (2) (3). »

L'audacieuse batterie ouvrit le feu, cependant, à la distance de 700 mètres, sur les défenseurs du bois A ; mais elle ne put continuer le tir pendant plus de dix minutes et dut se retirer dans le ravin avec l'aide que lui prêta l'infanterie pour traîner ses pièces en dehors de la ligne de feu (4).

Quant à la VIe batterie, elle fut dirigée par Coincy sur Montoy et s'installa à l'angle Sud-Ouest du village, ayant comme soutien, à sa droite, un escadron du *1er* régiment de dragons.

« Toutes les batteries qui venaient de prendre position entre les vallées de Montoy et de Coincy eurent, au commencement, beaucoup à souffrir du feu de l'infan-

---

(1) D'après l'*Historique du Grand État-Major prussien*.

Le major Hoffbauer dit qu'on ne donna pas *d'ordre* à la batterie, mais qu'*on* lui fit part d'un *désir* exprimé en haut lieu.

(2) Le rapport (daté du 15 août) de l'artillerie de la division Metman ne fait aucune mention du tir qui aurait été exécuté sur la batterie allemande. Celle-ci se trouvait alors à 400 ou 500 mètres de la droite des tirailleurs du 41e régiment, mais elle était sans doute défilée en grande partie par la forme ou les accidents de terrain aux coups de ces tirailleurs. Ceux qui avoisinaient le bois A devaient, au contraire, la découvrir plus aisément.

(3) *La bataille de Borny,* par Hoffbauer.

(4) Les pertes de la Ve batterie s'élevèrent à 3 morts et 17 blessés (dont 2 officiers), plus 9 chevaux morts et 14 blessés. Mais il y a lieu de remarquer que ces chiffres s'appliquent aux pertes totales de la journée. Or la Ve batterie, après s'être réorganisée, vint continuer la lutte en prenant place aux côtés des 5e et 6e légères, au Nord d'Aubigny.

terie et des mitrailleuses (1). Les objectifs étaient sensiblement les mêmes pour toutes les batteries. Celles qui étaient les plus avancées tirèrent à la distance de 600 à 800 mètres, tandis que les plus éloignées ouvrirent le feu à une distance de 1000 à 1200 mètres. Ce tir était dirigé contre l'artillerie et contre l'infanterie et obtint un plein succès. Les batteries de l'aile gauche (au Sud-Ouest de Coincy) tirèrent surtout contre ce petit bois de sapins, situé au Nord-Ouest de Colombey et pour la possession duquel l'infanterie de la *13*e division soutint un combat si acharné (2). »

Vers 6 heures du soir, dix batteries allemandes se trouvaient donc en action entre Aubigny et Noisseville. « Les effets de cette coopération de l'artillerie à la lutte que l'infanterie soutenait avec une énergie et une ténacité inébranlables, avaient déjà commencé à se faire sentir, en ce sens que quelques fractions de la *1*re et de la *13*e divisions étaient parvenues à gravir, par Lauvallier et la Planchette, le versant opposé du ravin. Mais jusqu'alors, il était toujours impossible de pousser plus avant vers Bellecroix. On échouait de même entre Colombey et la route de Sarrebrück dans toutes les tentatives pour gagner du terrain sur la rive gauche du ruisseau, le défenseur n'ayant pas encore été contraint d'évacuer le petit bois de sapins de la route de Colombey à Bellecroix (3). »

Devant Bellecroix, en effet, les troupes prussiennes parvenues jusqu'à la Planchette et Lauvallier, avaient

---

(1) Ces batteries se trouvaient à environ 1900 ou 2,000 mètres des batteries de mitrailleuses installées à la croisée des routes $\left(\frac{9}{4}\right)$ et au Nord $\left(\frac{8}{11}\right)$. D'après les rapports de l'artillerie, la première seule paraît avoir dirigé son feu sur les batteries de Montoy.

(2) *La bataille de Borny*, par le major Hoffbauer.

(3) *Historique du Grand État-Major prussien.*

échoué dans leurs tentatives répétées pour gravir les hauteurs de la rive gauche, et n'avaient pu que franchir le ruisseau. Elles venaient toutefois d'atteindre un résultat important en obligeant le 90ᵉ à abandonner la lutte.

L'artillerie allemande de Montoy et de la ferme de l'Amitié n'avait infligé à ce régiment que des pertes peu importantes, mais quand les bataillons du *43ᵉ* prussien atteignirent Lauvallier, à l'abri du rideau d'arbres garnissant le fond du ravin, le tir de l'infanterie ennemie devint très meurtrier pour les compagnies françaises, déployées sur deux lignes très rapprochées l'une de l'autre (1); le IIᵉ bataillon, dont la ligne de combat était jalonnée par le chemin bordé de peupliers qui relie les deux routes, se trouva pris d'enfilade et sérieusement menacé sur son flanc gauche, malgré la présence des deux compagnies du IIIᵉ bataillon, qui, déployées en terrain découvert, souffraient déjà beaucoup elles-mêmes du feu d'un adversaire abrité.

La situation devenait intenable pour les deux batteries de 4 de la 2ᵉ division $\left(\frac{11, 12}{4}\right)$ qui durent se replier pour aller s'installer, un peu en avant de Bellecroix, à droite et à gauche de la batterie de mitrailleuses $\left(\frac{9}{4}\right)$.

Devant le mouvement enveloppant de l'ennemi par le Nord de Lauvallier, le général Duplessis avait ordonné aux deux premiers bataillons du 69ᵉ de se porter en avant. Le IIᵉ bataillon prit Montoy comme point de direction et s'engagea entre les deux routes. Mais à

---

(1) Pertes du 90ᵉ : 17 tués, 225 blessés et 39 disparus (parmi lesquels on doit compter vraisemblablement bon nombre de tués), plus 11 officiers hors de combat; soit environ 12 p. 100 de l'effectif.

Sur 135 blessures d'origine connue, 109 sont dues au fusil et 26 seulement à l'artillerie.

peine avait-il gagné quelques centaines de mètres qu'il fut rappelé en arrière pour une cause restée inconnue; il vint alors se coucher à terre dans l'angle des deux routes, déployant une compagnie (la 3e) en tirailleurs (1).

Dès l'apparition de l'infanterie prussienne sur le plateau de l'Amitié, la compagnie Urion $\left(2\,\dfrac{1}{69}\right)$ s'était déployée à la gauche de la compagnie Reynaud $\left(1\,\dfrac{1}{69}\right)$; lorsque le IIe bataillon se porta en avant, les 5e et 6e compagnies du Ier bataillon se déployèrent à la gauche des 3e et 4e, c'est-à-dire près et au Nord de la route de Sarrelouis.

Malheureusement, l'ensemble des mesures prises, à peu près simultanément, par le 69e et par la 4e division du 3e corps pour faire face à l'attaque ennemie débouchant de Montoy (*43e* régiment) et de la ferme de l'Amitié (*4e* régiment), restèrent sans action efficace sur l'infanterie prussienne, qui trouva bientôt un couvert dans le ravin, et put alors menacer à courte distance, à la fois de front et de flanc, les compagnies du 90e. Malgré le tir des deux seules compagnies de première ligne $\left(1,\,2\,\dfrac{1}{69}\right)$ embusquées au Nord de la route de Sarrelouis, le IIe bataillon du 90e, pris d'enfilade, subit de lourdes pertes; « le chef de bataillon, commandant Gremillet, était tué; le porte-drapeau également; la garde du drapeau était très maltraitée; les capitaines

---

(1) « Ces différents mouvements furent exécutés par le IIe bataillon sous le feu de l'ennemi avec une précision et un entrain admirables, son commandant, le chef de bataillon Carcanade, donnant l'exemple du plus rare sang-froid, et inspirant, par son attitude, une confiance inébranlable à la troupe. » (Historique, manuscrit de 1873.) On se rend alors d'autant plus difficilement compte de la raison pour laquelle ce bataillon ne fut pas poussé jusque sur la ligne de combat où le 90e commençait déjà à donner des signes de faiblesse.

Dejean et Vuillaume, les lieutenants Bœuf, Amet, de Saint-Martin et de Norlandt blessés » (1). D'ailleurs, le tir violent exécuté depuis le début de l'engagement par la ligne de combat, épuisa vite les ressources en munitions. Bientôt, le lieutenant-colonel Vilmette dut rallier plus en arrière les compagnies du bataillon Gremillet, dont quelques fractions éprouvèrent un peu de désordre et traversèrent au pas de course les lignes du IIe bataillon du 69e, malgré les tentatives du général Duplessis pour arrêter le mouvement de retraite. Peu d'instants après, les munitions manquaient aussi presque complètement aux Ier et IIIe bataillons, qui restèrent néanmoins bravement sur place jusqu'à ce que le Ier bataillon du 19e, laissé jusque-là en réserve derrière l'allée d'arbres, fût entré en ligne dans le voisinage de la ligne de Sarrebrück. Seulement alors, ces deux bataillons, ralliés par leurs chefs, se reformèrent un peu en arrière de la batterie de mitrailleuses $\left(\frac{9}{4}\right)$, puis se retirèrent à peu de distance et au Nord de Borny, dont les jardins étaient alors occupés par le 3e régiment des grenadiers de la Garde.

Malgré l'entrée en ligne d'un nouveau bataillon du 19^e $\left(\frac{I}{19}\right)$, la situation n'en était pas moins devenue très critique pour les deux premières compagnies du Ier bataillon du 69e, restées très en l'air sur la route de Sarrelouis. Déjà, les tirailleurs prussiens gagnaient quelque terrain dans l'espace laissé libre par la retraite du 90e. Le capitaine Reynaud $\left(1\frac{I}{69}\right)$, atteint de deux blessures, se vit forcé de rallier sa compagnie sur la route et de se replier pas à pas sous la protection de tirailleurs

---

(1) Historique du 90e régiment. (Man. de 1871.)

embusqués derrière les arbres et dans les fossés. Le capitaine Urion $\left(2\frac{1}{69}\right)$, également blessé, faisait un mouvement analogue par le Nord de la route.

Profitant de ce mouvement de recul, qui laissait les dernières pentes du ravin complètement privées de feu, quelques tirailleurs prussiens s'avancèrent jusqu'au rebord du plateau, et débouchèrent ainsi à très courte distance des quatre dernières compagnies du Ier bataillon du 69e. Celles-ci ouvrirent aussitôt le feu avec la hausse de 350 mètres, qui, reconnue trop longue, fut bientôt réduite à 250 mètres (1). Un feu à volonté produisit en peu de temps un effet très efficace et força les tirailleurs ennemis à rétrograder pour se mettre à l'abri des pentes (2).

Devant le front du IIe bataillon, le terrain restait absolument dégarni de troupes. Formée par divisions sur trois lignes, la colonne entière put tirer à la fois : la première couchée; la deuxième à genou et la troisième debout (3). Les pertes de ce bataillon furent cependant assez sensibles, car, vers 6 h. 30, la compagnie Droisy (la 3e), déployée en tirailleurs, avait 2 officiers et 21 hommes hors de combat (4). Il n'en resta pas moins inébranlable à son poste et tint en respect, pendant longtemps encore, l'infanterie prussienne blottie en arrière du chemin bordé de peupliers.

Les trois avant-gardes allemandes s'étaient donc réso-

---

(1) Lettre du colonel Sorlin. (*Loc. cit.*)
(2) Historique du 69e régiment. (Man. de 1873.)
(3) *Ibid.*
(4) Le 69e perdit dans la journée :
  Officiers : 2 tués, 11 blessés;
  Hommes : 21 tués, 152 blessés, 15 disparus.
Sur 69 blessures, détaillées par l'état de pertes daté du 29 août, 6 seulement sont dues à l'artillerie et les 63 autres au fusil.

lument jetées au combat devant des forces très supérieures en nombre. Vers 6 heures du soir, elles restaient impuissantes, il est vrai, à déboucher sur le plateau, mais elles avaient cependant obtenu ce résultat — surprenant, si l'on envisage les effectifs en présence — d'investir étroitement la défense sur tout le front qui s'étend du bois de Colombey jusqu'au delà de Lauvallier. Un régiment, tout entier — le 90e — mal soutenu et mal engagé, avait même dû céder devant la ténacité de l'assaillant et quitter définitivement le champ de bataille.

On verra bientôt qu'à cette même heure six faibles compagnies prussiennes s'étaient étendues beaucoup plus vers le Nord, et que, seules, elles allaient audacieusement attaquer la division Grenier déployée sur les hauteurs de Mey. Leur entreprise téméraire fut, à la vérité, suivie d'un complet insuccès, mais on ne saurait affirmer péremptoirement que cette simple menace fût tout à fait étrangère à l'attitude absolument passive que conserva le 4e corps à peu près entièrement rassemblé, à ce moment, entre Mey et le fort de Saint-Julien.

Or, si l'on envisage la situation d'ensemble des deux partis vers 6 heures du soir on est frappé, d'une part de l'éloignement des réserves allemandes — surtout à leur aile droite — (1), et d'autre part, de l'énorme supériorité numérique de l'armée française qui eût dû, par une attaque combinée des 3e et 4e corps, écraser et rejeter en désordre les troupes blotties dans le ravin de Lauvallier.

Malheureusement, la même passivité qu'on a déjà eu l'occasion de signaler au début de la bataille, continua de se manifester à tous les échelons du commandement

---

(1) Une demi-heure plus tard, en effet, la 4e brigade atteignait seulement Petit-Marais, et la 1re brigade Flanville.

supérieur : le commandant du 4ᵉ corps, laissé sans instructions par le commandant en chef, ne crut pas devoir provoquer des ordres, ni s'inspirer des circonstances si favorables qui ne pouvaient lui échapper des hauteurs de Mey; il pensa sans doute que sa seule mission était d'attendre les événements sur les emplacements de ses anciens bivouacs; au 3ᵉ corps, le général Decaen venait d'être blessé et avait remis le commandement au général Metman; mais, en fait, les généraux de division de ce corps d'armée continuèrent à lutter côte à côte sans qu'aucune action régulatrice intervint; le Maréchal commandant en chef, enfin, se contenta d'indiquer au 3ᵉ corps qu'il devait « rester, sur tous les points, sur le pied d'une défense énergique, tout en opérant lentement sa retraite dans la direction de Borny » (1).

Dans de telles occurrences, la tâche était aisée pour notre adversaire d'alors, chez lequel l'ardeur des troupes et l'initiative du commandement subalterne suffit à parer au manque d'intervention coordinatrice du commandement supérieur.

VII. — Engagement sur le plateau de Mey jusqu'à 6 h. 30.

Déploiement de la 2ᵉ division du 4ᵉ corps devant Mey. — Pendant que l'action se déroulait ainsi qu'on vient de le voir sur le front du 3ᵉ corps, l'avant-garde de la 2ᵉ division prussienne lançait quelques bataillons par Noisseville et Nouilly sur le plateau de Mey, où de nombreuses troupes françaises s'étendaient jusqu'à Villers-l'Orme et paraissaient menaçantes pour le flanc droit des colonnes dirigées sur la partie du front comprise entre Colombey et Lauvallier.

---

(1) Rapport du général Metman sur la bataille du 14 août.

Dès le début, en effet, le général commandant la 2ᵉ division du 4ᵉ corps, constatant que la lutte se propageait très rapidement de Colombey vers Noisseville, avait donné l'ordre qu'on se reportât en avant pour occuper la crête jalonnée par le petit bois de Mey et l'auberge située sur la route de Bouzonville, au Sud de Villers-l'Orme. « Déjà, depuis la veille, on apercevait, à la lorgnette, des détachements ennemis nous observant des hauteurs situées à l'horizon, entre les villages de Poixe et de Failly; nous devions donc craindre de voir déboucher aussi par la route de Bouzonville des colonnes prussiennes, et nous étions ainsi menacés sur notre front et sur notre droite (1) ».

Avant que la tête de colonne de la 2ᶜ division allemande eût prononcé son attaque dans la direction de Mey, la division Grenier occupait donc les positions suivantes :

Le 5ᵉ bataillon de chasseurs tenait la lisière Est du bois de Mey avec trois compagnies $\left(\frac{1, 5, 6}{5 \text{ Ch}}\right)$ détachant quelques tirailleurs à 300 mètres en avant pour découvrir les pentes du petit ravin qui descend vers le Sud sur Nouilly; une compagnie $\left(\frac{4}{5 \text{ Ch}}\right)$ restait en réserve derrière le bois, tandis que les deux autres $\left(\frac{2, 3}{5 \text{ Ch}}\right)$ garnissaient plus au Nord l'intervalle compris entre les deux régiments de la 1ʳᵉ brigade (2) (3) et servaient de soutien à deux batteries $\left(\frac{5, 7}{1}\right)$.

---

(1) Rapport du général Grenier sur le combat du 14 août. (Daté du 15 août.)

(2) Rapport du chef de bataillon Carré, commandant le 5ᵉ bataillon de chasseurs. (Daté du 15 août.)

(3) L'une de ces deux dernières compagnies (la 2ᵉ) fut bientôt reportée vers le bois et affectée comme soutien à la 7ᵉ batterie, sur l'ordre du général de division.

Le 13ᵉ régiment avait un bataillon (le Iᵉʳ) immédiatement au Nord du bois de Mey, avec trois compagnies (2ᵉ, 5ᵉ, 6ᵉ) en première ligne et trois autres (1ʳᵉ, 3ᵉ, 4ᵉ) en réserve ; le IIIᵉ bataillon s'étendait à la gauche du Iᵉʳ avec une compagnie (1ʳᵉ) sur la crête qui domine le ravin de Nouilly ; enfin, le IIᵉ bataillon était tout d'abord maintenu en réserve derrière le bois, mais déployait cependant deux compagnies (2ᵉ et 5ᵉ) au Sud de ce bois (1).

La gauche de la première ligne était prolongée jusqu'à l'auberge de Villers-l'Orme par les tirailleurs du 43ᵉ, déployé lui-même en ordre mince en arrière du chemin de Mey à la Salette (2).

L'artillerie de la division s'était mise en batterie le long de ce même chemin. La 7ᵉ batterie s'établit « en avant et à gauche du bois de Mey (3) » ; la 5ᵉ (mitrailleuses) au centre de la division sur le chemin de Villers-l'Orme ; la 6ᵉ enfin à 10 mètres en arrière de l'auberge, c'est-à-dire à l'extrême gauche de la division.

La 2ᵉ brigade (64ᵉ et 98ᵉ régiments) fut maintenue tout d'abord en réserve (4), sur les emplacements qu'elle occupait un peu à l'Est du château de Grimont, puis elle fut portée un peu plus tard en avant et jusqu'à 600 mètres de la première ligne ; là, le 64ᵉ se forma par bataillons en colonne à demi-distance au Nord de Mey ; un

---

(1) Rapport du commandant Lion, commandant le 13ᵉ (daté du 15 août), et Historique du 13ᵉ. (Man. de 1875.)

(2) D'après le rapport du colonel commandant le 43ᵉ. (Daté du 15 août.)

(3) Dès les premières salves, cette batterie fut prise d'écharpe par l'artillerie de l'Amitié et se retira un peu plus en arrière, « de manière à être couverte par le bois ».

(4) Le 98ᵉ resta au bivouac environ 45 minutes avant de rompre. (Lettre du 22 janvier 1902, du lieutenant-colonel Lecat, alors lieutenant à la 1ʳᵉ compagnie du Iᵉʳ bataillon du 98ᵉ.)

bataillon du 98ᵉ (le IIᵉ) fut porté (1) au Nord de la route de Bouzonville près de Villers-l'Orme (2), puis la 1ʳᵉ compagnie du Iᵉʳ bataillon du 98ᵉ fut affectée comme soutien aux batteries postées près de l'auberge voisine de la Salette, tandis que le Iᵉʳ bataillon restait à son bivouac (3).

Débuts du combat devant le plateau de Mey. — On a vu précédemment, que les deux batteries légères 5ᵉ et 6ᵉ de l'avant-garde de la *2ᵉ* division prussienne s'étaient installées un peu à l'Ouest de la brasserie de l'Amitié sous la seule escorte d'un régiment de dragons (le *10ᵉ*), et avaient ouvert le feu vers 5 heures sur l'infanterie du 3ᵉ corps qui garnissait le plateau de Bellecroix.

L'infanterie de l'avant-garde suivait rapidement ces batteries :

Le Iᵉʳ bataillon du *44ᵉ*, arrivé le premier à hauteur de Noisseville, laissait une compagnie $\left(\frac{4}{44}\right)$ à la brasserie de l'Amitié comme soutien de l'artillerie ; les trois autres traversaient Noisseville et gagnaient Nouilly « en dépit du feu très vif que l'ennemi entretenait des hauteurs » (4). Avant d'arriver au village, une compagnie se jetait dans les vignes de la rive droite du ravin de Nouilly et contournait la localité par le Nord, pendant que les deux autres la traversaient et venaient rejoindre la première sur la croupe plantée de vignes qui s'étend au Nord de Nouilly. Devant le feu très supérieur des défenseurs du

---

(1) D'après le lieutenant-colonel Lecat, le IIᵉ bataillon du 98ᵉ ne fut porté à Villers-l'Orme qu'au moment où tout le régiment s'ébranla, c'est-à-dire un peu avant 5 heures.

(2) Le IIIᵉ bataillon du 98ᵉ régiment, précédemment envoyé en grand'garde sur la route de Kédange, était descendu jusque dans l'île Chambière et ne revint au combat que plus tard.

(3) Rapport du général Grenier sur le combat du 14 août.

(4) *Historique du Grand Etat-Major prussien.*

bois de Mey et de ses abords, ces trois compagnies ne pouvaient bientôt plus progresser, bien qu'elles fussent renforcées, peu de temps après, par une moitié du II⁰ bataillon du *44*ᵉ $\left(\frac{6, 7}{44}\right)$, lequel s'était engagé également dans la direction de Nouilly après avoir laissé deux compagnies de garnison à Noisseville $\left(\frac{5, 8}{44}\right)$.

Cependant, le reste de la *3*ᵉ brigade d'infanterie, arrivait peu à peu à hauteur de Noisseville (le bataillon de fusiliers du *44*ᵉ, puis le *4*ᵉ régiment tout entier). On sait que les deux premiers bataillons du *4*ᵉ furent dirigés sur Bellecroix pour joindre leurs efforts à ceux du *43*ᵉ aux environs de Lauvallier. Le bataillon de fusiliers du *44*ᵉ fut maintenu tout d'abord en réserve à Noisseville avec les deux compagnies du II⁰ bataillon du même régiment dont il vient d'être question. Quoi qu'il en soit, la situation des cinq faibles compagnies détachées à l'extrême droite prussienne devant un adversaire très supérieur en nombre, demeurait excessivement précaire. Le 5ᵉ bataillon de chasseurs et les bataillons du 13ᵉ de ligne déployés de part et d'autre du bois de Mey faisaient subir des pertes très sensibles à l'infanterie ennemie bien que celle-ci fût dissimulée dans les vignes (1).

---

(1) « Au-dessus de Nouilly qui est un peu sur notre droite, dit l'Historique du 5ᵉ bataillon de chasseurs, les pentes du vallon sont plantées de vignes. Les prairies qui entourent le moulin de Nouilly sont plantées d'arbres et coupées de haies. Ces circonstances favorisent l'approche des tirailleurs ennemis qui peuvent dissimuler leur marche. De notre côté, le terrain est assez découvert. Le plateau sur lequel notre batterie (la 7ᵉ) occupe un léger dos d'âne, s'étend, couvert de blés *foulés ou moissonnés*, jusqu'aux pentes du ravin de Vallières..... Le bois de Mey a la forme d'un carré dont chaque face peut atteindre une longueur de 200 mètres. Un fossé peu profond et obstrué par des ronces et des épines couvre la face de l'Est. En nettoyant et creusant ce fossé et en flanquant le bois de tranchées-abris pour empêcher qu'on

Une offensive partant de Mey n'eût pas manqué de séparer complètement les cinq compagnies prussiennes du reste de leur division. Pour apporter un palliatif — bien insuffisant d'ailleurs — au danger qui pouvait les menacer sur leur gauche, la compagnie du *44*ᵉ, maintenue jusqu'ici à la brasserie de l'Amitié $\left(\frac{4}{44}\right)$, fut portée sur le moulin du Goupillon où elle établit une liaison — excessivement précaire — entre l'extrême droite prussienne et les troupes qui s'engageaient devant Bellecroix (1).

Les cinq compagnies du *44*ᵉ qui occupaient les vignes ne tentaient pas moins cependant de gagner du terrain dans la direction du petit bois. Avec une ténacité à laquelle on doit rendre hommage, elles parvenaient à refouler les tirailleurs du 5ᵉ bataillon de chasseurs déployés à 300 mètres en avant du bois, sur les soutiens qu'on avait laissés à 100 mètres seulement en avant de la lisière. Cette ligne de soutiens fut elle-même menacée sur sa droite et se retira bientôt sur la lisière du bois dont on organisa la défense. « L'ennemi tente alors une vigoureuse attaque (2). Il s'avance au pas de charge en poussant des hurras sonores et par deux reprises, essaye d'enlever le bois. Le feu de nos tirailleurs l'arrête en le décimant et finalement le repousse. Un bataillon du 13ᵉ de ligne qui s'est avancé à gauche du bois $\left(\frac{I}{13}\right)$, croise ses feux avec ceux des défenseurs » (3).

---

ne le tourne, il aurait été facile de faire de ce bois une position inexpugnable. Malheureusement, *personne n'y a songé pendant les journées précédentes* ». (Historique du 5ᵉ bataillon de chasseurs. Man. de 1871.)

(1) Cette compagnie subit de grosses pertes au cours de sa marche. Après avoir passé le ruisseau au moulin du Goupillon, elle ne possédait plus un seul officier. (Historique du *44*ᵉ régiment.)

(2) Historique du 5ᵉ bataillon de chasseurs. (Man. de 1871.)

(3) Il était alors 6 h. 30. Les trois seules compagnies allemandes de

Peu d'instants après, les cinq compagnies prussiennes décimées par le feu et menacées par de « fortes colonnes ennemies qui se préparaient à l'attaque » (1) étaient donc ramenées jusqu'au fond du ravin sur la lisière Sud du village de Nouilly.

Sur ces entrefaites, une partie de la 1re division du 4e corps apparaissait sur le lieu de l'action. La 2e brigade (57e et 73e régiments), en effet, n'avait pas attendu d'ordre pour faire demi-tour et se porter dans la direction de Mey. Mais le général commandant la 1re division, arrivant bientôt auprès d'elle, la fit placer en réserve un peu plus au Nord, à cheval sur la route de Bouzonville (2).

D'ailleurs, le Ier bataillon du 98e, conduit par le général Pradier en personne, était porté lui-même dans la direction de Mey (entre 6 heures et 6 h. 15), et venait se former à 300 mètres au Nord du village (3), prolongeant ainsi vers le Sud la ligne formée par le 64e régiment.

L'artillerie de la 1re division était déjà dans l'île Chambière quand elle reçut l'ordre de rebrousser chemin. « Les batteries de combat suivaient d'abord le mouvement de l'infanterie puis la devançaient bientôt en montant la côte au trot, conformément à l'ordre du général de division. A leur arrivée sur le plateau, l'attaque de l'ennemi était tout à fait prononcée, non seulement contre la 2e division du 4e corps (4), mais encore

---

l'aile droite avaient perdu en une heure et demie 10 officiers et 242 hommes.

(1) *Geschichte des 7. Ostpreussischen Infanterie. Regiments Nr. 44.* 1885.

(2) Lettre du général de Cissey au général de Ladmirault, datée du 15 août 1870 et *Souvenirs inédits* du général de Cissey.

(3) Lettre du lieutenant-colonel Lecat. (*Loc. cit*).

(4) Par six compagnies prussiennes seulement.

contre le corps du général Decaen (1). » Les trois batteries du 15ᵉ furent placées à la droite de la 6ᵉ batterie de la ..ᵉ division, face aux villages de Servigny, Poixe et Noisseville, c'est-à-dire à peu près à hauteur de l'auberge de Villers-l'Orme et au Sud de la route de Bouzonville (2).

Le général commandant la 1ʳᵉ division marchait avec la 1ʳᵉ brigade et se trouvait au delà de Saint-Julien quand il reçut l'ordre de se porter au secours de la 2ᵉ division : « Le général de Ladmirault me fait dire de marcher au canon et qu'il va faire revenir la division Lorencez pour nous appuyer au besoin (3). » « Sur l'ordre que vous avez donné, écrit encore le général de Cissey, les troupes déposèrent leurs sacs, et remontèrent au pas gymnastique et aux cris de « Vive l'Empereur ! » sur leurs anciennes positions. On fit place aux deux (4) batteries d'artillerie qui remontèrent au trot (5). »

Dès son arrivée sur le plateau, la 1ʳᵉ brigade (1ᵉʳ et 6ᵉ régiment et 20ᵉ bataillon de chasseurs) fut rassemblée à hauteur du château de Grimont, en arrière de remblais provenant de la construction du fort, puis elle reçut bientôt l'ordre de se rapprocher de Mey et

---

(1) Rapport du lieutenant-colonel de Narp, commandant l'artillerie de la 1ʳᵉ division du 4ᵉ corps; daté du 15 août.

(2) Dans l'ordre suivant par rapport aux batteries de la 2ᵉ division :

$$\text{Auberge.} \quad \frac{6}{1} \quad \frac{5}{15} \quad \frac{9}{15} \quad M\frac{5}{1} \quad M\frac{12}{15} \longrightarrow \text{Mey.}$$

(3) *Souvenirs inédits* du général de Cissey.
(4) *Lire* : Trois.
(5) Lettre du général de Cissey au général de Ladmirault ; datée du 15 août.

« d'occuper le village, s'il en était besoin, avec le 20ᵉ bataillon de chasseurs à pied et le 1ᵉʳ de ligne (1) ».

La 3ᵉ division du 4ᵉ corps, enfin, était réunie près du fort Saint-Julien vers 6 heures du soir. La 2ᵉ brigade (54ᵉ et 65ᵉ), revenue la première, avait formé l'un de ses régiments (le 65ᵉ) en colonne derrière la brigade Brayer; l'autre, le 54ᵉ, en avant du fort, à cheval sur la route de Bouzonville. L'artillerie de la division, gravissant au trot les pentes de Saint-Julien, s'arrêtait près du fort. La 1ʳᵉ brigade, qui avait tout d'abord continué sa marche sur Woippy, avait reçu l'ordre de faire demi-tour à 4 h. 30 seulement. Vers 5 h. 30 sa tête de colonne arrivait à hauteur du fort Saint-Julien, puis la brigade se formait sur deux lignes au Sud et près de la route.

Enfin, une partie de la réserve d'artillerie du 4ᵉ corps arrivait également sur le plateau vers la même heure (2). Les deux groupes d'artillerie montée $\left(\frac{6, 9}{8}, \frac{11, 12}{1}\right)$, en effet, étaient déjà arrivés à hauteur de Saint-Éloy quand le général Lafaille leur prescrivit de se reporter sur le plateau. Les quatre batteries traversèrent à nouveau les ponts. Trois d'entre elles $\left(\frac{6, 9}{8}, \frac{12}{1}\right)$ gagnèrent Vallières et grimpèrent ensuite le chemin escarpé conduisant au château de Grimont, tandis que la quatrième $\left(\frac{11}{1}\right)$, d'abord attardée près des ponts, regagna le temps perdu en s'engageant sur la bonne route de Saint-Julien.

Les mouvements de la division de Cissey n'avaient

---

(1) Lettre du général de Cissey au général de Ladmirault; datée du 15 août.

(2) Les deux batteries à cheval $\left(\frac{5, 6}{17}\right)$ restaient avec la division Legrand à la porte de Thionville.

point échappé au général de Memerty, commandant la *3e* brigade d'infanterie prussienne. Déjà, il avait dirigé le bataillon de fusiliers du *4e* régiment sur Servigny. Il était alors 6 h. 30 et l'on ne disposait plus, pour l'instant, que d'un bataillon et demi maintenu en réserve à Noisseville (le bataillon de fusiliers du *4e* régiment et deux compagnies du *44e*).

La *1re* brigade d'infanterie, en effet, était encore à hauteur de Flanville ; la *4e* à l'Est de château Gras et le *3e* régiment atteignait Montoy. La *3e* division de cavalerie, mise en alerte par la canonnade, était montée à cheval à 5 heures et aurait pu se trouver, à ce moment, à proximité de l'extrême droite allemande, sur le terrain où elle eût pu être appelée à agir contre une offensive française très à craindre, mais qui ne se produisit malheureusement pas. Cependant, la division de cavalerie allemande s'était rassemblée auprès de Retonfey, et stationnait ainsi très en arrière, à près de 4 kilomètres du théâtre de l'action, dans une situation où elle était par conséquent hors d'état de profiter d'une occasion, toujours si fugitive pour la cavalerie, de prêter une aide quelconque aux troupes engagées (1).

De ce côté du champ de bataille, les Allemands ne disposaient donc plus immédiatement que de réserves absolument insignifiantes. Plus au Sud, c'est-à-dire devant Bellecroix, les premières fractions de la *25e* brigade entraient en ligne, et la *1re* brigade arrivait à Flanville, mais les faibles détachements engagés devant

---

(1) Il est intéressant de mettre en parallèle les agissements des escadrons de la *3e* division de cavalerie et de la batterie à cheval de cette même division : « Cette batterie, dit le major Hoffbauer, avait été prévenue vers 5 heures du soir ; avait rompu ses bivouacs avec la *3e* division de cavalerie et s'était avancée par Sainte-Barbe pour voler au secours du Ier corps d'armée ». (*La bataille de Borny.*)

le plateau de Mey ne pouvaient réellement compter que sur l'appui du *3ᵉ* régiment, qui était, en effet, dirigé vers Mey.

En attendant, le seul moyen dont disposait alors l'armée prussienne « pour s'opposer au mouvement tournant qui la menaçait par la route de Bouzonville » consistait donc uniquement à faire appel aux batteries qui allaient bientôt déboucher sur le champ de bataille.

Mais, avant d'examiner le déploiement de l'artillerie allemande, il est nécessaire de relater tout d'abord les événements qui se déroulaient en cet instant au Nord de Colombey et à Lauvallier.

VIII. — Continuation de la lutte sur le front Colombey-Lauvallier. — Déploiement des artilleries opposées. — Fin du combat.

Entrée en ligne de la 25ᵉ brigade. — Le général commandant la *13ᵉ* division était à Pange avec le gros des troupes de sa division (25ᵉ brigade, deux batteries et un escadron), quand il reçut, vers 3 heures, l'avis que le général de Goltz se *préparait à soutenir le Iᵉʳ corps*. Le commandant de la division se porta immédiatement aux environs de Colligny et constata que le Iᵉʳ corps ne prononçait, en réalité, aucun mouvement offensif.

Cependant, comme il reçut sur ces entrefaites une communication du général de Goltz lui annonçant que la *26ᵉ* brigade se portait en avant et réclamait son appui, il prit sur lui de diriger le reste de sa division sur Coincy (1) et en rendit compte au commandant du VIIᵉ corps.

Le général de Zastrow reçut, un peu après 4 heures

---

(1) Le IIIᵉ bataillon du *73ᵉ* fut laissé à Pange. Le Iᵉʳ bataillon du 13ᵉ, bivouaqué depuis la veille à Colligny, partit de suite dans la

(à Pange), l'avis que la *26ᵉ* brigade s'engageait. Il partit aussitôt dans la direction de Colligny et ne put qu'approuver le fait accompli. Puis, pour se tenir prêt à parer à toute éventualité, il prescrivit à la *14ᵉ* division (à Domangeville) et à l'artillerie de corps (à Baroncourt) de se rendre sur le plateau entre Colligny et Laquenexy, bien qu'il regardât « comme peu conforme à l'esprit des dispositions du commandant en chef de la Iʳᵉ armée d'entreprendre une action sérieuse dans la direction de Metz » (1) (2).

Le commandant du VIIᵉ corps arrivait sur le théâtre de l'engagement de la *26ᵉ* brigade vers 5 heures du soir. A ce moment, la lutte était déjà très vive devant Colombey et s'étendait dans la direction du Nord vers la Planchette; l'avant-garde du général de Goltz était presque entièrement engagée dans le ravin et dans le village de Colombey. Il ne restait d'autre alternative au commandant du corps d'armée que de rompre le combat en s'exposant à des pertes énormes ou de renforcer au plus vite les troupes si audacieusement engagées.

Le général de Zastrow donna donc à la *25ᵉ* brigade, qui débouchait sur ces entrefaites à hauteur de Coincy, l'ordre d'entrer en action dans le ravin de Colombey. Il

---

direction de Coincy. La colonne partant de Pange comprenait donc : $\frac{\text{II et III}}{13}$, $\frac{\text{I et II}}{73}$, un escadron du *8ᵒ* hussards et les Vᵉ et VIᵉ batteries lourdes. Ces dernières prirent les devants au trot. On les a vues déjà déboucher sur le champ de bataille de la *26ᵉ* brigade.

(1) « Zastrow, pas plus que Glümer, n'approuva tout d'abord la conduite du commandant de l'avant-garde. L'on voit clairement dans ses *Mémoires* que Zastrow essaya même d'arrêter le mouvement, mais qu'après avoir apprécié la situation, il en arriva à voir qu'à la place de Goltz il aurait agi de même et que, comme ce dernier, il se serait accroché pendant un certain temps à l'ennemi battant en retraite ». (*La crise de Borny*, par Cardinal von Widdern.)

(2) *Historique du Grand Etat-Major prussien.*

prescrivit, en même temps, à la *14e* division de porter la *28e* brigade à la gauche du général de Goltz et de rassembler la *27e* entre Marsilly et Colombey, où elle formerait la réserve du corps d'armée.

Déjà, le Ier bataillon du *13e* régiment, arrivé le premier de Colligny, gagnait le fond du ravin au Sud de la route de Sarrebrück et prolongeait la droite des quatre compagnies engagées dans le petit bois au Nord-Est de Colombey $\left(\frac{6, 7, 9, 10}{15}\right)$.

Un peu plus tard, le Ier bataillon du *73e* venait le renforcer, et les douze compagnies prussiennes gagnaient peu à peu du terrain dans la direction du bois A.

Sur cette partie de la ligne de bataille, c'est-à-dire sur la croupe qui s'étend de Colombey à la route de Sarrebrück, et dont le centre est marqué par le bois A, la situation des troupes françaises n'avait pas changé.

Jusqu'ici, le seul feu des tirailleurs avait tenu en respect les compagnies ennemies qui garnissaient la lisière septentrionale de Colombey et le fond boisé du ravin plus au Nord. Cependant, le 15e bataillon de chasseurs, qui occupait toujours le bois A (1), commençait à souffrir beaucoup du feu que l'artillerie de Montoy et de Coincy dirigeait contre lui (2) (3).

C'est alors que les douze compagnies prussiennes (des *13e*, *73e* et *15e* régiments) prononcèrent leur attaque en débouchant du ravin. Le Ier bataillon du *13e* gagnant du terrain par le Nord du bois, refoulait peu à peu les tirailleurs du 19e régiment ; toutes les autres compagnies s'avançaient également sur le front du 15e bataillon de

---

(1) Il avait été renforcé, dans le bois même, par deux compagnies du Ier bataillon du 19e.

(2) Une compagnie avait été déployée en tirailleurs en avant du bois et gardait une section en soutien.

(3) Historique du 15e bataillon de chasseurs. (Man. de 1871.)

chasseurs et du 41ᵉ de ligne. Ce dernier se trouvait ainsi soumis à des feux venant à la fois de l'avant et de la droite (compagnies du *15ᵉ* et du *55ᵉ*, occupant la lisière Nord de Colombey), et ses tirailleurs étaient bientôt obligés de se retirer sur le chemin creux qu'occupaient depuis le début de l'action les réserves des IIᵉ et IIIᵉ bataillons.

Les tirailleurs ennemis « approchent jusqu'à 40 mètres de la ligne. Là, pendant longtemps, le feu du régiment les arrête » (1).

Mais, en même temps, le Iᵉʳ bataillon du *73ᵉ* prussien se portait sur le bois A par la dépression de terrain 214 descendant de ce bois vers le Nord-Est (2) et parvenait à atteindre la lisière Est et la pointe Nord-Est (3).

Les compagnies de première ligne du 15ᵉ bataillon de chasseurs, repoussées de front et menacées sur leurs flancs, furent alors obligées de se retirer en entraînant les compagnies maintenues en réserve. Mais à peine étaient-elles sorties du bois, « que les hommes s'arrêtent à la sonnerie : *halte,* ordonnée par le chef de bataillon ; le bataillon est reformé sur-le-champ et fait immédiatement, les officiers l'épée à la main, un retour offensif sur le bois, qu'il reprend » (4) (5).

Les compagnies prussiennes perdent pied devant cette vigoureuse contre-attaque, « sont refoulées avec de

---

(1) Historique du 41ᵉ régiment. (Man. de 1871.)
(2) Ceci explique sans doute comment les tirailleurs du 19ᵉ et ceux du 41ᵉ ne purent pas soutenir ceux du 15ᵉ bataillon de chasseurs par leurs feux.
(3) *Geschichte des Fusilier-Regiments Nr. 73*, 1891.
(4) Historique du 15ᵉ bataillon de chasseurs. (Man. de 1871.)
(5) Il semble, sans qu'on puisse l'affirmer, que c'est à ce moment que le IIIᵉ bataillon du 71ᵉ, conduit par le colonel de Férussac, prononça le mouvement offensif dont il est question dans les rapports des généraux Metman et Arnaudeau.

grandes pertes et viennent se heurter, dans leur retraite précipitée, au IIe bataillon du 73e, qui les suivait, et dont elles arrêtent du même coup le mouvement » (1).

Sur ce point du champ de bataille comme un peu plus tard devant le bois de Mey (2), à l'extrême gauche de nos positions, les efforts de l'adversaire étaient donc complètement enrayés pour l'instant, et les troupes qui les tentaient devaient abandonner la partie après avoir subi de lourdes pertes.

Malheureusement, ce n'était là, pour l'armée française, que des succès partiels qui eussent demandé à être complétés par une action offensive plus générale.

On verra plus loin qu'il eût été peut-être préférable de refuser un combat d'arrière-garde qui ne pouvait favoriser en rien l'accomplissement de la retraite sur Verdun. Mais, puisque, par suite de circonstances fâcheuses, on avait accepté la lutte et qu'on se trouvait dès lors sérieusement engagé, au moins aurait-on dû chercher à châtier l'adversaire de sa téméraire entreprise.

Une victoire indiscutable, en même temps qu'elle eût rehaussé grandement le moral de l'armée, eût sans doute apporté un trouble profond dans la manœuvre que dirigeait alors assez timidement le commandement en chef des armées allemandes (3).

---

(1) *Historique du Grand État-Major prussien.*

(2) Il était alors à peu près 6 heures du soir. A ce moment, les compagnies de l'extrême droite allemande s'engageaient dans les vignes de Nouilly et allaient bientôt subir l'échec que l'on sait.

(3) La prudence et le peu d'esprit d'entreprise, manifestés la veille et le jour même du combat par le grand quartier général allemand, ne rendent pas cette hypothèse inadmissible. On verra d'ailleurs par la suite que l'attitude prise le 15 août au matin par le maréchal de Moltke, alors qu'on eut connaissance à Herny de la bataille de Borny, qu'on considérait comme un succès, demeurait singulièrement timide. Il est au moins permis de se demander si, à la nouvelle d'un revers, le

Or, si l'on jette un coup d'œil d'ensemble sur la situation générale des deux partis opposés vers 6 h. 30 du soir, on est frappé par la faiblesse des effectifs engagés à la droite prussienne dans la région Noisseville, Nouilly, Servigny. Sur toute la partie du front comprise entre Lauvallier et Colombey, les troupes allemandes, quoique très inférieures en nombre (1), avaient cependant pris pied devant les positions tenues par les 2e et 3e divisions du 3e corps. Bien qu'il eût été possible aux troupes françaises de prendre l'offensive sur cette partie du front avec de grandes chances de succès, les bataillons du 3e corps n'en étaient pas moins cependant quelque peu fixés déjà par un déploiement fait à courte distance et par les attaques partielles dont ils venaient d'être l'objet. D'ailleurs, de ce côté, les réserves allemandes étaient maintenant assez proches (2).

Mais plus au Nord, sur le plateau de Mey, la division Grenier, qui pouvait être immédiatement soutenue par deux autres, conservait une entière liberté d'action. A peine venait-elle de subir une attaque insignifiante de la part de six compagnies prussiennes qui d'ailleurs payèrent fort cher leur remarquable audace.

La 2e division allemande avait dépensé jusqu'alors tous les bataillons de son avant-garde, sauf un seul maintenu en réserve à Noisseville, et ceux du gros se trouvaient encore au delà du château de Gras sur la route de Sarrelouis, à 4 kilomètres environ de Nouilly.

---

commandement des armées allemandes eût osé continuer son mouvement par la rive gauche de la Moselle, mouvement d'ailleurs assez hésitant tant par la faiblesse relative des effectifs auxquels il en confia tout d'abord l'exécution que par la lenteur avec laquelle on procéda.

(1) 18 bataillons contre 33 (en faisant abstraction des 7e et 29e régiments de la 3e division du 3e corps, qui occupaient le bois de Colombey et ses abords face au Sud-Est).

(2) La 1re brigade était encore à hauteur de Flanville, mais la 14e division apparaissait dans la région Marsilly, Ars-Laquenexy.

Les batteries divisionnaires, puis l'artillerie de corps allaient, à la vérité, faire successivement leur apparition sur le champ de bataille; mais la façon même dont elles furent employées dès le début, ainsi qu'on va le voir, montre combien était précaire la situation des troupes allemandes de ce côté. Loin de soutenir la marche en avant d'une infanterie encore absente ou du moins très éloignée, les batteries furent disséminées par petits groupes pour parer autant qu'il était possible à une offensive qu'on redoutait fort, du côté prussien, de la part des masses réunies entre Mey et Villers-l'Orme.

Cette offensive ne se produisit point, ou du moins l'ardeur à combattre et la bravoure des troupes françaises ne se manifesta que par quelques contre-attaques vigoureusement conduites sur des points isolés du champ de bataille. Aucune autorité supérieure n'intervint pour coordonner les efforts des exécutants et orienter les chefs en sous-ordre.

Le Maréchal commandant en chef s'était porté dans les environs de Bellecroix et avait manifesté hautement, comme on sait, son mécontentement de voir l'action s'engager contre son gré. Il semble bien, en effet, que la retraite étant déjà en cours d'exécution, il ne pouvait être que désavantageux pour l'armée française de s'en laisser distraire. Malheureusement, aucune disposition n'ayant été prise pour couvrir cette retraite, les trois dernières divisions du 3ᵉ corps se trouvèrent surprises sur le terrain des bivouacs qu'elles quittaient à peine, et s'engagèrent instinctivement pour faire face à l'assaillant. Quand le Maréchal intervint, la bataille battait déjà son plein, ou du moins le déploiement des troupes était accompli, et il était alors difficile de rompre un combat si mal engagé. Peut-être cependant la chose était-elle exécutable, à la condition qu'on prît des dispositions fermes et qu'on donnât des ordres précis. Or, autant qu'il ressort des divers rapports sur la journée du 14, le commandant en chef se borna à proscrire tout acte offensif et à indiquer vaguement à l'ensemble des troupes engagées que le but était de se replier lentement sous les murs de Metz. Une indication aussi peu précise était assurément insuffisante — et même dangereuse dans sa simplicité — car elle laissait chaque unité en sous-ordre agir suivant l'inspiration de son chef dans l'exécution d'une manœuvre aussi délicate que l'est la rupture d'un combat.

Déploiement de l'artillerie allemande. — On vient de voir que la situation de l'extrême droite allemande exigeait un prompt soutien.

C'est dans cet ordre d'idées qu'on prescrivit à la 5ᵉ batterie légère, postée jusqu'ici avec la 6ᵉ auprès de la brasserie de l'Amitié, de gagner du terrain vers le Nord et de s'installer au Nord-Est de Noisseville, sur le sommet même des pentes qui descendent vers le ravin de Nouilly (1). Bientôt, cette batterie fut rejointe par la batterie à cheval de la *3ᵉ* division de cavalerie $\left(\frac{1\,c}{7}\right)$, puis par les deux batteries lourdes (Vᵉ et VIᵉ) qui avaient devancé la *4*ᵉ brigade. L'une de ces dernières (la VIᵉ), d'ailleurs, fut presque immédiatement poussée jusque entre Servigny et Poixe.

Des environs de Noisseville, les batteries allemandes se trouvaient à 2,600 mètres environ de l'artillerie

---

(1) Erratum au croquis n° 4 :

Les quatre batteries installées à quelques centaines de mètres au Nord-Est de Noisseville doivent être numérotées ainsi, de la gauche à la droite :

$$\frac{5}{1},\ \frac{1\,c}{7},\ \frac{VI}{1},\ \frac{V}{1}.$$

Lire également $\frac{5}{1}$ (et non $\frac{V}{1}$) pour la batterie postée à l'Ouest de l'Amitié.

Corriger les itinéraires conformément au texte de la relation.

adverse déployée entre Mey et Villers-l'Orme ; aussi s'aperçut-on bientôt qu'elles ne pouvaient agir efficacement contre elle (1).

Elles franchirent donc bientôt le ravin de Sainte-Barbe et vinrent s'installer : la V⁰ lourde sur la lisière Sud-Ouest de Servigny ; la 5ᵉ légère au Nord du village et aux côtés de la VIᵉ lourde, déjà en batterie sur ce point ; enfin, la batterie à cheval $\left(\frac{1\ c}{7}\right)$ au Nord de Poixe et près de la route de Bouzonville.

D'ailleurs, pendant que ces batteries prolongeaient la droite prussienne jusqu'à Poixe (2), l'artillerie de corps faisait son apparition au Sud de Noisseville.

Parties de Courcelles-Chaussy vers 5 heures du soir, les deux batteries à cheval (2ᵉ et 3ᵉ) étaient arrivées à 6 h. 15 à l'entrée du champ de bataille (11 kilomètres) et s'étaient installées à la gauche de la 6ᵉ légère toujours en batterie près de la brasserie de l'Amitié. La IIIᵉ batterie lourde, qui suivait, par la route de Sarrebrück, put seule trouver place au Sud-Ouest de Montoy sur la croupe étroite où

---

(1) Le major Hoffbauer dit que la batterie à cheval et la Vᵉ batterie lourde parurent tirer avec avantage à des distances de 2,300 et 2,500 *pas* : la première contre l'artillerie ennemie ; la seconde contre l'infanterie. Les distances précédentes sont évidemment trop faibles. En outre, les effets produits furent insignifiants, ainsi qu'il est facile de le constater d'après l'état des pertes de l'artillerie des 1ʳᵉ et 2ᵉ divisions du 4ᵉ corps.

Le major Hoffbauer dit encore que la Vᵉ batterie lourde dirigea son feu « à 1800 pas, contre des batteries de mitrailleuses, et que le tir fut tellement efficace que ces batteries disparurent peu de temps après ». Les deux batteries de mitrailleuses (5ᵉ du 1ᵉʳ et 12ᵉ du 15ᵉ) étaient en réalité à 2,600 *mètres* de la Vᵉ batterie lourde. Pendant tout le cours de la bataille, les deux batteries de mitrailleuses perdirent : la 5ᵉ, 2 blessés ; la 12ᵉ, 1 tué et 3 blessés.

(2) Elles n'avaient alors, comme unique soutien, que le seul bataillon de Servigny $\left(\frac{1^r}{4}\right)$.

cinq batteries étaient déjà postées $\left(\dfrac{1, 2, \text{I II}}{1} \text{ et } \dfrac{\text{VI}}{7}\right)$. La IVe lourde dut traverser le ravin et s'installer au Nord de Montoy au delà des vignes (1).

Quant aux deux batteries légères (3e et 4e) de l'artillerie de corps, qui avaient suivi un chemin latéral au Sud de la grande route, elles n'arrivèrent qu'une demi-heure plus tard bien que ce chemin eût été « réparé pour l'usage des colonnes » (2) (3).

Nouvelle attaque de la 25e brigade. — A la suite de l'échec que venait de subir la *25e* brigade devant le bois A, le commandant de cette brigade avait rallié ses troupes au fond du ravin. Aux trois bataillons qui s'y trouvaient déjà $\left(\dfrac{\text{I}}{13}, \dfrac{\text{I et II}}{73}\right)$ vinrent se joindre deux autres bataillons $\left(\dfrac{\text{II, F}}{13}\right)$, c'est-à-dire tout le reste de la brigade.

Le IIe bataillon du *73e* se dirigeait sur l'allée de peupliers par le Nord du bois A; les fusiliers du *13e* sur le bois lui-même. Le IIe bataillon du *13e* suivait en soutien. Enfin les 3e et 4e compagnies du *1er* bataillon de chasseurs appuyaient ce mouvement offensif par la droite, à proximité de la route de Sarrebrück.

De leur côté, les divisions Metman et Castagny

---

(1) Deux pièces restèrent au fond de ce ravin, « aux pentes escarpées et argileuses », et ne purent rejoindre la batterie que plus tard.

(2) On s'explique difficilement la raison pour laquelle on utilisa, pour ces deux batteries, un chemin à peine entretenu, alors qu'on disposait d'une route en excellent état. Le bénéfice qu'on en retirait au point de vue de l'encombrement de la grande route était insignifiant ; il fut négatif en ce qui concerne l'arrivée des batteries sur le champ de bataille.

(3) *Historique du Grand État-Major prussien.*

s'étaient maintenues sur une stricte défensive, conformément aux ordres du commandant en chef (1).

Vers 6 heures, le général Decaen avait été blessé devant Colombey et avait transmis provisoirement le commandement du 3e corps au général Metman « jusqu'à l'arrivée du général de division le plus ancien ». « Profitant de la vigoureuse impulsion que le général Decaen avait si habilement donnée sur tous les points à la défense, dit le général Metman, me conformant aux instructions du Maréchal commandant en chef qui m'avaient été communiquées, mon rôle consistait à rester sur le pied d'une défensive énergique, tout en opérant lentement la retraite du corps d'armée dans la direction du quartier général situé à Borny (2). »

Ceci suffirait, à soi seul, pour expliquer comment, un peu après 6 heures du soir, toutes les troupes de la 2e division entreprirent successivement un premier mouvement rétrograde vers l'Ouest. La première attaque de la 25e brigade sur le bois A, bien qu'elle eût été suivie d'un échec pour l'infanterie allemande, n'en avait pas moins fait céder pour un instant les quelques compagnies de chasseurs qui l'occupaient, et il semble que ce fut là la première occasion déterminante d'un mouvement prévu et ordonné dans ses lignes générales, mais nullement préparé ni organisé. La vigoureuse contre-attaque du 15e bataillon de chasseurs n'empêcha donc pas qu'il fût exécuté par les troupes voisines.

Déjà, vers 6 h. 15, le 19e régiment, déployé au Nord du bois A, commençait à manquer de munitions (3). Les

---

(1) Voir page 163. Ces ordres n'avaient cependant pas empêché le 15e bataillon de reprendre une première fois le bois A par un retour offensif vigoureusement conduit.
(2) Rapport du général Metman, daté du 16 août.
(3) Historique du 19e. (Manuscrit de 1875.)

IIᵉ et IIIᵉ bataillons, abandonnant la croupe 228, se repliaient un peu plus tard jusque sur l'allée d'arbres, où ils se reformaient. Le Iᵉʳ bataillon, resté très en l'air aux abords de la route de Sarrebrück, dut suivre à son tour et vint se rallier à la droite des deux autres (1).

Ce mouvement rétrograde du 19ᵉ avait singulièrement facilité la marche des bataillons de la 25ᵉ brigade prussienne au Nord du bois A ; aussi, quand cette brigade tenta un nouveau mouvement offensif, le 15ᵉ bataillon de chasseurs, menacé cette fois d'être complètement tourné sur sa gauche, dut abandonner définitivement le bois sous la protection du IIIᵉ bataillon du 71ᵉ, auprès duquel il vint se reformer (2).

Le 41ᵉ régiment, qui avait tenu jusqu'ici avec une grande ténacité sous les feux croisés des compagnies de la 26ᵉ brigade allemande, embusquées à la fois sur le rebord du ravin de Colombey et sur la lisière même du village, se vit dès lors menacé sur ses deux flancs par suite de la chute du dernier point d'appui qui assurât son aile gauche. Il se replia donc lui-même, à peu près en même temps que le 15ᵉ bataillon de chasseurs, sur la nouvelle position de résistance que jalonnait le IIIᵉ ba-

---

(1) Les pertes du 19ᵉ furent assez sensibles :
Officiers : 2 tués, 9 blessés ;
Hommes : 31 tués, 250 blessés, 81 disparus.
Sur 213 blessures connues, 173 sont dues au fusil et 40 seulement à l'artillerie.

(2) L'historique du 15ᵉ bataillon signale ce fait, qu'en abandonnant le bois A, les chasseurs essuyèrent le feu des troupes amies déployées plus en arrière (probablement du IIIᵉ bataillon du 71ᵉ), qui croyaient le bois envahi par les Prussiens.

On a signalé déjà une pareille méprise dont fut victime, quelques heures auparavant, le 7ᵉ bataillon de chasseurs (compagnie de grand'-garde à Aubigny), méprise qui se renouvela souvent encore et qu'il faut attribuer à la couleur sombre de l'uniforme des chasseurs.

taillon du 71ᵉ régiment, c'est-à-dire à 400 ou 500 mètres à l'Ouest de l'allée d'arbres (1) (2).

De son côté, la division Metman commençait également, un peu avant 7 heures, le mouvement rétrograde, antérieurement prescrit par le commandant en chef, bien qu'elle ne fût pas encore menacée sérieusement sur son front.

Il est à remarquer, en effet, que jusqu'à ce moment de la journée, trois compagnies prussiennes $\left(\frac{1, 2, 3}{7 \text{ Ch}}\right)$ avaient, seules, paru dans la région qui s'étend au Sud-Ouest de Colombey vers la Grange-aux-Bois. De ces trois compagnies, deux seulement $\left(\frac{2, 3}{7 \text{ Ch}}\right)$ avaient atteint le chemin bordé de peupliers qui réunit ces deux localités (3) et se trouvaient tout à fait impuissantes contre les huit compagnies du 7ᵉ régiment français déployées derrière leurs tranchées-abris et fortement soutenues par le reste du régiment. A Colombey même, la garnison ennemie qui occupait l'extrémité occidentale du village se réduisait à deux ou trois compagnies $\left(\frac{4}{7 \text{ Ch}}, \frac{1}{55}, \frac{4}{15}\right)$ qui ne pouvaient soutenir que péniblement la lutte contre les nombreuses compagnies du *29ᵉ* embusquées sur la lisière du bois de Colombey. Il semble

---

(1) Le mouvement s'exécuta en échelons « par bataillons déployés », le 59ᵉ à la droite, le 15ᵉ bataillon de chasseurs à la gauche. (Historique du 41ᵉ. Man. de 1871.)

(2) Pertes du 41ᵉ :
Officiers : 5 tués, 16 blessés ;
Hommes : 15 tués, 243 blessés, 90 disparus.
Sur 215 blessures d'origine connue, une seule est due à l'artillerie.

(3) *Geschichte des Westfalischen Jager-Bataillons Nr. 7.* Berlin 1897.

cependant que les défenseurs des tranchées-abris du 7ᵉ régiment furent quelque peu incommodés par les feux d'enfilade que les troupes de Colombey dirigeaient sur eux, car vers 6 h. 30, le colonel Cottret avait déjà fait replier ses huit compagnies de première ligne $\left(1, 2, 3, 4 \dfrac{\text{III}}{7} \text{ et } 3, 4, 5, 6 \dfrac{\text{II}}{7}\right)$ jusque sur la lisière même du bois (1), se réservant peut-être de les reporter en avant à la première alerte sérieuse.

A la gauche de la brigade, les compagnies du 29ᵉ, qui tenaient encore le terrain compris entre le bois de Colombey et la croisée des chemins (300 mètres au Nord-Ouest du village), concurremment avec quelques compagnies de chasseurs $\left(\dfrac{2, 3, 4}{7 \text{ Ch}}\right)$, s'étaient trouvées complètement en l'air par suite du mouvement rétrograde du 44ᵉ et des tirailleurs du 59ᵉ. Elles se replièrent donc elles-mêmes dans la partie septentrionale du bois, tandis que les trois compagnies du 7ᵉ bataillon de chasseurs se ralliaient en arrière de la batterie de mitrailleuses $\left(\dfrac{5}{11}\right)$.

La 1ʳᵉ brigade de la 3ᵉ division se trouvait ainsi réunie tout entière dans le bois de Colombey et sur la crête 232-241, quand, vers 7 heures du soir, elle reçut du général de division l'ordre « de se porter sur la gauche pour soutenir la 2ᵉ (59ᵉ et 71ᵉ) » (2) (3).

« Je dirigeai alors sur ce point le bataillon du 29ᵉ (4)

---

(1) Rapport du général de Potier, daté du 15 août.
D'après l'historique du 7ᵉ régiment, cette évacuation eut lieu sur l'ordre du général de brigade.
(2) Rapport du général de Potier. *Loc. cit.*
(3) C'est à ce moment seulement, comme on le verra bientôt, que la *28ᵉ* brigade prussienne déboucha au Sud de Colombey.
(4) Le Iᵉʳ, resté en réserve sur la crête 241-232, au Nord-Ouest du bois.

qui était en ce moment la seule troupe dont je pouvais disposer, dit le général de Potier ; puis, j'envoyai au 7ᵉ de ligne et au colonel du 29ᵉ l'ordre d'évacuer le bois et de se replier sur la position où était la batterie de mitrailleuses $\left(\frac{5}{11}\right)$ et la tranchée-abri du 81ᵉ (1) ; pour éviter un accident, je prévins le capitaine de cette batterie qu'il dût se replier en arrière aussitôt qu'il verrait commencer l'évacuation du bois. Cette évacuation a été fort heureusement très lente et a permis aux 7ᵉ et 29ᵉ de ligne d'arriver au point que je leur avais indiqué au moment où le jour baissait (2), ce qui a empêché l'ennemi d'occuper d'une manière complète le bois que nous abandonnions. Cette évacuation lente a eu en outre l'avantage de permettre à la batterie de mitrailleuses de continuer assez longtemps son feu avant de se déplacer elle-même. »

Cette batterie amena alors les avant-trains et alla prendre position à quelques centaines de mètres à l'Est de la ferme Sébastopol et à la droite des deux autres batteries de la 3ᵉ division $\left(\frac{6,7}{11}\right)$, qui venaient elles-mêmes de se replier sur ce point (3).

A gauche de la 1ʳᵉ brigade, le 59ᵉ, puis le 41ᵉ jalonnaient la nouvelle ligne de combat dans la direction de la ferme de Bellecroix. Plus à gauche encore, le IIIᵉ bataillon du 71ᵉ continuait héroïquement la lutte avec

---

(1) C'est-à-dire sur le mamelon 241.
(2) C'est-à-dire vers 7 h. 30, car le soleil se couche, à cette époque, à 7 h. 15.
(3) Deux batteries de la 1ʳᵉ division du 3ᵉ corps $\left(\frac{6,8}{4}\right)$ vinrent bientôt, des environs de Grigy, renforcer l'artillerie de la division Metman, sur la demande de cet officier général. (Rapport du lieutenant-colonel Fourgous, commandant l'artillerie de la 1ʳᵉ division.)

l'infanterie ennemie déployée sur l'allée d'arbres (1). Quant à la brigade de cavalerie légère de Bruchard (2 Ch, 3 Ch, $\frac{1}{10\ Ch}$), qui se tenait à peu de distance en arrière de la ligne de combat sans avoir trouvé encore l'occasion de charger, elle dut rétrograder vers Borny ; le 2ᵉ régiment de chasseurs, détaché précédemment vers Colombey sur l'ordre du maréchal Bazaine, fut arrêté en arrière de la batterie de mitrailleuses $\left(\frac{5}{11}\right)$, et placé le dos à la pépinière du bois de Borny.

Suite du combat devant Lauvallier et la Planchette. — Au moment de la retraite du 15ᵉ bataillon de chasseurs, le colonel du 19ᵉ, alors posté avec ses trois bataillons sur l'allée d'arbres, au Nord du bois A, avait tenté un retour offensif. Quelques compagnies du IIIᵉ bataillon, appuyées par le Iᵉʳ, réussirent un instant à réoccuper la croupe 228 ; mais devant les cinq bataillons de la 25ᵉ brigade prussienne $\left(\frac{I, II, III}{13}, \frac{I, II}{73}\right)$ (2), qui poussèrent de l'avant sur tout le front s'étendant du bois A à la route de Sarrebrück, force fut au 19ᵉ de refluer une seconde fois jusque sur l'allée d'arbres, puis bientôt jusqu'auprès de la ferme Sébastopol, où il se reforma en colonne.

---

(1) Il est presque impossible de reconstituer exactement le rôle joué par ce bataillon, qui montra cependant une remarquable ténacité. A lui seul, il supporta — à une quinzaine d'hommes près — toutes les pertes du régiment, lesquelles s'élèvent à 12 officiers et 307 hommes. Il perdit donc à peu près 50 p. 100 de son effectif.

Entre 7 h 30 et 8 heures, ce bataillon fut enfin relevé par le IIIᵉ bataillon du 29ᵉ, amené par le général de Potier en personne, après que le bois de Colombey eût été évacué par la brigade que commandait cet officier général.

(2) A l'exception d'une compagnie $\left(\frac{9}{13}\right)$, qui se joignit aux troupes de Colombey.

Dès lors, la 25ᵉ brigade prit définitivement possession des positions vaillamment défendues par la 1ʳᵉ brigade de la division Castagny : les premiers bataillons des 13ᵉ et 73ᵉ se déployèrent le long de l'allée d'arbres, soutenus à peu de distance en arrière par le reste de la brigade, puis trois compagnies du 13ᵉ $\left(\frac{10, 11, 12}{13}\right)$ occupèrent le bois A.

Plus au Nord, les bataillons prussiens, qui s'étaient glissés jusqu'à la Planchette et à Lauvallier, avaient pu s'avancer également de quelques centaines de mètres vers Bellecroix ; à la suite de l'abandon de la croupe 228 par le 19ᵉ, un premier bond les avait conduits jusque sur les positions des défenseurs (1). Un peu plus tard, les progrès de la 25ᵉ brigade leur avaient permis de progresser encore sur les pentes que le IIᵉ bataillon du 69ᵉ battait seul désormais de ses feux. Trois compagnies $\left(\frac{3, 4}{1\,\text{Ch}} \text{ et } \frac{11}{15}\right)$ poussaient même sur la route de Sarrelouis jusqu'à hauteur de la nouvelle ligne de combat de la 25ᵉ brigade. Un bataillon $\left(\frac{F}{55}\right)$ leur servait de soutien. Aux abords de la route de Sarrelouis, sept compagnies $\left(\frac{1, 2}{1\,\text{Ch}}, \frac{3}{3}, \frac{2, 3, 6, 7}{43}\right)$ pressaient vivement les quatre compagnies du commandant Crémieux $\left(3, 4, 5, 6\,\frac{I}{69}\right)$, qui résistaient cependant victorieusement et forçaient l'assaillant à se maintenir sur le revers des pentes.

Entre les deux routes, un bataillon et demi $\left(\frac{5, 8}{43} \text{ et } \frac{F}{43}\right)$ reliait les deux ailes de la ligne prussienne et

---

(1) C'est-à-dire sur la crête coupant transversalement la route de Sarrebrück et primitivement occupée par le 90ᵉ.

engageait un combat de feu très vif avec le II⁰ bataillon du 69ᵉ.

De son côté, la division Aymard restait passivement inébranlable sur ses positions entre la route de Sarrelouis et le moulin de la Tour.

Le 44ᵉ régiment, qui formait la gauche de la division, et dont le Iᵉʳ bataillon avait été déployé en avant de l'artillerie (le IIIᵉ et deux compagnies du IIᵉ s'étendant jusqu'au moulin de la Tour), avait été renforcé, sur l'ordre du général commandant la 1ʳᵉ brigade, par les IIᵉ et IIIᵉ bataillons du 60ᵉ, afin de parer à un mouvement enveloppant qu'on craignait de voir se produire par le ravin Nouilly-Vantoux, où la 2ᵉ division prussienne avait déjà poussé quelques compagnies.

Plus près de la route de Sarrelouis, le 11ᵉ bataillon de chasseurs combattait de pied ferme sur les positions qu'il avait prises au début. Seules, les deux premières compagnies — les plus voisines de la route — subirent le contre-coup de la retraite d'une partie du 69ᵉ régiment et durent se replier dans l'angle même des deux routes auprès du Iᵉʳ bataillon du 60ᵉ, qu'on avait appelé de l'arrière sur ce point.

Enfin, la 2ᵉ brigade (80ᵉ et 85ᵉ) resta en réserve, jusqu'à la fin de la journée, en arrière de la crête d'artillerie. Depuis 6 heures du soir, elle avait cependant reçu l'ordre de se préparer à soutenir la 1ʳᵉ brigade, et à cet effet, les IIᵉ et IIIᵉ bataillons du 80ᵉ s'étaient portés un peu en avant du chemin de Bellecroix à Vantoux; le Iᵉʳ avait été placé près de la ferme de Bellecroix et chargé de la défense de ce point d'appui, le cas échéant. Le Iᵉʳ bataillon du 85ᵉ s'était déployé face au Nord-Est. Enfin, le IIᵉ bataillon du même régiment avait porté trois compagnies dans le ravin de Vantoux, où elles furent ultérieurement renforcées par quatre compagnies du IIIᵉ bataillon.

Malheureusement, ces timides dispositions n'eurent aucune action efficace sur l'attaque partie du ravin de Lauvallier. Elles laissent supposer que le commandement, inquiet de l'arrivée successive des colonnes allemandes aux environs de Noisseville et du moulin du Goupillon, se crut dans l'impossibilité de quitter la crête de Bellecroix pour rejeter dans le ravin les compagnies voisines de la route de Sarrelouis. Les deux premiers bataillons du 69ᵉ eurent donc à supporter, seuls, les feux de troupes relativement bien abritées et d'ailleurs très supérieures en nombre. Vers 7 heures du soir, le général de Castagny dut prévoir le moment où il serait nécessaire de rappeler les compagnies du 69ᵉ. Bien qu'il eût encore à sa disposition un bataillon entier de ce régiment (le IIIᵉ, resté près de Bellecroix) et qu'au reste, le 60ᵉ (de la division Aymard) eût été déjà placé en soutien près de la croisée des routes, le commandant de la 2ᵉ division réclama l'appui de la cavalerie pour dégager ses tirailleurs. Deux escadrons du 4ᵉ régiment de dragons, conduits par le colonel Cornat, rompirent immédiatement par pelotons à gauche, puis s'engagèrent simultanément : l'un sur la route de Sarrelouis, l'autre sur la route de Sarrebrück. Mais les deux escadrons durent bientôt reconnaître l'impossibilité manifeste de jouer un rôle quelque peu efficace, devant une puissante ligne d'infanterie, avec un effectif aussi restreint et sur un terrain aussi découvert. Ils firent donc demi-tour et rallièrent le reste du régiment sans avoir pu charger (1).

Quoi qu'il en soit, les dix compagnies du 69ᵉ, encore engagées à l'Est de la bifurcation, purent se retirer en

---

(1) L'un des Historiques du 4ᵉ régiment de dragons fait charger les deux escadrons « sous une grêle de balles ». Le fait est inadmissible *a priori*, car les pertes de tout le régiment se réduisent, dans cette journée, à 5 hommes blessés.

combattant vers 7 h. 15, sans que l'infanterie prussienne fit une tentative pour les poursuivre autrement que par ses feux. Les quatre compagnies du Ier bataillon (3e, 4e, 5e, 6e) se retirèrent du combat « par le flanc, en suivant la route de Sarrelouis, accompagnées des obus ennemis » (1) (2). En arrivant à hauteur de Bellecroix, le IIe bataillon fut arrêté pour protéger la retraite, le cas échéant, et occupa la ferme avec une compagnie. Les deux autres bataillons allèrent se reformer sur les glacis de la redoute des Bordes (3).

Réserve d'artillerie du 3e corps et réserve générale d'artillerie. — L'artillerie des 2e et 4e divisions, dont les pièces occupaient, comme on sait, la crête de Bellecroix, avait été renforcée par la réserve d'artillerie du 3e corps (4).

Les quatre batteries à cheval du 17e régiment $\left(\frac{1, 2, 3, 4}{17}\right)$ avaient été appelées sur le champ de bataille dès le début de l'action (5), mais, maintenues en arrière des crêtes, elles ne prirent qu'une très faible part à l'action. On sait que les 1re et 2e batteries s'étaient mises en

---

(1) Lettre du colonel Sorlin. *Loc. cit.*

(2) Pertes du 69e :
　Officiers : tués 2, blessés 11 ;
　Hommes : tués 21, blessés 152, disparus 15.
Sur 85 blessures d'origine connue, 74 sont dues au fusil et 11 seulement à l'artillerie.

(3) Le IIe bataillon resta à Bellecroix jusqu'à 10 h. 30 du soir et rallia ensuite les deux autres. (Historique du 69e. Man. de 1873.)

(4) $\frac{1, 2, 3, 4}{17}, \frac{7, 10}{4}, \frac{11, 12}{11}$.

(5) « ..... L'arrière-garde du général Decaen est attaquée vers 4 heures. La proximité où nous sommes du lieu de l'engagement est telle que la batterie peut, en moins d'un quart d'heure, prendre sa position..... » (Historique de la 1re batterie du 17e régiment.)

position tout d'abord au Sud de Bellecroix, face au Sud-Est « de manière à bien découvrir la lisière du bois qui entoure Colombey et à pouvoir la couvrir de feux, dans le cas où l'ennemi en déboucherait après en avoir repoussé notre infanterie ». Mais là, les deux batteries se trouvèrent en but aux coups de l'artillerie de Coincy et furent prises d'écharpe par les projectiles trop longs destinés à l'artillerie de la croisée des routes. D'ailleurs, la position était désavantageuse car le champ de tir était masqué par la ligne de peupliers qui bordait le chemin creux du bois A, de sorte que la 1re batterie reçut l'ordre de se reporter au Nord de la grande route. Elle vint alors s'établir, la droite appuyée à la ferme de Bellecroix (1) (2).

La 3e batterie resta en réserve derrière le 44e.

Quant à la 4e batterie, elle fut chargée de couvrir la gauche de la 4e division et de surveiller le ravin de Nouilly (3), concurremment avec la 10e batterie du 11e (de la 4e division du 3e corps).

Les deux batteries de 12 du 11e régiment (11e et 12e) s'établirent « à 100 mètres environ en arrière de Bellecroix » et restèrent par conséquent inactives jusqu'au moment où les troupes prussiennes prirent pied sur le chemin creux du bois A (4).

---

(1) Un homme et six chevaux furent atteints $\left(\frac{1}{17}\right)$.

La 2e batterie n'eut qu'un homme légèrement blessé pendant tout le cours de la journée; elle tira 90 coups.

(2) Elle était par conséquent en arrière de l'artillerie de la croisée des routes et sur la déclivité Ouest du plateau. Elle ne put très probablement tirer un seul coup de canon dans cette nouvelle position.

D'ailleurs, elle n'en tira que 25 dans toute la journée.

(3) Elle tira 98 coups et perdit un cheval.

(4) D'après l'Historique des 7e et 10e batteries du 4e.

On ne trouve aucun autre renseignement sur les deux batteries du 11e, si ce n'est qu'elles tirèrent, ensemble, 195 coups de canon.

Derrière elles, les deux batteries du 4ᵉ régiment (7ᵉ et 10ᵉ) restèrent en réserve pendant toute la journée (1).

D'autre part, les huit batteries du 18ᵉ régiment de la réserve générale d'artillerie s'étaient avancées par la route de Sarrelouis jusqu'à 500 mètres environ de Bellecroix. Là, elles se formèrent en bataille et détachèrent bientôt en avant trois batteries (3ᵉ, 4ᵉ et 5ᵉ) sur l'ordre du général Canu.

La 5ᵉ batterie fut portée la première au Sud de la route comme soutien de la cavalerie du 3ᵉ corps placée à hauteur de Bellecroix et « s'établit à hauteur des cavaliers ».

Les 3ᵉ et 4ᵉ batteries suivirent un peu plus tard et s'installèrent près de la route, un peu en arrière de Bellecroix.

Quant à l'autre régiment de la réserve générale (le 13ᵉ), il resta pendant tout le cours de la journée sur l'emplacement de son bivouac près des Bordes (2).

On voit, qu'en résumé, la réserve du 3ᵉ corps et une partie de la réserve générale de l'armée s'approchèrent au plus près de la ligne de combat et se tinrent prêtes à entrer en action, mais qu'à l'exception d'un petit nombre de batteries qui eurent à peine l'occasion de tirer quelques coups de canon, la plus grande partie de cette artillerie ne prit aucune part effective à la bataille bien que les batteries de la division Aymard eussent été obligées d'abandonner la lutte. Dès 6 h. 30 du soir, en effet, les 8ᵉ et 9ᵉ batteries du 11ᵉ, avaient été forcées de reculer au delà de la crête, et la 10ᵉ batterie, placée à

---

(1) Historique des 7ᵉ et 10ᵉ batteries du 4ᵉ.
(2) Les 9ᵉ, 10, 11ᵉ et 12ᵉ batteries seules se trouvaient aux Bordes.
Les autres batteries étaient détachées :
5ᵉ et 6ᵉ au fort Moselle ;
7ᵉ au fort Bellecroix ;
8ᵉ partie au fort Moselle, partie au fort Bellecroix.

l'extrême gauche de sa division, ne put encore tirer que pendant quelques instants sur l'infanterie prussienne embusquée dans les vignes entre Mey et Nouilly (1).

Artillerie allemande vers 7 h. 30 du soir. — On a vu précédemment (page 1076) qu'entre 6 heures et 7 heures du soir, les batteries du Ier corps prussien étaient presque toutes arrivées sur le champ de bataille.

Un peu avant 7 heures, la 25e brigade était parvenue à prendre pied sur le plateau au Sud de la route de Sarrebrück en occupant le bois A et le chemin creux abandonnés par les troupes françaises opérant leur mouvement de retraite jusqu'à hauteur du chemin de Bellecroix. Mais au Nord de cette route, les bataillons prussiens restaient toujours impuissants devant la division Aymard.

C'est alors (vers 7 heures) que l'artillerie de la *1re* division allemande $\left(\frac{1, 2, I, II}{1}\right)$ fut portée, de la croupe de Montoy, sur la crête qui coupe la route de Sarrebrück à 300 mètres au delà du ruisseau de la Planchette, afin de donner une impulsion nouvelle au combat (2).

D'après le major Hoffbauer, la traversée du ravin, ne paraît avoir occasionné de pertes sérieuses qu'à une seule batterie $\left(\frac{II}{1}\right)$, dont deux pièces restèrent en souffrance et ne rejoignirent les autres que plus tard (3).

Le mouvement se fit par échelons de deux batteries. Aussitôt arrivées à leur nouvelle position, les pièces

---

(1) Rapport du commandant de l'artillerie de la division Aymard.

(2) D'après l'Historique allemand, l'initiative de ce mouvement en avant serait due au commandant de l'artillerie divisionnaire.

(3) La crête sur laquelle les batteries venaient s'établir a dû masquer une grande partie du mouvement des troupes prussiennes, aux tirailleurs du plateau de Bellecroix aussi bien qu'aux batteries françaises.

allemandes dirigèrent leur tir contre l'infanterie et l'artillerie adverse. Cette dernière, dont les coups « portaient trop loin » (1), — d'après le major Hoffbauer, — ne menaça pas sérieusement les batteries allemandes, mais en revanche, le feu de notre infanterie fut très meurtrier pour elles (2).

Quoi qu'il en soit, les quatre batteries allemandes soutinrent vaillamment leur position, quelque critique qu'elle fut, mais ne parvinrent pas, finalement, à donner à leur infanterie un appui suffisant pour que cette dernière pût triompher de la résistance qu'on lui opposait.

Sur cette partie du champ de bataille, de même que plus au Sud, jusqu'au village de Colombey, les deux adversaires restèrent face à face, jusqu'à la nuit noire, dans les positions indiquées précédemment.

D'ailleurs, l'attention du commandant du 1er corps était plus particulièrement attirée par les masses françaises qui couronnaient les hauteurs de Mey et qui lui faisaient craindre un échec pour son aile droite encore faiblement constituée.

Ordres du commandant du 1er corps. — Vers 7 heures, le général de Manteuffel prescrivait donc au commandant de la *3e* brigade de « maintenir à tout prix sa position de Noisseville et du ravin de Nouilly », en même temps qu'il ordonnait à l'artillerie de corps de se rapprocher de Noisseville pour concourir à la lutte de ce côté.

La *1re* brigade devait s'établir en réserve à la brasserie de l'Amitié, dès son arrivée, et la *4e* devait con-

---

(1) La distance du tir était, en effet, de 1000 mètres, alors que le premier évent fusant correspondait à 1400 mètres.

(2) Les pertes totales des quatre batteries s'élèvent, pour la journée, à 52 hommes et 57 chevaux, soit une moyenne de 13 hommes et 14 chevaux par batterie.

tourner Noisseville par le Nord, puis « chercher à s'opposer au mouvement tournant de l'adversaire par une pointe sur son flanc gauche ».

L'artillerie exécuta immédiatement le mouvement de conversion à droite prescrit.

Les deux batteries à cheval de l'artillerie de corps $\left(\dfrac{2\text{ c et }3\text{ c}}{1}\right)$ abandonnèrent leur position de la brasserie de l'Amitié pour se porter au Sud-Ouest de Noisseville et diriger leur feu sur l'extrême gauche française. Un peu plus tard, les deux batteries à cheval du VIIe corps $\left(\dfrac{2\text{ c et }3\text{ c}}{7}\right)$ vinrent les rejoindre.

La 6e batterie légère, puis les IIIe et IVe lourdes de l'artillerie de corps se formèrent à l'Ouest de l'Amitié, face au plateau de Mey et furent renforcées un peu après 7 h. 30 par les deux batteries légères $\left(\dfrac{3\text{ et }4}{1}\right)$ de l'artillerie de corps (1).

Quant aux quatre batteries qui s'étaient primitivement postées au Nord-Ouest de Noisseville, elles étaient déjà, comme on l'a vu, en position à l'extrême droite de la position allemande vers Servigny et Poixe $\left(\dfrac{5}{1},\dfrac{1\text{ c}}{7},\dfrac{V,\ VI}{1}\right)$.

En résumé, vers 7 h. 30 du soir, toute l'artillerie du 1er corps était en ligne. Mais on doit remarquer que la préoccupation, — justement motivée par la présence de forces françaises considérables au delà de Mey, — de parer au danger qui semblait menacer la

---

(1) Batteries retardées par les difficultés de la marche sur le chemin mal entretenu dont il a été question plus haut. D'après Hoffbauer, ces batteries n'arrivèrent qu'à la nuit et ne tirèrent que quelques coups de canon.

3e brigade prussienne, eût pour conséquence de faire dégarnir presque complètement d'artillerie le front Colombey, Lauvallier, et de faire reporter l'effort principal de la masse dans une direction très divergente vers le Nord-Ouest.

Sur un total de 18 batteries engagées au Nord de la route de Sarrebrück, 13 batteries furent consacrées à la surveillance du flanc droit du 1er corps, alors que 5 seulement (celles de la 1re division et la VIe du VIIe corps), conservèrent pour objectif les troupes du plateau de Bellecroix.

Il est, d'autre part, intéressant de signaler, qu'à peu près au même moment, c'est-à-dire entre 7 heures et 8 heures, le commandant du VIIe corps, qui n'eut aucune communication avec son collègue du Ier pendant tout le cours de la bataille, abandonnait à peu près complètement à leur sort les 25e et 26e brigades, pour produire, par un mouvement à grande envergure, l'enveloppement des positions françaises par le Sud.

Après avoir strictement observé au début de l'engagement les règles de la solidarité et de la bonne camaraderie militaire dont on trouve de nombreux exemples chez les Allemands, les commandants des Ier et VIIe corps d'armée paraissent donc s'être ensuite ignorés réciproquement et avoir livré bataille, chacun pour son compte, l'un devant Mey, l'autre devant le bois de Borny. Aussi, la prise de possession par les Allemands du chemin creux qui se dirige de Colombey vers le Nord, marque-t-elle la dernière étape de l'assaillant sur tout le front compris entre Colombey et Lauvallier ; là le combat traîna dès lors en longueur jusqu'à la nuit sans autre épisode important que l'arrivée de l'artillerie de la 1re division sur les pentes occidentales du ravin près de la route de Sarrebrück.

IX. — Engagements devant Grigy et le bois de Borny jusqu'à la fin du combat.

Déploiement de la division Montaudon et dispositions prises par la Garde. — On se rappelle qu'à 4 heures, la 1re division du 3e corps avait déjà commencé son mouvement de retraite vers Metz (1).

Elle était à peine engagée sur la route de Strasbourg que le canon se faisait entendre. Elle continua néanmoins sa marche rétrograde pendant un certain temps encore, puis fut arrêtée par son chef.

« En présence de cette attaque imprévue, dit, en effet, le général Montaudon dans ses *Souvenirs militaires*, je crus devoir m'arrêter pour aller occuper mes positions et concourir à la défense, lorsque le maréchal Bazaine arriva vers moi et m'ordonna de continuer ma marche sur Metz, en ajoutant qu'il n'y avait pas à s'occuper d'une tiraillerie sans objet. Là-dessus, il me quitta et alla se rendre compte de ce qui se passait. Peu après, il m'expédia un de ses officiers avec ordre de reprendre mes positions du matin et d'appuyer la division Metman, fortement engagée contre les hulans et une nombreuse infanterie. »

Il devait être alors environ 5 heures (2).

Le 51e régiment reçut donc l'ordre de se reporter au delà de Grigy avec la 5e batterie du 4e régiment et de réoccuper les tranchées-abris qu'on avait construites la veille au Sud-Est du village.

Les trois premières compagnies du IIIe bataillon

---

(1) Page 111.
(2) Il semble, en effet, qu'un temps assez long se fût déjà écoulé depuis le début de l'engagement. Au moins, l'exécution des mesures prescrites ne fut-elle accomplie que vers 5 h. 30. (Rapport du lieutenant-colonel Fourgous, commandant l'artillerie de la 1re division.)

furent laissées comme soutien sur la lisière Sud-Est de la localité.

Le Ier bataillon tout entier garnit la tranchée-abri. Enfin, le reste du régiment se forma plus en arrière, à l'Ouest et à proximité de la route de Strasbourg (IIe bataillon et 1/2 IIIe). La batterie Picciotto $\left(\frac{3}{4}\right)$ vint alors occuper l'épaulement construit entre la route et les tranchées-abris, ayant à 1200 mètres en avant d'elle le village de Mercy-le-Haut (1).

Le reste de la 1re brigade resta en réserve au Nord de Grigy : le 18e bataillon de chasseurs à pied dans les carrières qui bordent le chemin conduisant à Borny ; les Ier et IIe bataillons du 62e près de la grande route et le IIIe bataillon plus en arrière sur les bords du ru de la Chenau (2).

Pendant que ces mouvements s'exécutaient, la 2e brigade réoccupait solidement le bois de Borny.

Avant que l'engagement commençât, le 95e régiment avait déjà laissé son Ier bataillon dans ce bois pour couvrir son mouvement de retraite, et trois compagnies de ce bataillon avaient déployé quelques tirailleurs derrière une haie voisine de la lisière Sud pour surveiller les hauteurs de Mercy-le-Haut (3).

---

(1) « On se mit en batterie derrière l'épaulement ; les avant-trains et les caissons furent placés derrière un repli bien accusé du terrain et furent parfaitement à l'abri des coups dans la lutte qui s'engagea plus tard. » (Rapport du lieutenant-colonel Fourgous, commandant l'artillerie de la 1re division, sur le combat du 14 août).

Une compagnie du 62e régiment d'infanterie (la 2e du IIe bataillon) fut donnée à la batterie comme soutien.

(2) Rapport du lieutenant-colonel Louis, commandant provisoirement le 62e, et Historique du régiment (Man. de 1871).

(3) Le gros des trois compagnies fut maintenu en réserve dans le bois même. La 6e compagnie déploya sa 2e section en tirailleurs. (Historique du 95e, par le lieutenant Ouzilleau. Man. communiqué par le général Davout d'Auerstædt.)

Quand l'engagement se fut dessiné du côté de Colombey, le commandant de la 2ᵉ brigade jugea nécessaire de renforcer son arrière-garde à l'aide des deux autres bataillons du 95ᵉ. De son côté, le 81ᵉ avait également protégé son mouvement rétrograde à l'aide de quelques compagnies : trois compagnies du IIᵉ bataillon s'étaient déployées, partie derrière une haie faisant face au bois de Colombey, partie dans la tranchée-abri construite antérieurement sur les pentes méridionales de la croupe 241, face à la Grange-aux-Bois.

Toutes les autres compagnies des quatre bataillons dont il vient d'être question (1), furent embusquées « sur la lisière du bois, dans un fossé qui mettait les soldats parfaitement à l'abri » (2).

Les Iᵉʳ et IIIᵉ bataillons du 81ᵉ restèrent au Nord du bois.

Enfin, les deux dernières batteries de l'artillerie divisionnaire $\left(\dfrac{6,\ 8}{4}\right)$ s'installèrent en position d'attente à hauteur du fort de Queuleu (3).

Pendant que la division Montaudon procédait à son déploiement, la 1ʳᵉ division de la Garde s'était également rapprochée de cette partie du champ de bataille.

La division Deligny arrivait à hauteur du fort de

---

(1) $\left(\dfrac{\text{I, II, III}}{95}\ \text{et}\ \dfrac{\text{II}}{81}\right)$.

(2) Rapport du colonel Davout d'Auerstædt, commandant le 95ᵉ.

(3) La 6ᵉ batterie du 4ᵉ régiment « fut d'abord placée par S. E. le maréchal Bazaine sur les déblais d'une tranchée à gauche (à l'Est) du village de Grigy ; mais bientôt elle dut se porter derrière un rideau de peupliers parallèle à la route de Grigy à Borny. Le but de cette position était *de protéger la retraite projetée depuis le matin* ». « La 8ᵉ batterie se plaça d'abord en réserve sur les glacis du fort de Queuleu. » (Rapport du lieutenant-colonel Fourgous, commandant l'artillerie de la 1ʳᵉ division).

Queuleu quand le canon d'Aubigny fit suspendre son mouvement rétrograde (1).

Sur l'ordre du commandant de la Garde, la division de voltigeurs se ploya alors en formation de rassemblement. Vers 5 heures du soir, c'est-à-dire, sans doute au moment où la division Montaudon commençait son déploiement, la 1re brigade de voltigeurs et l'artillerie divisionnaire $\left(\frac{1, 2, 5}{G}\right)$ furent formées à l'Ouest de la route de Strasbourg entre le fort et le village de Queuleu, tandis que la 2e brigade restait en réserve au Sud-Ouest de Borny.

Vers 6 heures du soir (c'est-à-dire bien avant l'arrivée des premières troupes allemandes sur la crête de Mercy) la batterie de mitrailleuses $\left(\frac{5}{G}\right)$ avec une section de la 2e batterie, vint prendre place sur les glacis du fort, et le 1er voltigeurs se forma en échelons par bataillons entre la batterie et la grande route. Deux compagnies du bataillon de chasseurs furent détachées pour « éclairer et surveiller les abords du village de Grigy ». Le reste du bataillon de chasseurs avec le 2e voltigeurs et les deux autres batteries de la division, restèrent plus en arrière à hauteur des premières maisons du village de Queuleu (2).

Quant à la 2e division, on sait qu'elle ne s'était pas encore mise en marche au début de la bataille.

Vers 5 heures du soir, alors que l'engagement eût pris une allure sérieuse, les deux bataillons du 3e grenadiers (3), occupèrent les jardins qui entourent le village

---

(1) Page 110.

(2) Journal de marche de la 1re division de la Garde et Rapport du lieutenant-colonel Gerbaut, commandant l'artillerie divisionnaire ; daté du 18 août.

(3) Le IIIe bataillon était détaché depuis le 4 août au quartier impérial.

de Borny; la 1re brigade (zouaves et 1er grenadiers) s'avança un peu dans la direction de Bellecroix et se forma au Nord de la chaussée; l'artillerie divisionnaire $\left(\frac{3, 4, 6}{6}\right)$ prit position sur les glacis de la redoute des Bordes et le 2e grenadiers, enfin, fut laissé plus en arrière sur l'emplacement de son bivouac. La réserve d'artillerie et la division de cavalerie de la Garde restèrent également, la bride au bras, sur l'emplacement de leurs camps à l'Ouest de la redoute.

A 4 heures du soir, la 3e division du 2e corps s'était déjà repliée sous le fort de Queuleu.

Le général de Laveaucoupet se hâta de diriger ses bataillons sur les forts de la place conformément aux ordres du gouverneur de Metz. Les deux derniers bataillons du 2e régiment furent jetés dans le fort de Queuleu (1) où les trois batteries divisionnaires $\left(\frac{7, 8, 11}{15}\right)$ pénétrèrent également un peu plus tard (2).

Entrée en ligne de la 14e division prussienne. — Dès que le général de Kameke, commandant la *14e* division, eût été prévenu par le général de Goltz du mouvement offensif que ce dernier allait tenter dans la direction de Colombey, il mit sa division en marche (vers 4 heures).

C'est en arrivant dans les environs de Villers-Laquenexy que la *14e* division reçut les instructions du général de Zastrow (3), savoir : porter la *28e* brigade sur la gauche de l'avant-garde engagée à Colombey, et rassembler la *27e* brigade entre Marsilly et Colombey pour former la réserve du corps d'armée.

---

(1) C'est à tort que les croquis nos 3 et 4 représentent *trois* bataillons du 2e comme rassemblés dans le fort de Queuleu. Le 1er bataillon s'était rendu au fort Bellecroix.

(2) A 6 heures du soir, d'après le Rapport du commandant du fort de Queuleu.

(3) Page 158.

Vers 7 heures du soir, la 28e brigade débouchait au Sud-Ouest de Colombey, avec ses quatre bataillons $\left(\dfrac{\text{I et II}}{53}, \dfrac{\text{I et II}}{77}\right)$, une batterie légère $\left(\dfrac{1}{7}\right)$ et le 15e régiment de hussards (1) (2).

Les quatre bataillons précités venaient d'Ars-Laquenexy et avaient étendu leur droite jusqu'au château d'Aubigny.

« En débouchant dans la zone du feu de l'ennemi — c'est-à-dire sans doute sur la croupe située au Nord-Est du bois d'Ars (3) — le colonel commandant le 53e régi-

---

(1) $\dfrac{\text{F}}{53}$ avait été laissé à la garde de la gare de Courcelles-sur-Nied ; $\dfrac{\text{F}}{77}$ (plus la 8ᵉ compagnie du 77e) servait de soutien aux trois autres batteries de l'artillerie de la 14e division et à celles de l'artillerie de corps.

(2) L'*Historique du Grand État-Major prussien* présente, dans la relation du combat qui se déroule entre Colombey et Grigy, un certain nombre d'impossibilités ou de contradictions ; on s'est donc trouvé dans l'obligation de recourir aux Historiques des corps de troupe, choisis parmi ceux qui ne paraissent pas s'être purement et simplement inspirés du texte de l'ouvrage du Grand État-Major. Cette méthode n'est qu'un pis-aller et ne peut évidemment conduire qu'à des probabilités. Il est donc à souhaiter qu'une étude rectificative et complémentaire soit publiée par la Section historique allemande sur ce sujet.

On indiquera en temps et lieu les points particuliers sur lesquels on a cru devoir s'écarter de l'*Historique officiel prussien*. Il convient de signaler, dès maintenant, la contradiction importante qui existe entre le texte et le plan 4 de cet *Historique*. La 28e brigade, qui débouche au Sud-Ouest de Colombey à 7 heures du soir (page 472), est représentée par le plan 4 comme occupant à la même heure : d'une part, la lisière occidentale du bois de Colombey (concurremment avec le 7e bataillon de chasseurs qui, d'après son Historique, ne l'aurait jamais atteinte) ; d'autre part, le village de Grigy (que le 51e régiment, de la division Montaudon, ne quitta d'ailleurs que plusieurs heures après la fin du combat).

(3) A ce moment, la brigade de Potier occupait encore les lisières

ment déploya son II⁰ bataillon en colonnes de compagnie, le porta dans la position occupée par les trois compagnies de chasseurs et ouvrit contre la lisière de la forêt un feu à volonté très nourri (1). »

L'historique du *53⁰* régiment (2), s'inspirant peut-être trop exclusivement du plan 4 qui accompagne l'historique du grand état-major, mais se mettant, par suite, en contradiction avec le texte du même ouvrage, fait déployer les compagnies du II⁰ bataillon sur la lisière Ouest du bois de Colombey, « en liaison avec les chasseurs », et leur fait engager un combat de feu très vif avec un adversaire occupant la lisière orientale du bois de Borny (3). Bien que ce récit ait été ultérieurement confirmé par un nouvel historique du 53⁰ régiment (4), il présente une impossibilité tellement manifeste (5) qu'il convient de se reporter au récent historique du 7⁰ bataillon de chasseurs (6) qui, malgré les réserves d'ordre général que présente son auteur dans la préface, n'est au moins pas en contradiction formelle avec les rapports

---

Sud et Est du bois de Colombey, mais les huit compagnies du 7ᵉ régiment avaient déjà évacué leurs tranchées-abris. (Page 169.)

(1) *Historique du Grand État-Major prussien*, page 473.

(2) *Geschichte des 5. Westfälischen Infanterie-Regiments Nr. 53.* — Berlin, 1885.

(3) Or cette lisière était occupée par le 95ᵉ, dont une compagnie $\left(6\frac{1}{95}\right)$ tira seule quelques coups de fusils à la tombée de la nuit, dans la direction du Sud, ainsi qu'on le verra plus loin.

Pertes du 95ᵉ : 1 homme tué (de la compagnie précitée).

(4) *Geschichte des 5. Westfälischen Infanterie-Regiments Nr. 53.* — Köln, 1901.

(5) Voir pages 168 et 169.

(6) *Geschichte des Westfälischen Jäger-Bataillons Nr. 7.* — Berlin, 1897.

français sur la bataille (1). D'après cet historique, vers 7 heures du soir, c'est-à-dire au moment où deux compagnies du 55ᵉ (2) se portaient auprès de la 4ᵉ compagnie de chasseurs postée près de la lisière Ouest de Colombey, les compagnies de tête de la *14ᵉ* division apparaissaient à la gauche des 2ᵉ et 3ᵉ compagnies de chasseurs déployées sur le chemin conduisant de Colombey à la Grange-aux-Bois et attiraient aussitôt sur elles un feu très vif qui leur fit subir des pertes notables.

Pendant que le combat s'engageait ainsi avec les tirailleurs du colonel Cottret laissés sur la lisière du bois de Colombey, le général de Potier faisait évacuer le bois lui-même par le reste des troupes de sa brigade (3) ; « au moment où le jour baissait (4) » c'est-à-dire au plus tôt vers 7 h. 30, le gros de la brigade se reformait sur la crête 241-232 (5).

Le Iᵉʳ bataillon du *53ᵉ* régiment prussien marchait primitivement en arrière du IIᵉ. Les 1ʳᵉ et 4ᵉ compagnies, passant par le château d'Aubigny, s'étaient rabattues vers le Sud-Ouest ; puis, défilant en arrière des chasseurs westphaliens et du IIᵉ bataillon, elles étaient successivement envoyées sur la gauche de ce dernier « pour déborder la droite de l'adversaire », tandis que les 2ᵉ et 3ᵉ compagnies, débouchant du bois d'Ars, restaient en soutien derrière le centre de la *28ᵉ* brigade, « sur la route profondément encaissée de Borny » (6). Les 1ʳᵉ et 4ᵉ compagnies se seraient établies sur une avenue de peupliers conduisant

---

(1) Particulièrement avec les rapports du général de Potier et du colonel Davout d'Auerstædt, ainsi qu'avec le Journal de marche du 93ᵉ.

(2) Probablement $\frac{1, 4}{55}$.

(3) Voir page 170.

(4) Rapport du général de Potier.

(5) Le 14 août, le soleil se couche à 7 h. 17 (heure de Metz).

(6) *Historique du Grand État-Major prussien*, page 473.

à Grigy et auraient ouvert le feu « contre la lisière Sud du petit bois de Borny (1) ». L'historique du Grand État-Major laisserait ainsi supposer — et le plan 4 confirme le fait en le précisant — que les deux compagnies en question vinrent se déployer sur le chemin conduisant de la Grange-aux-Bois à Grigy pour s'engager dans un combat de feu *fort vif* (2) avec les tirailleurs de la 6e compagnie du Ier bataillon du 95e déployés près de la pointe Sud du bois de Borny. On a déjà indiqué les raisons pour lesquelles ce fait est inadmissible. Si donc les compagnies prussiennes gagnèrent dès l'abord l'emplacement indiqué par les ouvrages allemands, elles n'engagèrent certainement pas à ce moment le combat avec les tirailleurs du colonel Davout d'Auerstædt.

Or, il y a lieu d'observer que pendant que les deux premiers bataillons de la 28e brigade $\left(\frac{\text{I, II}}{53}\right)$ se déployaient, les deux bataillons du 77e recevaient l'ordre de « prolonger l'aile gauche de cette brigade » (3). Les deux premières compagnies de ce régiment arrivèrent successivement en ligne « à l'aile gauche du 53e » (4) qui, avec le 7e bataillon de chasseurs, était engagé « sur l'allée de peupliers conduisant vers la Grange-aux-Bois, avec l'ennemi qui occupait encore le bois situé vis-à-vis » (5) [bois de Colombey, par conséquent]. On doit donc supposer, jusqu'à plus ample informé, que les 1re et 4e compagnies du 53e se déployèrent tout d'abord, immédiatement à la gauche

---

(1) *Historique du Grand État-Major prussien*, page 473.
(2) *Geschichte des 5. Westfälischen Infanterie-Regiments Nr. 53.* — Berlin, 1885.
(3) *Historique du Grand État-Major prussien.*
(4) *Ibid.*
(5) *Der Geschichte des 2. Hannoverschen Infanterie-Regiments Nr. 77.* Berlin, 1892.

du IIe bataillon du 53e, sur l'allée de peupliers conduisant de Colombey à la Grange-aux-Bois, et qu'elles ouvrirent le feu, non point sur le bois de Borny, mais bien sur celui de Colombey (1). D'ailleurs, cette manière de voir paraît encore confirmée par le reste du récit du 77e régiment : le IIe bataillon, en effet, qui, d'après l'*Historique du Grand État-Major prussien*, défilait à la suite du Ier, « derrière le front » (2) du 53e, descendit les pentes conduisant vers la Grange-aux-Bois, non sans essuyer le feu parti de la lisière du bois de Colombey ; près de la ferme, il rencontra les 2e et 3e compagnies du 53e, laissées en réserve sur la chaussée d'Ars-Lacquenexy ; à ce moment, une compagnie (la 7e) fut engagée au combat sur le chemin où se trouvaient déjà le Ier bataillon du 77e tout entier et le 53e régiment ; cette compagnie ouvrit le feu sur la pointe Sud du bois — qui ne peut être par suite que celle du bois de Colombey (3). Enfin, les deux dernières compagnies du 77^e $\left(\dfrac{5, 6}{77}\right)$ poussèrent plus avant dans la direction de Grigy et vinrent se former à cheval sur la route conduisant à cette localité.....

Pendant que l'infanterie de la 28e brigade se déployait de la manière qu'on vient d'indiquer et qui paraît jusqu'ici la seule plausible, le 15e régiment de hussards,

---

(1) Au moins est-ce la solution admise ici jusqu'à ce que la question ait été élucidée à l'aide de documents de première main.

(2) *Historique du Grand État-Major prussien.*

(3) L'Historique du 77e dit (page 84) « le chemin de Borny » et le « bois de Borny »..... Mais il est facile de voir, par le reste du récit, qu'il y a là une simple confusion de noms, la 7e compagnie ayant été laissée près de la ferme et sur le chemin où se trouvait le 53e, c'est-à-dire, d'après l'Historique lui-même, sur « l'allée de peupliers conduisant à la Grange-aux-Bois. » (Page 83).

passant par le Sud, avait reconnu que le village de Grigy était occupé par l'infanterie française puis se mettait en relation avec des fractions de la 1re division de cavalerie ; enfin, la 1re batterie légère s'était établie au Nord du bois d'Ars-Lacquenexy et « appuyait de la manière la plus efficace l'action engagée à l'aile droite de la brigade Woyna » (1) (2).

D'après l'historique du 7e bataillon de chasseurs, l'attaque générale du bois de Colombey eut lieu à 7 h. 37. Aucun des rapports français ne peut évidemment prétendre à une aussi grande précision. Le rapport du général de Potier indique seulement que l'évacuation du bois, commencée après 7 heures, fut terminée « au moment où le jour baissait » (3). Bien que ce même rapport ne mentionne pas expressément la présence de tirailleurs sur la lisière orientale au moment de la retraite du gros de la brigade, il paraît très admissible que le combat relaté par les divers historiques allemands ait eu lieu bien réellement. Mais il paraît tout aussi vraisemblable que l'assaut donné par le 7e bataillon de chasseurs et le IIe bataillon du 53e, ne le fut qu'à l'instant même où les derniers tirailleurs de la brigade française — déjà réunie en grande partie sur la crête 241-232 — quittaient ou venaient de quitter la lisière même du bois (4).

---

(1) *Historique du Grand État-Major prussien.*

(2) Cette batterie tirait sans doute contre la lisière orientale du bois de Colombey. Il faut d'ailleurs remarquer que, de l'emplacement des pièces, la pointe septentrionale du bois de Borny indiquée par le plan 4 comme objectif de l'attaque des chasseurs et du 1er bataillon du 53e est absolument invisible.

(3) C'est-à-dire probablement après 7 h. 30.

(4) L'Historique du 77e régiment prussien dit d'ailleurs que le bois fut pris après une défense peu énergique.

Les choses paraissent donc s'être passées de la manière suivante du côté allemand (1) :

La 4ᵉ compagnie du 7ᵉ bataillon de chasseurs commença l'attaque du bois en partant de l'extrémité Ouest du village de Colombey. Peu d'instants après (à 7 h. 37) eut lieu l'attaque générale « qui fut principalement dirigée sur le bois de Colombey et sur une tranchée-abri partant de ce bois et dirigée vers l'Ouest » (2) (3).

La 3ᵉ compagnie de chasseurs s'élança, avec une moitié de la 2ᵉ, et en liaison avec le 53ᵉ, sur le coin Sud-Est du bois (4) ; la 4ᵉ compagnie atteignit la lisière Nord, tandis que la seconde moitié de la 2ᵉ se tournait contre la pointe Sud du bois. L'historique des chasseurs ne mentionne aucun combat corps à corps.

Il est difficile de se rendre compte des opérations du 53ᵉ, puisque l'historique de ce régiment, suivant en cela les indications du plan 4 du grand état-major, fait donner l'assaut au IIᵉ bataillon sur « le bois de Borny » (5) et sur la tranchée-abri « qui se dirige de la partie septentrionale du bois vers Borny » (6).

---

(1) L'*Historique du Grand État-Major prussien* dit simplement que les chasseurs et le IIᵉ bataillon du 53ᵉ « se jettent de concert sur l'extrémité Nord-Est du petit bois et l'enlèvent par une attaque tournante ». Ceci serait assez vague et laisserait même un doute sur le bois objectif de l'attaque, si le plan 4 ne venait donner au texte une signification tout à fait erronée, en précisant les mouvements qu'auraient effectués les deux bataillons.

(2) *Geschichte des Westfälischen Jager-Bataillons Nr. 7.* — Berlin, 1897.

(3) C'est-à-dire sans doute la tranchée-abri construite par le 81ᵉ sur les pentes Sud du mamelon 241.

(4) Le croquis de l'Historique du 7ᵉ bataillon de chasseurs allemand indique que le « coin » dont il veut parler est celui qui se trouve à 300 mètres au Sud-Ouest de la cote 233.

(5) Dont la définition (page 229 de l'Historique) ne laisse place à aucun doute sur la parcelle qu'il entend désigner.

(6) Cette définition répond assez bien à celle de la tranchée-abri

Il semble cependant que la plus grande partie du bataillon se porta sur la lisière Sud-Est du bois de Colombey. Peut-être la 7ᵉ compagnie gagna-t-elle — soit en traversant le bois, soit en le contournant par le Sud — la tranchée-abri des pentes méridionales du mamelon 241, occupée précédemment par deux compagnies du 29ᵉ et par trois compagnies du 81ᵉ $\left(1, 2, 6\dfrac{\mathrm{II}}{81}\right)$ (1).

Le Iᵉʳ bataillon du 53ᵉ et le Iᵉʳ bataillon du 77ᵉ auraient pris part à l'attaque en soutenant celle-ci par des feux dirigés contre le flanc droit de l'adversaire (2) (3).

Rien ne s'oppose à admettre que la partie méridionale du bois de Colombey et la tranchée-abri du 81ᵉ, furent définitivement occupées par le 53ᵉ régiment prussien. Il faut toutefois remarquer que le rapport du général de Potier sur ce point n'est nullement infirmé par ce fait, car le 7ᵉ bataillon de chasseurs westphalien, après avoir atteint la partie septentrionale du bois, l'abandonna à la nuit tombante et se rassembla en un point que définit exactement l'Historique et qui n'est autre que la côte 228; puis il se retira ensuite jusque sur

---

construite par le 81ᵉ, mais elle infirme alors celle que l'Historique donne du « bois de Borny », car aucune autre tranchée ne fut construite entre ce dernier et le village du même nom.

(1) Il est impossible de dire à quel moment cette tranchée-abri et la haie voisine furent évacuées par les troupes françaises. Peut-être le 29ᵉ y avait-il laissé quelques tirailleurs. Quant aux compagnies du IIᵉ bataillon du 81ᵉ, elles ne s'y trouvaient certainement plus, puisque « le régiment n'eut pas à agir ce jour-là » et que, seul, le IIIᵉ bataillon perdit quelques hommes. (Rapport du colonel d'Albici.)

(2) Alors, sans doute, que les tirailleurs du 7ᵉ se trouvaient encore sur la lisière du bois de Colombey.

(3) *Geschichte des 5. Westfälischen Infanterie-Regiments Nr. 53.*
Geschichte des 2. Hannoverschen Infanterie-Regiments Nr. 77.

la croupe au Nord du bois d'Ars-Laquenexy, où il établit son bivouac.

Ainsi se termina l'engagement sur cette partie du champ de bataille.

À 8 heures du soir (1), le feu avait cessé sur tout le front de la division Metman, et le général de Potier, se conformant en cela à l'ordre général qu'il avait reçu, replia sa brigade jusqu'à hauteur du bois de Borny : le 7ᵉ régiment près de ce bois, les deux bataillons restants du 29ᵉ (2) « au centre de la ligne » de la division et à hauteur de batteries de réserve qui avaient pris part à l'action vers la fin de la journée (3); le 7ᵉ bataillon de chasseurs à pied se reforma près de la route de Borny, reliant ainsi la 1ʳᵉ brigade avec les bataillons du 59ᵉ, venus eux-mêmes se placer à hauteur du 71ᵉ; enfin, il paraît vraisemblable que c'est à peu près à ce moment — ou peut-être un peu plus tard — que le 41ᵉ et le 15ᵉ bataillon de chasseurs se reportèrent en arrière dans le voisinage de Borny (4).

Quand tous ces mouvements furent terminés, le feu avait cessé depuis longtemps déjà. Le général de Potier

---

(1) Le 14 août, le soleil se couche à 7 h. 17 (heure de Metz). Le crépuscule civil est, à cette même date, et par un temps serein, comme celui du 14 août 1870, d'environ 35 minutes, c'est-à-dire qu'après ce laps de temps, les plus grosses étoiles apparaissent au ciel. A 8 heures, l'obscurité est assez grande pour qu'on ne puisse plus distinguer des mouvements de sections ou de compagnies à 200 ou 300 mètres en avant de soi.

(2) Le IIIᵉ bataillon du 29ᵉ avait été, comme on l'a vu, conduit par le général de Potier à l'extrême gauche de la division pour relever le IIIᵉ bataillon du 71ᵉ, complètement épuisé.

(3) Il s'agit évidemment des deux batteries $\left(\frac{6,8}{4}\right)$ de la 1ʳᵉ division, et non de batteries de la réserve, qui, toutes, furent engagées beaucoup plus au Nord.

(4) L'Historique du 41ᵉ dit : 9 heures du soir.

prescrivit alors à ses troupes de rester sur place, en attendant de nouveaux ordres ; puis il fit procéder, au milieu de l'obscurité devenue complète, au remplacement des cartouches consommées (1).

Entrée en ligne de la 1ʳᵉ division de cavalerie et de la 18ᵉ division d'infanterie. — On sait que la 1ʳᵉ division de cavalerie s'était établie au bivouac à Pontoy et qu'elle avait installé ses avant-postes, face au Nord, entre Mécleuves et Frontigny (2).

Vers 1 heure du soir, le général de Hartmann avait été prévenu « que la 1ʳᵉ division d'infanterie avait reçu l'ordre de tenter dans l'après-midi une action offensive de Courcelles-Chaussy sur Metz » (3).

Une heure plus tard, l'avant-garde de la 18ᵉ division arrivait à Orny et son chef était mis au courant, par le général de Hartmann, de ce que ce dernier savait de la situation générale tant par ses reconnaissances que par l'information dont il vient d'être question.

D'après le compte rendu du général de Hartmann sur le combat du 14 août, le commandant de la 1ʳᵉ division de cavalerie aurait alors sollicité du commandant de l'armée, l'ordre de se porter en avant. Mais avant que la réponse lui fût parvenue, la canonnade se fit entendre vers le Nord-Est.

Ordre fut immédiatement donné aux troupes de la 1ʳᵉ division de cavalerie de monter à cheval.

Cependant, le général de Hartmann, craignant peut-être de trop s'aventurer, attendit que la 18ᵉ division

---

(1) Rapport du général de Potier.
(2) Page 45.
(3) Compte rendu du général de Hartmann au général commandant la 1ʳᵉ armée. (D'après Cardinal von Widdern. *Kritische Tage. Band I.*)
Cette nouvelle — erronée — fut également communiquée, ainsi qu'on l'a vu plus haut, au général de Goltz, par l'officier du 1ᵉʳ corps envoyé au grand quartier général.

d'infanterie se portât en avant et ne quitta Mécleuves où il avait rassemblé sa division qu'avec l'infanterie du général Wrangel.

Engagement devant Grigy. — Le IX⁰ corps d'armée, en effet, avait atteint ses cantonnements dans les premières heures de l'après-midi. L'avant-garde (deux bataillons, une batterie et quatre escadrons) (1) était arrivée à Orny à 2 heures ; le reste de la *18*⁰ division bivouaquait à Buchy ; l'artillerie de corps à Luppy ; la *25*⁰ division à Béchy.

Le corps du général de Manstein avait reçu pour mission, concurremment avec l'aile droite de la II⁰ armée, « de coopérer à une action sérieuse devant Metz » si elle venait à se produire (2).

Aussi, quand, vers 5 heures du soir, le commandant de la *18*⁰ division fut informé qu'un combat s'engageait devant le front de la I⁰ armée, donna-t-il l'ordre au gros de la division de serrer sur la tête — à Orny.

A 5 h. 30 du soir, la tête de l'avant-garde de la *18*⁰ division débouchait de la ligne Orny, Pontoy, et marchait sur Peltre en suivant la route de Strasbourg.

Un peu plus tard, la batterie de l'avant-garde $\left(\frac{2}{9}\right)$, escortée par un escadron du *6*⁰ dragons, « descendait au grand trot la côte de Mécleuves » (3) puis venait se mettre en batterie — vers 6 h. 30 — sur la crête de Mercy, à l'Est et à proximité de la grande route — position sur laquelle elle fut bientôt rejointe par le reste du *6*⁰ régiment de dragons, puis, plus tard, par deux compagnies du II⁰ bataillon du *36*⁰ régiment d'infanterie.

---

(1) $\frac{II. III}{36}$; 2⁰ batterie et *6*⁰ dragons.
(2) Page 92.
(3) Rapport du lieutenant Desplanches, de service à l'observatoire du fort de Queuleu le 14 août.

Les troupes avancées de la *1*ʳᵉ division de cavalerie suivaient ce mouvement. Les deux régiments de cuirassiers (*2ᵉ* et *3ᵉ*), formés en brigade pour la circonstance et accompagnés d'une batterie à cheval $\left(\frac{1\ c}{1}\right)$, franchissaient la voie ferrée vers 6 h. 30, en même temps que l'infanterie de l'avant-garde. Deux escadrons $\left(\frac{1,\ 2}{2\ \text{Cuir}}\right)$ s'étendaient au delà de Mercy et établissaient la liaison avec les troupes de la *28ᵉ* brigade, tandis que la batterie à cheval, escortée par le 4ᵉ escadron du *3ᵉ* cuirassiers (1), s'établissait sur la crête entre la route et la Basse-Bévoye; le reste de la brigade de cuirassiers s'installait en soutien au Sud de la crête de Mercy.

La batterie française installée au Sud-Est de Grigy $\left(\frac{5}{4}\right)$ avait tout d'abord ouvert le feu sur les quelques groupes de cavaliers qui s'étaient montrés sur la crête de Mercy-le-Haut, c'est-à-dire sur le 2ᵉ escadron du 6ᵉ dragons. Bien abritée comme elle l'était (2), peut-être eût-elle été en mesure de lutter avec les deux batteries adverses, auxquelles elle allait bientôt avoir affaire. Mais le commandant de la batterie estima sans doute qu'il était à une distance trop rapprochée de la crête sur laquelle se présentait la cavalerie ennemie et où pouvait arriver de l'artillerie prussienne d'un moment à l'autre (3). Aussi crut-il bon de reporter sa batterie sur une position un peu plus éloignée.

---

(1) *Geschichte des Kurassier-Regiments Graf Wrangel Nr. 3*. — Berlin, 1892.

(2) Les pièces étaient derrière un épaulement; les avant-trains et les caissons avaient été reportés derrière la croupe 233.

(3) Les distances de tir étaient comprises entre 800 et 1200 mètres. A cause de l'organisation défectueuse des fusées, on ne parvenait à produire un effet efficace qu'aux distances de 1400 ou de 2,800 mètres, tandis qu'entre 800 et 1200 mètres, l'artillerie prussienne avait un tir très meurtrier.

On commençait à peine à remettre les pièces sur les avant-trains, que la batterie prussienne $\left(\frac{2}{9}\right)$ ouvrit le feu sur la masse très vulnérable formée par les voitures dans cette période critique de manœuvre. Le mouvement fut interrompu et l'on se mit en devoir de riposter; mais le tir de l'adversaire avait été réglé en quelques coups et bientôt apparaissait la 1re batterie à cheval du 1er régiment. Le capitaine de Picciotto tombait l'un des premiers, et malgré les efforts du lieutenant en premier Vaucouleur, un certain désarroi se produisit dans la batterie, où l'on ne put tout d'abord remettre que trois pièces sur leurs avant-trains.

« Les lieutenants tenant à ramener leurs pièces et se sentant d'ailleurs soutenus par les feux partis du fort, revinrent à deux reprises les chercher avec des avant-trains et quelques hommes de bonne volonté. »

Mais au feu de l'artillerie ennemie, vint s'ajouter celui de l'infanterie qui progressait sur la route. Le lieutenant Vaucouleur tombait percé de balles, et l'on ne pouvait tout d'abord emmener que deux des trois pièces laissées sur le terrain. Le lieutenant en second Jourdy ayant perdu les chevaux des avant-trains qu'il ramenait, dut faire conduire à bras la dernière pièce en arrière de la crête avec l'aide des quelques hommes du 51e (1) et de la 2e compagnie du IIe bataillon du 62e, qui servait de soutien à l'artillerie.

Dès que les batteries prussiennes eurent ouvert le feu sur la batterie française, l'artillerie de gros calibre du fort joignit son feu à celui des batteries de campagne

---

(1) La 4e compagnie du IIe bataillon du 51e avait été portée jusqu'à hauteur de la batterie Picciotto, tandis que le reste du bataillon avait été maintenu près de Grigy. (Lettre du général Courbassier, ancien capitaine commandant la 4e compagnie du IIe bataillon du 51e; datée du 21 janvier 1903.)

installées, tant sur les glacis que derrière les parapets de l'ouvrage (1).

« A 7 h. 30 (2), dit le commandant Toussaint, nous avons ouvert le feu dans la direction intermédiaire de Mercy-le-Haut et de la Haute-Bévoye. Les pièces rayées de 12 de place à 2,320 mètres et les mitrailleuses à 2,200 mètres, de manière à battre la route de Solgne ou de Strasbourg (3) (4). » D'après l'Historique de la 11ᵉ batterie du 15ᵉ, les mitrailleuses auraient tiré 30 coups à 1600 mètres sur la batterie ennemie, puis une centaine de coups sur les troupes voisines. Quant aux deux batteries de 4 $\left(\frac{7,8}{15}\right)$, elles ne tirèrent que 30 coups; celles de la Garde $\left(\frac{5,2}{G}\right)$, 25 coups. Bien que les distances de tir paraissent avoir été convenablement déterminées, et malgré les indications optimistes du Journal de marche des batteries de la division de Laveaucoupet, il est à remarquer que les effets produits sur l'artillerie adverse furent à peu près insignifiants. Le major Hoffbauer constate, en effet, que les pièces de siège et de campagne tirèrent du fort de Queuleu, mais sans efficacité. « On entendit également le bruit crépitant des mitrailleuses, mais leur effet ne se fit point sentir. » D'ailleurs, d'après l'état des pertes fourni par l'*Historique du Grand État-Major prussien*, la 1ʳᵉ batterie à cheval de la 1ʳᵉ division de cavalerie, n'eut que 3 hommes et 3 chevaux mis hors de combat pendant

---

(1) $\frac{7, 8, 11}{15}$, $\frac{5}{G}$ et une section de $\frac{2}{G}$.

(2) Heure évidemment trop tardive.

(3) Rapport du chef d'escadron Toussaint, commandant l'artillerie du fort de Queuleu; daté du 14 août, 11 heures du soir.

(4) L'artillerie de la place tira, d'après un état détaillé établi pendant le mois de septembre 1870, 68 coups de 24; 10 coups de 12.

toute la durée de l'engagement (1). Or, à la nuit tombante, cette batterie se porta en avant vers la Haute-Bévoye et se trouva alors sous le feu des mitrailleuses du fort (2).

D'ailleurs, les effets de l'artillerie allemande sur les batteries françaises se réduisent également à très peu de chose. D'après le rapport du commandant Toussaint, les projectiles ennemis tombaient généralement trop court; cependant, une quarantaine d'obus passèrent par-dessus le cavalier du fort; des balles et éclats s'enfoncèrent dans le terre-plein et les parapets des bastions, mais finalement les pertes furent presque nulles (3).

Pendant que cette canonnade se développait sans effet appréciable devant le village de Grigy, l'infanterie de l'avant-garde prussienne était arrivée à hauteur de son artillerie.

Le *36*ᵉ régiment $\left(\dfrac{\text{II, III}}{36}\right)$ suivit la route de Metz et s'étendit vers la droite par Mercy-le-Haut.

Le *84*ᵉ, qui suivait, vint se former à hauteur de Peltre, puis dirigea ses fusiliers vers la gauche sur la Basse-Bévoye. Enfin vers 8 heures, la IIᵉ batterie lourde s'établit sur la crête à hauteur de la batterie légère $\left(\dfrac{2}{9}\right)$.

En ce qui concerne le récit du Grand État-Major prussien sur l'engagement de la *18*ᵉ division, il convient de

---

(1) L'*Historique du Grand État-Major prussien* n'indique aucune perte pour les deux batteries de la *18*ᵉ division.

(2) Rapport du commandant Toussaint (*loc. cit.*), et Journal de marche de l'artillerie de la 3ᵉ division du 2ᵉ corps.

(3) Les trois batteries de la division Laveaucoupet n'eurent que deux hommes blessés.

L'artillerie de la 1ʳᵉ division de la Garde ne signale aucune perte. (Rapport sur le combat de Borny, daté du 18 août.)

faire les mêmes réserves, que celles qu'on a déjà présentées au sujet du combat de la 28ᵉ brigade.

L'Historique allemand, ne consacre, en effet, que quelques lignes au combat de l'avant-garde de cette division, dont six compagnies $\left(\frac{5, 8, 9, 10, 11, 12}{36}\right)$ se seraient portées en avant depuis Mercy-le-Haut et auraient pris part à l'attaque des fractions de la 28ᵉ brigade sur Grigy. « L'ennemi évacue le village, que le IIᵉ bataillon du 77ᵉ occupe aussitôt, dit-il encore ; il abandonne également la portion Sud de la forêt de Borny, dans laquelle les chasseurs et les compagnies du 53ᵉ avaient déjà pénétré par le Nord-Est. »

Sur ce point, le récit des faits est certainement entaché d'erreur, car le village de Grigy, ni le bois de Borny, ne furent évacués par la division Metman dans les conditions admises par l'*Historique du Grand État-Major prussien*, ainsi qu'on va le voir.

D'après l'Historique du 36ᵉ régiment prussien (1), les 6ᵉ et 7ᵉ compagnies s'avancèrent à cheval sur la grande route de Metz pour soutenir la batterie légère $\left(\frac{2}{9}\right)$ qui avait gagné les devants avec le 2ᵉ escadron du 6ᵉ dragons. Ce sont sans doute ces deux compagnies qui, dépassant la batterie en question, vinrent fusiller la batterie française $\left(\frac{5}{4}\right)$, déjà prise à partie par l'artillerie allemande.

Quant aux six autres compagnies du 36ᵉ, elles déboîtèrent vers la droite après avoir franchi la voie ferrée au Petit-Jury, puis dépassèrent Mercy-le-Haut et seraient ensuite descendues sur les pentes qui aboutissent à la route de la Grange-aux-Bois jusqu'à ce qu'un feu de tirailleurs très vif, partant à la fois de Grigy et du bois

---

(1) *Das Magdeburgische Fusilier-Regiment Nr. 36.* — Berlin, 1887.

de Borny, les forçât à s'arrêter à environ 500 mètres au Nord de Mercy. « Entre temps, dit l'Historique du *36ᵉ*, les troupes de la Iʳᵉ armée, venant de l'Est, avaient occupé Grigy. Les compagnies de fusiliers poussèrent jusqu'au bois de Borny, puis une complète obscurité mit fin au combat sur ce point. » . . . . .

Or, voici ce qui s'était réellement passé, du côté français, pendant ce temps.

Le 62ᵉ régiment avait été appelé avant 6 heures des environs de Grigy sur le chemin qui conduit du bois de Borny vers le village du même nom. Un peu après 6 heures, le Iᵉʳ bataillon avait été envoyé dans le bois même de Borny comme soutien du 95ᵉ, et le IIIᵉ s'était rapproché du bois de Colombey pour soutenir au besoin le 7ᵉ régiment. Le IIᵉ bataillon resta donc seul déployé près et au Sud-Est de Borny. Mais quand, vers la fin de la journée (1), la *18ᵉ* division prussienne déboucha au Sud de Grigy, ce bataillon fut porté rapidement vers le village et s'arrêta « à sa position antérieure près de Grigy, où il fut rejoint vers 11 heures du soir par les deux autres bataillons et la compagnie Prax $\left(2, \dfrac{\text{II}}{62}\right)$ ».

Enfin, le bataillon $\left(\dfrac{\text{I}}{62}\right)$ mis à la disposition du colonel Davout d'Auerstædt, avait été disposé dans la partie occidentale du bois de Borny avec deux compagnies déployées face au Sud, les quatre autres en réserve.

D'autre part, le 51ᵉ avait encore été renforcé par une partie du 84ᵉ. Les Iᵉʳ et IIIᵉ bataillons de ce dernier régiment avaient été, en effet, rapprochés — vers 6 heures du soir — du fort de Queuleu, quand survint le maréchal Bazaine. Alors que le 4ᵉ corps restait sans

---

(1) Dans son rapport, le lieutenant-colonel Louis dit « vers 8 heures ». Cette heure est peut-être un peu tardive, puisqu'il s'agit du moment « où une attaque se dessinait à droite ».

aucune indication sur le rôle général qui lui revenait dans la bataille, le Maréchal se préoccupa de placer les deux bataillons qu'il venait de rencontrer sur sa route ; le IIIe fut posté à l'Ouest de Grigy ; le Ier fut déployé au Nord-Est du village, dans l'intervalle compris entre le chemin de Borny et le bois du même nom (1).

Au moment où se produisit la canonnade de la 18e division prussienne, un régiment tout entier — le 51e — était donc déployé en formation de combat au Sud-Est de Grigy, entre le village et les tranchées-abris de la croupe 233. A peu près à hauteur et à proximité de la même localité, quatre bataillons formaient une réserve importante $\left(18\text{ Ch.}, \frac{\text{I, III}}{81}, \frac{\text{II}}{62}\right)$. Enfin, quatre autres bataillons $\left(\frac{\text{I}}{62}, \frac{\text{I, II, III}}{95}\right)$ occupaient le bois de Borny dont la lisière Sud était garnie de tirailleurs.

L'obscurité commençait à gagner le champ de bataille, et l'infanterie prussienne n'avait pas encore engagé le combat avec les tirailleurs du 51e, lorsque le colonel commandant ce régiment crut devoir se replier sur le village par échelons de deux compagnies, tout en maintenant les tirailleurs dans la tranchée-abri occupée par le Ier bataillon (2). « Le mouvement s'effectuait avec beaucoup d'ordre, dit le colonel Delebecque, quand les tirailleurs restés en position dans la tranchée-abri signalèrent de l'infanterie s'avançant le long du chemin venant de la Grange-aux-Bois (3). Se reportant aussitôt

---

(1) Rapport du colonel d'Albici, commandant le 81e.

(2) Dans son rapport sur la bataille, le colonel du 51e dit qu'il prit cette décision parce qu'il pensait avoir devant lui une force très considérable dont il n'avait encore vu que la pointe.....

(3) Sans doute $\frac{5, 6}{77}$.

vers la tranchée-abri, le 1er bataillon ouvrit un feu à volonté d'une minute environ ; l'obscurité était déjà assez grande ; il était assez difficile d'apprécier exactement les forces ennemies ; il m'a paru que ce devait être un bataillon marchant avec ses quatre compagnies échelonnées. Devant notre feu, il s'est aussitôt retiré, et en raison des ordres reçus par le colonel le mouvement du régiment a continué *sur* Grigy (1) ». A partir de cet instant, le feu cessa complètement sur cette partie du champ de bataille. Le 1er bataillon du 51e ne fut nullement inquiété dans sa retraite et vint se rallier *près* du IIe bataillon alors rassemblé *à hauteur* de Grigy (2).

A ce moment, le IIIe bataillon venait de quitter la lisière Sud et se rassemblait dans l'intérieur du village (3).

A la nuit noire — probablement vers 8 h. 30 du soir — un officier et quelques hommes du 51e, partis des premières maisons de Grigy pour ramasser les blessés, se heurtèrent à une patrouille prussienne, à 200 mètres environ du village, et échangèrent quelques coups de feu avec elle (4). A la nuit close, également, un ou deux fantassins prussiens cherchant de l'eau, étant venus tomber dans les rangs du IIe bataillon, le capitaine Courbassier se porta, avec sa compagnie (la 4e), dans la direction du Sud où il resta en grand'garde pendant une partie de la nuit (5).

---

(1) Rapport du colonel Delebecque, commandant le 51e régiment.

(2) Lettre du général Courbassier, alors capitaine commandant la 4e compagnie du IIe bataillon ; datée du 21 janvier 1903.

D'après une lettre du général Vedeaux, alors adjudant-major au même bataillon (lettre datée du 5 janvier 1903), le IIe bataillon était, en effet, rassemblé *près de l'entrée Sud de Grigy.*

(3) Lettre du commandant Nieger, alors adjudant-major au IIIe bataillon du 51e ; datée du 7 janvier 1903.

(4) Lettre du général Vedeaux. (*Loc. cit.*)

(5) Lettre du général Courbassier. (*Loc. cit.*)

Le combat que décrit l'Historique du *36ᵉ* régiment prussien ne paraît donc pas avoir plus existé que la prise de possession du bois de Borny par la *28ᵉ* brigade.

Le 51ᵉ n'évacua certainement pas Grigy avant 11 h. 30 du soir (1). L'Historique de ce régiment, bien qu'il s'accorde sur ce point avec les deux Historiques du 95ᵉ, commet sans doute une erreur en fixant à 2 heures du matin le début de la marche vers Metz. Les Historiques et les Rapports des deux autres régiments de la division (62ᵉ et 81ᵉ) sont d'accord pour faire commencer la retraite vers 11 heures. C'est également l'heure indiquée par le général Montaudon dans ses *Souvenirs militaires*, comme étant celle à laquelle il reçut l'ordre de gagner Metz. Il paraît donc certain que les troupes de la division quittèrent successivement Grigy ou ses abords à partir de 11 heures au plus tôt et que le village ne fut pas abandonné avant 11 h. 30 par le 51ᵉ.

Il est par suite impossible que les troupes prussiennes aient pu pénétrer dans le village avant cette heure, ainsi que cela résulte d'ailleurs, d'une manière formelle et explicite, des témoignages des trois officiers du 51ᵉ régiment, précédemment cités.

Quant aux compagnies du 95ᵉ, qui occupaient le bois de Borny, une seule, la 6ᵉ du Iᵉʳ bataillon, déployée derrière la haie dont il a été plusieurs fois question, n'eut l'occasion de tirer quelques coups de fusil qu'au moment où la nuit était déjà venue (2). « A la tombée de la nuit,

---

(1) Heure indiquée par le général Vedeaux qui eut l'occasion de constater qu'il était *minuit* après une demi-heure de marche à peine.

(2) Le 62ᵉ ne fut pas engagé et ne subit aucune perte. Le 81ᵉ ne tira pas un coup de fusil et n'eut qu'un tué et deux blessés au IIIᵉ bataillon.

dit le Journal de marche du régiment (1), la 2ᵉ section de la 6ᵉ compagnie du Iᵉʳ bataillon entend un détachement de Prussiens qui marchent sur elle et parlent à mi-voix. A une distance au jugé d'environ 300 (?) mètres, elle exécute sur eux un feu assez nourri et les fait reculer. Un homme des nôtres est tué raide. » Peut-être était-ce là une des patrouilles dont parle l'Historique du 77ᵉ régiment prussien, patrouilles qui auraient parcouru le bois de Borny — sans doute après 10 h. 30 du soir — alors que le 95ᵉ régiment fut rassemblé sous le fort de Queuleu (2). Peut-être aussi le village de Grigy fut-il tenu, dans le milieu de la nuit, par l'une des grand'gardes dont parle le même Historique.

Il n'en subsiste pas moins que le bois de Borny et le village de Grigy ne purent être occupés par les troupes prussiennes dès les premières heures de la nuit et qu'à ce point de vue particulier l'*Historique du Grand État-Major prussien* et ceux de certains régiments appellent d'importantes rectifications qu'il est évidemment impossible de produire ici dans leurs détails avec une certitude absolue.

En résumé, sur tout le front occupé par la 1ʳᵉ division du 3ᵉ corps, c'est-à-dire sur la ligne jalonnée par la pointe Nord-Est du bois de Borny, le village de Grigy et le fort de Queuleu, les fractions allemandes qui s'étaient présentées par le Sud et par l'Est, furent partout maintenues en respect par des forces d'ailleurs très supérieures en nombre. Sur aucun point

---

(1) Cité par l'Historique manuscrit du 95ᵉ, rédigé par le lieutenant Ouzilleau et communiqué par M. le général Davout d'Auerstædt, ancien colonel du 95ᵉ.

(2) Le 95ᵉ évacua le bois de Borny à 10 h. 30 du soir. Le 1ᵉʳ bataillon du 62ᵉ dut l'abandonner à la même heure, puisque les Iᵉʳ et IIIᵉ bataillons de ce régiment ralliaient le IIᵉ près de Grigy à 11 heures. (Rapports et Historiques des 62ᵉ et 95ᵉ régiments.)

la lutte ne prit ce caractère d'opiniâtreté qu'on a pu constater sur les autres parties du champ de bataille et, à la nuit noire, alors que leur feu avait cessé sur toute la ligne, les troupes de la division Montaudon prirent quelques heures de repos sur leurs positions de combat (1).

X. — Fin de la bataille sur le plateau de Mey.

On a vu précédemment que la première tentative faite par les six compagnies prussiennes $\left(\frac{1, 2, 3, 4, 6, 7}{44}\right)$ pour s'emparer des hauteurs de Mey avait misérablement échoué et que le général de Manteuffel, justement inquiet de la tournure que prenaient les événements sur son flanc droit, avait ordonné à l'artillerie d'agir en masse dans la direction dangereuse (2).

C'était la première fois depuis le début de la bataille qu'un ordre du haut commandement venait orienter vers un but unique les efforts des batteries qui, jusque-là, s'étaient disséminées au hasard de leur arrivée et avaient dirigé leur feu sur l'objectif qui s'était présenté devant elles dans la direction même que les formes du terrain sur lequel elles étaient placées avaient naturellement imposée à leur ligne de tir (3).

Jusque-là, c'est-à-dire un peu avant 7 heures, la 3e brigade allemande, engagée, partie devant Bellecroix, partie devant Mey, n'avait encore amené que six compa-

---

(1) A l'exception, cependant, de la tranchée-abri située au Sud-Est de Grigy.

(2) Voir page 179.

(3) Voir en particulier le groupe de cinq batteries installées au Sud-Ouest de Montoy $\left(\frac{1, 2, I, II}{1} \text{ et } \frac{VI}{7}\right)$.

gnies à Nouilly et au moulin du Goupillon, puis un bataillon $\left(\dfrac{F}{4}\right)$ à Servigny (1).

Seconde attaque du bois de Mey. — Vers 6 heures du soir, les divisions Grenier et de Cissey avaient été renforcées par la 3ᵉ division du 4ᵉ corps (2). Cette division, tout d'abord réunie sur les glacis du fort Saint-Julien, avait été bientôt partiellement rapprochée de la ligne de combat. Le général de Ladmirault, observant le mouvement d'extension des troupes prussiennes vers le Nord par Servigny et Poixe, avait, en effet, prescrit à la 1ʳᵉ brigade de la division Lorencez de s'avancer un peu plus vers l'Est ; le 15ᵉ fut porté à la ferme de Grimont et le 33ᵉ gagna quelques centaines de mètres sur la route de Bouzonville (3).

Avant même que la *3ᵉ* brigade prussienne, eût reçu l'ordre du commandant du Iᵉʳ corps d'armée « de maintenir à tout prix ses positions de Noisseville et du ravin de Nouilly » (4), le général de Memerty avait prescrit aux six compagnies laissées jusque-là en réserve à Noisseville (5) de reprendre l'offensive dans la direction de Mey et de recueillir les six compagnies du même régiment $\left(\dfrac{1, 2, 3, 4, 6, 7}{44}\right)$ qui venaient de subir un échec grave et se trouvaient à l'heure

---

(1) Six compagnies $\left(\dfrac{F}{44}, \dfrac{5, 8}{44}\right)$ étaient restées en réserve à Noisseville.

(2) Voir page 154.

(3) Journal de marche du 4ᵉ corps et Rapports des généraux Pajol et Berger, commandants des deux brigades de la 3ᵉ division.

(4) Voir page 179.

(5) $\dfrac{5, 8}{44}$ et $\dfrac{F}{44}$.

actuelle complètement désemparées au fond du ravin de Nouilly.

Deux compagnies (5ᵉ et 8ᵉ) progressaient sur les pentes au Sud-Ouest de Nouilly, pendant que le bataillon de fusiliers s'avançait par les vignes au Nord du village. Mais dès que les tirailleurs prussiens arrivèrent en vue de la croupe 230, ils furent obligés de s'arrêter devant un adversaire (1) qui dirigeait sur eux un feu terrible et occupait maintenant la partie supérieure des vignes.

Dès qu'il avait vu se dessiner la nouvelle tentative des Allemands, le général commandant la 2ᵉ division du 4ᵉ corps avait en effet renforcé sa ligne de combat à l'aide des bataillons dont il disposait encore.

Il donna en personne, au commandant du IIIᵉ bataillon du 64ᵉ, l'ordre de se porter au pas de course sur Mey resté jusqu'ici inoccupé (2). « Cet ordre fut exécuté immédiatement, mais il ne fut pas possible de faire tous les travaux nécessaires à une défense sérieuse à cause du manque d'outils..... On dut se borner à établir rapidement des barricades aux issues tournées vers l'ennemi..... (3). »

Le Iᵉʳ bataillon du 64ᵉ, maintenu d'abord en réserve en arrière du petit bois, déployait successivement ses compagnies au Nord de ce dernier (4), et venait renforcer, par conséquent, la ligne déjà assez dense des tirailleurs, du 13ᵉ.

---

(1) C'était, comme on va le voir bientôt, le IIᵉ bataillon du 64ᵉ.
(2) De la lisière du village on n'a pas de vues sur les pentes couvertes de vignes qui descendent vers Nouilly et le moulin du Goupillon ; mais ce village formait cependant un point d'appui des plus importants puisqu'il permettait de surveiller les pentes qui descendent vers le Sud sur le moulin de la Tour.
(3) Historique du 64ᵉ régiment d'infanterie. (Man. de 1871.)
(4) *Ibid.*

Le Ier bataillon du 98e, conduit par le général Pradier en personne, franchissait la route de Bouzonville et se déployait en face du bois de Mey, le long du chemin conduisant de Mey à Villers-l'Orme (1).

Le IIe bataillon du 64e, enfin, était porté sur le petit bois avec mission de l'occuper et de relever les compagnies du 5e bataillon de chasseurs pour donner à celles-ci le temps de se réapprovisionner en munitions.

Dès son arrivée dans le bois, le commandant du IIe bataillon lançait en avant une compagnie, puis bientôt deux autres qui se déployèrent toutes trois en tirailleurs dans les vignes et engagèrent une violente fusillade avec les six compagnies prussiennes dont il vient d'être question $\left(\frac{5, 8, F}{44}\right)$; les deux dernières compagnies du bataillon étaient maintenues en réserve (2).

Bien que depuis la première tentative sur Mey, l'artillerie allemande eût reçu d'importants renforts, la situation de ces six nouvelles compagnies allemandes ne laissait pas que d'être à peu près aussi précaire que celle de leurs devancières.

Heureusement pour elles, des soutiens d'infanterie allaient arriver bientôt:

Le commandant de la 1re division avait, en effet, adressé au 3e régiment (qui précédait la 2e brigade sur la route de Sarrebrück) l'ordre d'obliquer par Montoy vers le Nord Ouest pour établir la liaison entre les attaques de Bellecroix et de Mey, restées jusque-là complètement isolées.

En conséquence, le commandant du 3e régiment avait dirigé le Ier bataillon sur Lauvallier et conduisait lui-même les deux autres bataillons vers le Nord; l'un

---

(1) Lettre du lieutenant-colonel Lecat. (*Loc. cit.*)
(2) La 6e compagnie de ce bataillon accompagnait le train régimentaire.

$\left(\frac{11}{3}\right)$ prit Nouilly comme objectif; l'autre $\left(\frac{F}{3}\right)$, le moulin de la Tour. Mais l'ordre ayant été incomplètement transmis au Ier bataillon, deux compagnies seulement $\left(\frac{3,4}{3}\right)$ marchèrent sur Lauvallier, pendant que les deux autres poursuivirent sur Nouilly (1).

Sur ces entrefaites, l'échec subi par les compagnies qui avaient attaqué Mey les premières $\left(\frac{1,2,3,6,7}{44}\right)$ avait eu pour conséquence de découvrir complètement le flanc droit des troupes engagées devant Bellecroix, de sorte qu'une partie de ces dernières avait déjà fait face au Nord. C'est ainsi qu'au moment où se produisait la seconde attaque du 44e, les Ier et IIe bataillons du 4e régiment, conduits par leur colonel, prirent la direction de Mey par le Goupillon, et que deux compagnies du 43^e $\left(\frac{1,4}{43}\right)$ puis une autre du 3^e $\left(\frac{4}{3}\right)$, venues également des abords de la route de Sarrelouis, s'étendirent à la gauche de ces dernières dans le fond du ravin du moulin de la Tour.

Il se produisit donc à ce moment — c'est-à-dire aux environs de 7 heures — autour de Mey, une concentration de troupes dont on ne peut faire remonter l'origine à un ordre du commandement supérieur, mais dont la cause doit être partagée entre l'initiative du comman-

---

(1) Le faible appoint donné par les deux compagnies du 3^e $\left(\frac{3,4}{3}\right)$ aux troupes qui combattaient devant Bellecroix, permit cependant à ces dernières de gagner encore quelque peu de terrain et de s'établir à peu près à hauteur du chemin bordé d'arbres que le 73e venait d'occuper au Sud de la route de Sarrebrück.

Mais finalement, « ces forces insuffisantes n'avaient obtenu aucun avantage contre le défenseur fortement établi entre Bellecroix et Vantoux ». (*Historique du Grand État-Major prussien.*)

dant de la *3*ᵉ brigade, celle du commandant de la *1*ʳᵉ division et le désir instinctif qu'éprouvèrent des compagnies et bataillons engagés sur un autre point, à faire face au danger qui leur paraissait très menaçant sur leur flanc découvert.

L'absence complète de direction sur cette partie du champ de bataille rendait cependant les tentatives isolées absolument infructueuses. « La nature difficile et couverte du terrain fait dégénérer cette attaque en une série d'efforts partiels qui échouent devant les fortes positions de l'adversaire. Ce n'est qu'au prix de pertes sérieuses que l'on parvient à faire quelques progrès, jusqu'à ce qu'enfin l'arrivée des deux bataillons du *3*ᵉ en ordre compact vienne donner sur ce point une tournure plus favorable à l'action (1). »

Prise du petit bois par les Allemands. — Bientôt, en effet, débouchaient du ravin de Nouilly les IIᵉ et IIIᵉ bataillons du *3*ᵉ régiment. « Un seul élan portait ces deux bataillons jusqu'au sommet des pentes situées à l'Ouest du Goupillon (2). » Là, ils furent appuyés presque aussitôt par deux compagnies du *4*ᵉ $\left(\frac{6,7}{4}\right)$ venues du Goupillon.

Devant cette attaque, le commandant Lefebvre (du IIᵉ bataillon du 64ᵉ) avait immédiatement renforcé sa ligne de tirailleurs par une nouvelle compagnie. De son côté, le Iᵉʳ bataillon du même régiment, dont les tirailleurs s'étaient avancés au Nord-Est du bois, en entraînant avec eux ceux du Iᵉʳ bataillon du 13ᵉ, fut l'objet d'une double illusion dont on retrouve d'assez fréquentes traces dans les batailles de cette partie de la campagne. L'uniforme sombre des troupes prussiennes fut tout d'abord pris pour celui de chasseurs français. On cessa

---

(1) *Historique du Grand État-Major prussien.*
(2) *Ibid.*

donc le feu à deux reprises différentes et l'adversaire put profiter de ces instants de répit pour s'avancer sur les pentes jusqu'à 150 mètres de nos tirailleurs. Quand le bataillon du 64ᵉ s'aperçut de sa méprise, il reprit une vive fusillade. Mais bientôt il vit s'élever en l'air les crosses de l'assaillant et prit, certainement à tort, ce signal pour celui d'une troupe épuisée qui demandait à déposer les armes. Le feu cessa encore une fois et un nouveau bond en avant de la ligne prussienne correspondit à ce moment d'accalmie. Probablement surpris par le résultat décourageant de ces erreurs répétées, les tirailleurs du commandant Plan (Iᵉʳ bataillon) et ceux du Iᵉʳ bataillon du 13ᵉ durent rétrograder en combattant par le Nord du bois. D'ailleurs, les tirailleurs du IIᵉ bataillon avaient abandonné eux-mêmes les vignes où ils étaient embusqués.

Le commandant Lefebvre, en effet, avait essayé de renforcer encore une fois sa ligne de combat par une section de la seule compagnie qui lui restât. Mais il put constater bientôt qu'au delà de sa droite, de nouvelles troupes prussiennes $\left(\frac{6, 7}{4} \text{ et } \frac{12}{3}\right)$ menaçaient de l'envelopper et de le couper de Mey. Il voulut alors faire rétrograder son bataillon; mais à peine le mouvement de retraite était-il entamé, que la fusillade ennemie redoubla d'intensité et infligea d'assez lourdes pertes au bataillon; le commandant fut blessé et le capitaine Desnos prit le commandement. Le drapeau du régiment, dont le bataillon avait la garde, était lui-même très exposé; le porte-drapeau fut atteint d'une balle. Le capitaine Desnos parvint cependant à replier le bataillon sous la protection des trois compagnies du 5ᵉ bataillon de chasseurs, qui venaient de réoccuper la lisière du bois après s'être vivement réapprovisionnées en cartouches (1).

---

(1) Historique du 5ᵉ bataillon de chasseurs. (Man. de 1871.)

Mais l'attaque prussienne, très vigoureusement conduite, ne laissait pas de répit à son adversaire en retraite. Devant la pointe Nord du bois, l'aile droite du II° bataillon du 3° régiment était parvenue jusqu'à une trentaine de mètres de la lisière, malgré les feux du Ier bataillon du 64°, qui s'était déjà replié vers le Nord-Ouest. Plus au Sud, l'aile gauche du bataillon prussien enveloppait le bois et forçait les chasseurs embusqués de ce côté à refluer vers le centre de leur ligne.

« Le combat, dit l'Historique du 5° bataillon de chasseurs, devient acharné et très meurtrier aux alentours du bois, qui est attaqué par plusieurs faces. Le capitaine Humbert est tué raide par une balle qui le frappe en pleine poitrine. Son fourrier Foisset tombe mort à côté de lui. Un instant après, c'est le tour du lieutenant Azema, qui tombe frappé à la jambe. Il reste au pouvoir de l'ennemi et passe pour mort jusqu'après la capitulation de Metz.

« Le sous-lieutenant Charpentier du Moriez, qui a pris le commandement de la 5° compagnie, après la blessure du capitaine de Fleury et qui maintient énergiquement ses hommes au feu, a le bras droit labouré par une balle, qui lui fait une blessure très grave.

« Le capitaine Garcet, secondé par les sous-lieutenants Knœpffler et Chomer, lutte toujours et dirige la défense, qui devient désespérée, car l'ennemi entoure presque le bois. Les émissaires que le capitaine Garcet envoie pour demander des renforts et du secours ne peuvent s'acquitter de leur mission. Enfin, ce brave officier tombe, atteint au bas-ventre par une balle qui le traverse de part en part. La nuit vient; il peut être 8 h. 30 (1).

---

(1) Heure certainement trop tardive, car on verra plus loin que la réoccupation définitive du bois par les troupes françaises eut lieu un peu avant 8 h. 30.

« Ramassant les hommes qui les entourent, les sous-lieutenants Knœpffler et Chomer essayent de s'échapper du bois en faisant une trouée. Le premier tombe mort après avoir fait quelques pas. Le second, plus heureux, se fait jour avec une vingtaine d'hommes. »

Pendant que le IIe bataillon du *3e* régiment prussien pénétrait dans le bouquet de bois si chaudement disputé, trois autres compagnies allemandes $\left(\frac{12}{3} \text{ et } \frac{6,7}{4}\right)$ poussaient vers Mey et parvenaient à atteindre la lisière extrême des jardins qui entourent la localité.

Mais là, le IIIe bataillon du 64e arrêta net l'assaillant par les feux qu'il dirigeait efficacement sur lui depuis les maisons du village. D'ailleurs, le 20e bataillon de chasseurs allait apparaître quelques minutes plus tard — ainsi qu'il sera dit tout à l'heure — et rejeter définitivement l'ennemi dans le ravin du Goupillon.

En évacuant le bois, le IIe bataillon du 64e avait entraîné avec lui les fractions les plus proches des Ier et IIe bataillons du 13e, et s'était rallié dans les fossés et derrière les haies bordant le chemin de Mey à la Salette.

Les tirailleurs du Ier bataillon du 98e, qui avaient été poussés à l'Est du chemin jusqu'à 200 mètres du bois, furent également entraînés jusqu'au chemin creux où les hommes s'arrêtèrent d'eux-mêmes et où ils furent ralliés par leurs officiers (1). Quand le 5e bataillon de chasseurs abandonna le bois à son tour, il vint se reformer aussi sur le même emplacement.

Une ligne de feu très puissante venait donc se reformer en arrière et à courte distance du point d'appui tombé momentanément aux mains de l'adversaire.

---

(1) Lettre du lieutenant-colonel Lecat. (*Loc. cit.*)

Renforcement de l'artillerie du 4ᵉ corps. — D'ailleurs, l'artillerie de la 3ᵉ division arrivait sur ces entrefaites et contribuait à contenir dans le bois les compagnies prussiennes qui venaient de s'en emparer.

La 10ᵉ batterie du 1ᵉʳ régiment, arrivée la première sur le champ de bataille (1), s'était mise à la disposition du général commandant l'artillerie du 4ᵉ corps et fut placée au Nord du bois de Mey pour remplacer la 12ᵉ batterie du 15ᵉ obligée de reculer avec l'aile gauche de l'infanterie déployée au Nord du bois (2). Mais prise en flanc à moins de 400 mètres par les tirailleurs qui pénétraient en cet instant dans le bois de Mey, elle dut bientôt reculer à son tour (3) et céder la place à la 9ᵉ batterie qui arrivait sur ces entrefaites, retardée dans sa marche à travers champs par la présence de plusieurs lignes successives d'infanterie « qui étaient couchées et qu'il fut presque impossible de faire lever » (4). Au même moment, la 8ᵉ batterie se plaçait en seconde ligne un peu plus au Sud-Ouest et à 400 mètres du bois (5).

Quand la 9ᵉ batterie voulut tirer sur le bois, les troupes françaises se retiraient déjà sur le chemin de Mey

---

(1) On se rappelle que cette batterie marchait en queue de la 3ᵉ division. Elle était encore sur la route quand on reçut l'ordre de faire demi-tour, tandis que les deux autres batteries de la division (8ᵉ et 9ᵉ du 1ᵉʳ) avaient déjà dételé sur l'emplacement du parc près de Woippy. (Historique de l'artillerie de la 3ᵉ division et *Souvenirs* du capitaine Migurski de la 9ᵉ batterie.)

(2) La 7ᵉ batterie du 1ᵉʳ régiment s'était également retirée au moment de l'évacuation du bois.

(3) Elle n'eut cependant que trois hommes et six chevaux de blessés. Son tir dut être très rapide, car pendant le peu de temps qu'elle se trouva engagée, elle tira 98 obus ordinaires et 13 obus à balles.

(4) Historique de l'artillerie de la 3ᵉ division du 4ᵉ corps.

(5) Cette batterie ne tira pas et eut 2 hommes et 2 chevaux hors de combat. La 9ᵉ batterie tira seulement 30 obus ordinaires, 17 obus à balles et 27 boîtes à mitraille ; elle eut 1 officier, 2 hommes et 8 chevaux hors de combat.

248 LA GUERRE DE 1870-1871.

à la Salette et pendant quelques instants, les pièces ne purent faire feu. « La distance (environ 300 mètres), qui séparait du bois était si faible qu'on tira à mitraille; 27 boîtes à mitrailles eurent raison des Prussiens, car leur feu, très violent au moment de la mise en batterie, cessa presque complètement (1) (2). »

« Malgré une grêle de balles qui partaient du bois, dit le capitaine Migurski, et malgré l'inexpérience de nos hommes dont les deux tiers environ faisaient partie de la 2ᵉ portion du contingent, nous parvînmes cependant à nous mettre en batterie et dirigeâmes sur le bois un feu à mitraille. Au bout de 30 coups, le bois fut évacué..... » (3) (4).

D'ailleurs, les deux batteries de 12 de la réserve, dont l'une (11ᵉ) s'était établie à l'extrême gauche, près de Villers-l'Orme et l'autre (12ᵉ) près de la batterie Saint-Germain $\left(\frac{5}{1}\right)$, venaient d'être encore renforcées par deux batteries de 4, dont une seule $\left(\frac{9}{8}\right)$, toutefois, trouvait place un peu au Sud de cette dernière, l'autre $\left(\frac{6}{8}\right)$ restant en colonne plus en arrière.

A l'exception des deux batteries à cheval restées avec la division de cavalerie, toute l'artillerie du 4ᵉ corps avait donc été engagée, mais 10 batteries seulement (5) étaient encore au combat, trois autres (6) s'étant déjà retirées de la lutte.

---

(1) Il est probable que ce résultat n'est pas dû seulement au tir de l'artillerie. Le feu de l'infanterie dut y coopérer largement.
(2) Historique de l'artillerie de la 3ᵉ division.
(3) C'est là une erreur d'appréciation. Le feu de l'adversaire cessa, mais l'ennemi ne fut chassé du bois qu'un peu plus tard.
(4) *Souvenirs* du capitaine Migurski, de la 9ᵉ batterie.
(5) De la gauche à la droite : $\frac{11, 6}{1}$, $\frac{5, 9}{15}$, $\frac{12, 5, 9}{1}$, $\frac{9, 6}{8}$, $\frac{8}{1}$.
(6) $\frac{7, 10}{1}$, $\frac{12}{15}$.

Retour offensif des troupes françaises et réoccupation du bois de Mey. — Les Ier et IIe bataillons du 13e régiment avaient, comme on vient de le voir, été entraînés jusque sur le chemin de Mey à la Salette, en même temps que le 64e, le 5e bataillon de chasseurs à pied et le Ier bataillon du 98e.

Le colonel Lion, du 13e, qui se trouvait à ce moment un peu plus au Nord auprès du IIIe bataillon de son régiment, se porta alors avec son drapeau auprès des groupes très denses qui s'étaient ralliés derrière les haies et dans les fossés bordant le chemin. « N'ayant pas le temps de faire prendre à chacun sa place de bataille, il fait entasser les hommes sans distinction de compagnies et donne l'ordre d'ouvrir sur le bois un feu à volonté. »

Mais, sur ces entrefaites, des renforts importants arrivaient encore dans les environs de Mey : on se rappelle, en effet, que le général commandant la 1re division avait fait appuyer l'aile gauche de la division Grenier, par la 2e brigade (57e et 73e) (sur la route de Bouzonville), et qu'il avait en même temps prescrit au général Brayer (commandant la 1re brigade) de se rapprocher de Mey et de l'occuper, s'il en était besoin, avec le 20e bataillon de chasseurs à pied et le 1er régiment de ligne (1).

« Le général Brayer, qui commandait en personne ces troupes, jeta le bataillon de chasseurs dans Mey et plaça un bataillon du 1er régiment $\left(\frac{\text{III}}{1}\right)$ entre le village et le bois (2). » Le 6e régiment poussait lui-même jusqu'à Mey ses Ier et IIIe bataillons (le IIe bataillon avait été dirigé sur le château de Grimont pour l'occuper).

---

(1) Rapport du général de Cissey au général de Ladmirault, daté du 15 août, et *Souvenirs inédits* du général de Cissey.

(2) Les deux autres bataillons du 1er furent laissés en seconde ligne en arrière de l'artillerie, derrière la gauche de la division Grenier. (Historique du 1er régiment. Man. de 1871.)

En voyant les troupes françaises $\left(\dfrac{\text{II}}{64} \text{ et } 5 \text{ Ch}\right)$ refoulées du bois, quatre compagnies du 20ᵉ bataillon de chasseurs (1ʳᵉ, 4ᵉ, 5ᵉ et 6ᵉ) (1) s'étaient lancées au pas gymnastique sur Mey où elles rejoignaient le IIIᵉ bataillon du 64ᵉ. Trois compagnies $\left(\dfrac{4, 5, 6}{20 \text{ Ch}}\right)$ furent immédiatement portées en avant et sur les côtés du village dans les vignes et dans les vergers qui l'entourent. Les compagnies prussiennes $\left(\dfrac{6, 7}{4}, \dfrac{12}{3}\right)$, qui s'étaient glissées jusqu'à la lisière extérieure, et dont quelques fractions tentaient déjà de pénétrer dans les maisons, plièrent sous un feu écrasant. A la droite, la 5ᵉ compagnie du 20ᵉ bataillon poussait une section jusqu'à la lisière extérieure des vergers et « chassait l'ennemi de la plaine en avant du village » (2).

En même temps, le commandant de Labarrière renforçait la ligne de combat de son bataillon par la dernière compagnie (la 1ʳᵉ) dont il disposait encore.

Alors, les chasseurs débarrassés de leurs premiers adversaires débouchèrent du village dans la direction du petit bois, joignirent leurs feux aux deux compagnies que le IIIᵉ bataillon du 1ᵉʳ régiment venait de déployer sur ce point et obligèrent la garnison ennemie à rentrer sous les taillis.

A ce moment, le petit bois de Mey se trouvait donc menacé à la fois sur ses faces Nord, Ouest et Sud-Ouest, par une ligne d'infanterie très serrée, déployée à très courte distance de la lisière, et ne comprenant pas moins de dix bataillons (20ᵉ bataillon de chasseurs, $\dfrac{\text{III}}{1}$,

---

(1) Les 2ᵉ et 3ᵉ compagnies furent affectées comme soutien aux batteries divisionnaires.
(2) Historique du 20ᵉ bataillon de chasseurs à pied. (Man. de 1871).

$\frac{\text{I, II, III}}{13}$, $\frac{\text{I, II, III}}{64}$, $\frac{\text{I}}{98}$, et 5ᵉ bataillon de chasseurs). Le Iᵉʳ bataillon du 98ᵉ restait il est vrai en soutien (1) et le IIIᵉ bataillon du 64ᵉ formait la garnison du village; mais d'autre part, les deux bataillons du 6ᵉ régiment constituaient une réserve derrière l'aile droite avec le Iᵉʳ bataillon du 73ᵉ appelé sur ce point; le Iᵉʳ bataillon du 6ᵉ, était réuni près de la lisière du village et le IIIᵉ bataillon un peu plus au Nord derrière les haies des jardins.

La nuit approchait et il devenait difficile de se rendre un compte exact de la situation de l'ennemi, dont quatre compagnies restaient, en fait, complètement isolées dans le bois de Mey, par suite de la retraite des fractions qui avait attaqué le village. Il n'en était pas moins indispensable de chasser l'adversaire d'un point d'appui si rapproché de l'aile droite du 4ᵉ corps. Le colonel Lion s'en rendit compte (2); aux dernières lueurs du crépuscule, il entraîna donc les groupes quelque peu hétérogènes qu'il venait de réunir sur le chemin, et s'élança sur le bois qu'il reprit. « Le Iᵉʳ bataillon du 13ᵉ, rallié et appuyé par le IIᵉ, prit part immédiatement à l'attaque du bois, dont l'ennemi fut vigoureusement chassé (3). »

Le IIᵉ bataillon du *3ᵉ* régiment prussien n'attendit vraisemblablement pas que l'attaque arrivât jusqu'à lui, et il se replia sur les pentes descendant vers Nouilly (4).

---

(1) Le Iᵉʳ bataillon du 98ᵉ ne prit pas part à l'attaque du bois. (Lettre du lieutenant-colonel Lecat, *loc. cit.*)

(2) Rapport du colonel Lion, daté du 15 août.

(3) *Ibid.*

(4) L'*Historique du Grand Etat-Major prussien* suspend brusquement le récit du combat de l'infanterie sur ce point du champ de bataille à la prise du bois de Mey par le IIᵉ bataillon du *3ᵉ* et à l'occupation de la lisière du village par les deux compagnies du *4ᵉ* (6ᵉ et 7ᵉ) et la 12ᵉ du *3ᵉ*. Il qualifie ce succès de *décisif* (page 481) et représente (page 482) le 4ᵉ corps comme contraint de plier sur tous les points à la

Ce succès, décisif sur ce point particulier du champ de bataille, terminait à peu près la lutte en avant de l'aile droite du 4ᵉ corps. Les troupes, fatiguées par une lutte opiniâtre, s'arrêtèrent définitivement sur les positions où elles avaient combattu toute la soirée et dont elles n'avaient été repoussées que momentanément.

A l'extrême droite du 4ᵉ corps, le 20ᵉ bataillon de chasseurs, rentré dans Mey, fut chargé de l'occupation du village : une compagnie (la 6ᵉ) barricada les rues qui débouchent vers le Sud et mit un îlot de maisons en état de défense (1). Trois autres compagnies (1ʳᵉ, 4ᵉ, 5ᵉ) s'établirent sur la lisière orientale.

Des grand'gardes, prises parmi les bataillons très

---

suite de cette attaque. Il y a là à la fois une importante omission et une grave erreur d'appréciation.

Les compagnies qui parvinrent à gagner Mey et le petit bois en furent successivement chassées par deux retours offensifs qui, sur ce point du champ de bataille, nous procuraient un succès définitif, succès qui ne faisait, il est vrai, que racheter l'échec infligé au 5ᵉ bataillon de chasseurs et au IIᵉ bataillon du 64ᵉ. Les troupes de la division de Cissey occupèrent les positions qui venaient d'être reprises à la baïonnette, y formèrent les faisceaux et ne les quittèrent qu'après minuit, c'est-à-dire plusieurs heures après que le feu eût cessé et que les troupes du 1ᵉʳ corps se fussent retirées elles-mêmes.

Il paraît intéressant de citer, à ce sujet, un passage de l'Historique du *3ᵉ régiment prussien*, pour montrer comment il cherche à expliquer le mouvement de retraite de ses IIᵉ et IIIᵉ bataillons sur Nouilly :

« Alors (après l'occupation du petit bois), le régiment était arrivé jusqu'à proximité du fort Saint-Julien, derrière lequel se retirait l'ennemi. Comme d'ailleurs l'obscurité empêchait de continuer le mouvement en avant, le colonel de Legat ordonna, à 9 h. 30, aux fractions du régiment engagées de se retirer sur Nouilly et sur Noisseville..... » (*Geschichte des 2. Ostpreussischen Grenadier-Regiments Nr. 3.* — Berlin, 1883, s. 382).

(1) Un peu plus tard, le général commandant la 1ʳᵉ brigade de la 1ʳᵉ division fit renforcer cette compagnie par une autre compagnie du 6ᵉ régiment. (Historique du 5ᵉ bataillon de chasseurs. Man. de 1871.)

mélangés ayant coopéré au retour offensif, furent placées à quelque distance en avant du bois de Mey (1).

La retraite des troupes prussiennes qui avaient pu, un instant, prendre pied dans le bois, avait eu son contrecoup sur les compagnies qui luttaient plus au Sud entre le Goupillon et Lauvallier (2).

Les troupes allemandes, épuisées, « se laissaient glisser, à la tombée de la nuit, dans le ravin de Lauvallier et commençaient à refluer vers la route sur le revers occidental du ravin » (3).

Le général de Bentheim, cependant, parvint, l'épée à la main, à arrêter les fuyards, puis, se mettant à leur tête, à leur faire passer à nouveau le ruisseau. Il faisait alors nuit noire. Le feu cessa de part et d'autre, et la division Aymard commença à se rallier sur ses positions de combat. Au moment où le général de Bentheim prononçait son retour offensif, il avait prescrit à la 1re brigade de se porter en avant, mais le IIe bataillon du 11e s'avançait seul vers Lauvallier, « la retraite de l'adversaire ayant rendu inutile le concours de cette brigade ». L'*Historique du Grand État-Major prussien* commet là une erreur d'appréciation, car l'infanterie de la 4e division du 3e corps ne commença son mouvement rétrograde vers Metz qu'alors que le combat avait cessé depuis une heure au moins (4).

---

(1) Historique du 20e bataillon de chasseurs. (Man. de 1871.)
(2) Fractions des *3e*, *4e*, *43e* et *44e* régiments.
(3) *Historique du Grand État-Major prussien.*
(4) L'*Historique du Grand État-Major prussien* dit encore qu'au moment où le général de Bentheim ramenait ses troupes au combat, les Français commencèrent aussitôt à céder le terrain sur ce point. Ceci laisserait supposer que la division Aymard plia sous le poids de cette attaque, ce qui serait une erreur. Le 11e bataillon de chasseurs resta sur ses positions jusqu'à 9 heures; le 60e ne commença sa retraite,

Contre-attaque de l'aile gauche du 4ᵉ corps. — Devant le bois de Mey le feu avait cessé vers 8 h. 30.

A ce moment (1), « on entendit battre la charge vers la gauche et des acclamations enthousiastes retentirent (2) ».

Voici, en effet, ce qui s'était passé à la gauche du 4ᵉ corps, c'est-à-dire entre le bois de Mey et la route de Bouzonville.

La 1re brigade prussienne, en arrivant à la brasserie de l'Amitié, où elle devait former la réserve du Ier corps (3), avait dirigé le Ier bataillon du 41e sur Lauvallier et les troisièmes bataillons des 1er et 41e régiments sur Noisseville. Le reste de la brigade était déjà rassemblé autour de l'Amitié quand les troupes du général de Bentheim refluèrent dans le ravin.

Cependant, le 1ᵉʳ bataillon du 41e avait prolongé son mouvement plus au Nord et était venu se joindre aux troupes $\left(\frac{1}{4}, \frac{5, 8}{4}, \frac{1, 4}{43}\right)$ qui occupaient alors le fond du ravin aux environs du Goupillon et du moulin de la Tour.

Quant au bataillon de fusiliers du 41e, il venait prendre pied dans les vignes entre Nouilly et Servigny, établissant ainsi la liaison avec la 4e brigade.

Celle-ci, en effet, avait reçu, vers 7 heures du soir, « l'ordre de lancer deux bataillons vers Nouilly et de

---

qu'à 10 heures; enfin, le 85ᵉ ne se mit en marche vers Metz qu'à 10 heures. (Historiques des corps de troupe. Man. de 1871.)

« Dans toute la division, chacun avait le sentiment qu'on venait de remporter un succès..... » (Récit du commandant Sergent, alors sous-lieutenant au 85ᵉ.)

(1) Voir la dépêche, datée de 8 h. 35, du colonel Protche, commandant du fort Saint-Julien, au général Coffinières.

(2) Historique du 20ᵉ bataillon de chasseurs. (Man. de 1871.)

(3) D'après l'ordre du général commandant le corps d'armée. (Page 179.)

faire face, avec le reste de son monde, au mouvement tournant dont on était menacé par Servigny ». Les deux bataillons du 5ᵉ régiment atteignaient les environs de Nouilly au moment où le bois de Mey tombait au pouvoir des troupes prussiennes ; « la crise ayant été heureusement conjurée », ces deux bataillons s'établirent en réserve dans les vignes au Nord-Ouest de Nouilly, où ils ne jouèrent plus aucun rôle actif.

Les deux premiers bataillons de l'autre régiment de la brigade $\left(\dfrac{I, II}{45}\right)$ avaient gagné les abords de Servigny, déjà occupé par les fusiliers du 4ᵉ (1).

Sur ces entrefaites, et avant que l'infanterie prussienne ait été chassée du bois de Mey, les quatre batteries à cheval $\left(\dfrac{2\,c,\,3\,c}{1},\ \dfrac{2\,c,\,3\,c}{7}\right)$ gagnaient la croupe entre Nouilly et Servigny. Elles venaient ainsi appuyer les fusiliers du 4ᵉ et joignaient leurs feux à ceux des quatre batteries $\left(\dfrac{1\,c}{7},\ \dfrac{5,\,V,\,VI}{1}\right)$ déjà en position entre Failly et Servigny.

Mais les batteries françaises du 4ᵉ corps avaient été renforcées déjà, comme on sait, par deux batteries de 12 de la réserve du 4ᵉ corps.

La 11ᵉ batterie du 1ᵉʳ régiment s'était installée un peu en arrière des batteries déjà en position près de l'auberge de la Salette, la 12ᵉ batterie un peu plus au Sud. Toutes deux ouvraient le feu dès leur arrivée sur l'artillerie ennemie postée à hauteur de Servigny (2), puis sur les quatre batteries à cheval de Noisseville (3).

D'ailleurs, le IIIᵉ bataillon du 98ᵉ était revenu de l'île

---

(1) Les bataillons de fusiliers des 5ᵉ et 45ᵉ se formaient en réserve dans le ravin au Nord de Nouilly.

(2) Distances de tir indiquées par le Rapport de la 11ᵉ : 2,500 à 3,000 mètres.

(3) Distance de tir indiquée par le Rapport de la 11ᵉ batterie : 1300 mètres.

Chambière et avait rejoint le II₢ bataillon, posté au Nord de la grande route, renforçant ainsi la gauche du 4ᵉ corps, et surveillant les pentes qui descendent vers Chieulles.

Enfin, la 2ᵉ brigade de la 1ʳᵉ division et des fractions de la 1ʳᵉ formaient une réserve importante qui mettait complètement à l'abri d'une attaque la gauche de la division Grenier (1).

Les batteries du 4ᵉ corps étaient alors engagées dans un duel d'artillerie avec les pièces prussiennes du plateau de Servigny.

« Comme jusqu'alors, dit l'*Historique du Grand État-Major*, on n'était parvenu qu'à tenir en quelque sorte les pièces françaises en échec, l'ordre fut envoyé à 7 h. 45 au lieutenant-colonel de Pallmenstein de passer à l'offensive. » Ce n'est donc qu'après 7 h. 45 que les fusiliers du *4ᵉ* se portèrent en avant sur Villers-l'Orme, suivis un peu plus tard par les deux bataillons du *45ᵉ* $\left(\frac{\text{I, II}}{45}\right)$ (2).

Mais pendant que l'infanterie allemande s'avançait vers la Salette, la nuit envahissait de plus en plus le champ de bataille, et les batteries du 4ᵉ corps, engagées près de Villers-l'Orme, se trouvant dans l'impossibilité de tirer, amenaient les avant-trains. Quelques-unes, même, étaient déjà formées en colonne sur la

---

(1) Le 57ᵉ régiment resta en réserve sur la route de Bouzonville et ne fut pas engagé.

Le 1ᵉʳ bataillon du 73ᵉ avait été poussé jusqu'à Mey, ainsi qu'on l'a déjà vu. Le II₢ bataillon se rapprocha également du village. Enfin le III₢ prit part à la contre-attaque dont il va être question. (Historique du 73ᵉ.)

(2) Il y a lieu de remarquer à ce sujet la nouvelle contradiction existant entre le texte de l'ouvrage du Grand État-Major et le plan 4 annexé au même ouvrage. Le plan indique, en effet, qu'à 7 heures du soir, les fusiliers du 4ᵉ avaient déjà atteint l'auberge de Villers-l'Orme.

chaussée, quand plusieurs compagnies prussiennes apparurent au Sud de la route de Bouzonville. C'était le bataillon de fusiliers du 4ᵉ régiment dont deux compagnies, déployées en tirailleurs, ouvrirent brusquement le feu sur la ligne de combat du 43ᵉ. L'alerte fut vive et fut augmentée encore par l'effet de l'obscurité qui exagéra grandement l'importance de la surprise (1). Quelques batteries, encore en position, manifestèrent un peu de désordre (2). Une partie des tirailleurs du 43ᵉ paraît même avoir lâché pied devant ce danger imprévu (3), tandis que le colonel de Viville maintenait sur place le reste de la ligne de combat de son régiment, et lui prescrivait de laisser l'ennemi s'avancer encore pour n'ouvrir le feu qu'à courte distance (4). Une fusillade des plus vives commença bientôt. Cependant, les fractions du 43ᵉ qui s'étaient repliées, avaient été rapidement ralliées (5) et le général Grenier, appelant à lui le IIIᵉ bataillon du 73ᵉ, prescrivit au 43ᵉ de charger à la baïonnette (6).

---

(1) Le rapport du général de Ladmirault parle de l'attaque de « masses compactes »; le Journal de marche de la 2ᵉ division, d'une « attaque furieuse ».

(2) Rapport du général Grenier et Journal de campagne du lieutenant Palle.

(3) Le rapport du colonel du 43ᵉ ne relate pas ce fait, qui paraît cependant avéré. (*Souvenirs inédits* du général de Cissey.) Peut-être le colonel de Viville, dont le rapport est daté du lendemain même de la bataille, n'en eut-il pas connaissance de suite. Il était sans doute présent sur un autre point de la longue ligne du 43ᵉ et prit, là, les dispositions qu'il indique dans son rapport.

(4) Rapport du colonel commandant le 43ᵉ; daté du 15 août.

(5) Le général de Cissey survenant en cet instant leur fit barrer la route par les hussards de son escorte. (*Souvenirs inédits* du général de Cissey.)

(6) Il était alors 8 h. 30. (Voir aux documents annexes la dépêche datée de 8 h. 35, du colonel Protche, commandant le fort de Saint-Julien, au général Coffinières.)

« La charge fut répétée sur toute la ligne, dit le général Grenier, et nous reprîmes victorieusement toutes les positions en chassant devant nous l'ennemi qui se retira pour ne plus reparaître (1). »

Toutes choses mises au point, il semble qu'en réalité l'aile gauche de la 2ᵉ division n'ait pas réellement « repris des positions » qu'elle n'avait jamais perdues, mais qu'elle repoussa simplement, avec des forces d'ailleurs très supérieures et par une contre-attaque vigoureusement conduite, un bataillon de l'extrême droite allemande, au reste assez aventuré, au milieu de l'obscurité.

Il était alors nuit noire, et le combat cessa, à partir de de cet instant sur tout le front du 4ᵉ corps. Le commandant de la 2ᵉ division rallia ensuite ses troupes sur l'ancien emplacement des bivouacs, tandis que la 1ʳᵉ brigade de la division de Cissey venait former les faisceaux à hauteur du bois de Mey où elle restait jusqu'au milieu de la nuit (2).

Quelques grand'gardes furent placées en avant du bois, tandis que le village de Mey continuait à être occupé par le 20ᵉ bataillon de chasseurs et par deux compagnies du 6ᵉ de ligne (3).

Sur les derrières du corps d'armée, cependant, une alerte de mince importance se produisit encore. Le 1ᵉʳ bataillon du *41ᵉ* régiment prussien était parvenu, grâce à l'obscurité, à se glisser sur les pentes, alors dégarnies de troupes, qui s'étendent au Nord de Vantoux et de Vallières. Arrivé en vue de la route de Bouzonville, où était accumulée l'artillerie du corps d'armée, il ouvrit un feu, d'ailleurs inefficace, sur la colonne.

---

(1) Rapport du général Grenier; daté du 15 août.
(2) Souvenir personnel du colonel Rousset, alors lieutenant au 6ᵉ régiment. (*Le 4ᵉ corps de l'armée de Metz.*)
(3) Historique du 20ᵉ bataillon de chasseurs. (Man. de 1871.)

Les compagnies prussiennes furent aussitôt « chargées par l'infanterie de la division (1) et mises rapidement en fuite. Mais, dans le premier moment, cette attaque nocturne produisit une légère panique dans laquelle les diverses batteries se mélangèrent, ce qui augmenta encore l'encombrement sur la route..... (2) ».

XI. — Observations sur la bataille de Borny.

Vers 9 heures du soir, le feu avait complètement cessé sur toute l'étendue du champ de bataille.

A l'aile gauche, la lutte avait été très vive autour du bois de Mey, mais il est à noter que la cause de ce fait remonte tout entière à l'énergique ténacité de l'assaillant. Les efforts tentés de ce côté par le Ier corps prussien conservèrent, en effet, jusqu'à la fin le caractère de vigoureux coups droits hâtivement dirigés contre la division Grenier qui paraissait très menaçante pour l'aile droite allemande. Cette éventualité ne se produisit pas, cependant, car le 4e corps se borna à riposter aux coups qu'on lui portait par des contre-attaques puissantes, il est vrai, mais nullement préparées et, en tous cas, de très courte envergure. Il en résulta, qu'après avoir pris la décision de ramener au combat les trois divisions de son corps d'armée, le général de Ladmirault n'obtint d'autre résultat que d'enrayer, sans plus, les tentatives d'un adversaire très sensiblement inférieur par son effectif, sinon par son esprit offensif.

Entre le ravin de Vantoux et la ferme de Bellecroix, la division Aymard avait conservé ses positions, mais elle était restée immobile, d'une part devant les attaques

---

(1) Probablement par l'escorte de l'artillerie de la 1re division.

(2) Historique des batteries $\left(\frac{5, 9, 12}{15}\right)$ de la 1re division du 4e corps.

répétées des Allemands par Lauvallier, d'autre part devant la marche des bataillons prussiens par le Goupillon et Nouilly vers les hauteurs de Mey, alors que la moindre action offensive dans l'une ou l'autre de ces directions eût, pour le moins, arrêté net l'offensive allemande sur cette partie du champ de bataille.

Un peu plus au Sud, sur toute la partie du front de combat qui s'étend de la route de Sarrelouis au village de Colombey, on avait assisté, dès le début de l'engagement, à ce fait surprenant qu'une seule brigade prussienne avait réussi à mettre la main, presque sans coup férir, sur un point d'appui important (Colombey) placé sur l'alignement même des bivouacs, puis à cheminer, de là, vers le Nord en défilant par le ravin de la Planchette à très courte distance en avant des positions de combat d'une division française entière (1).

Après une lutte très vive mais d'assez courte durée, cette même division abandonnait la lutte par fractions successives, bien qu'elle n'eût devant elle que des forces numériquement inférieures, et la division voisine (2), simplement menacée par quelques compagnies prussiennes, évacuait le bois de Colombey, puis la crête qui le domine au Nord-Ouest, pour se reformer à 500 mètres plus en arrière dans la plaine de Borny.

Les Allemands n'étaient cependant parvenus qu'à prendre pied sur le rebord oriental du plateau de Borny sans qu'il leur fût possible de tenter dans cette zone, avec des troupes épuisées, une attaque finale qui seule eût pu décider du succès en leur faveur. Le bois de Colombey avait été, il est vrai, occupé par l'infanterie ennemie, mais seulement après que la brigade Pradier

---

(1) $\frac{2\,D}{3}$.

(2) $\frac{3\,D}{3}$.

l'eût évacué de son plein gré et sans, par conséquent, que cette prise de possession eût revêtu le caractère d'une victoire remportée de haute lutte. A l'extrême droite, les faibles contingents de la *18*ᵉ division, engagés fort tard dans la soirée, avaient dû s'arrêter devant les points d'appui occupés par la division Montaudon (Grigy et le bois de Borny).

Devant Bellecroix, les tentatives énergiques des Allemands n'aboutirent, à la fin de la journée, qu'à une panique enrayée à grand'peine et dont l'armée française ne sut malheureusement pas profiter. A l'extrême gauche, enfin, les attaques successives du Ier corps sur Mey, le bois de Mey et l'auberge de Villers-l'Orme avaient complètement échoué devant de courtes mais énergiques contre-attaques.

Finalement, le corps du général de Ladmirault conservait ses positions de combat et ne les quittait pas avant le milieu de la nuit, alors que, par ordre supérieur, les troupes du général de Manteuffel regagnaient elles-mêmes leurs bivouacs de la veille.

**
* **

Étant donnée la situation effective de l'armée française le 14 août au matin, il peut être intéressant de rechercher si le commandement en chef se trouvait dans l'obligation d'accepter la bataille qui lui fut offerte dans la soirée par un général de brigade allemand.

Il faut d'abord remarquer que le principe de la retraite sur Verdun, ayant été enfin admis par le commandant en chef, toutes les dispositions prises par lui devaient tendre expressément à l'exécution d'un plan que tout retard rendrait certainement plus difficile à réaliser.

On a déjà montré (1) que des mesures quelque peu rationnelles eussent sans doute permis de réunir la plus grosse fraction de l'armée française sur les plateaux de la rive gauche, dès le soir du 14; c'est ainsi que, même en se maintenant dans le cadre assez étroit des conceptions du grand quartier général relatives au mouvement d'ensemble de l'armée, il eût été certainement possible, par le choix d'itinéraires convenables et par la prescription de mesures d'ordres appropriées, d'atteindre, le jour même, avec les deux divisions de réserve de cavalerie, les 2º, 4º et 6º corps, la Garde et la réserve générale d'artillerie, la région comprise entre Vionville, Batilly, Saint-Privat et Gravelotte.

Dans cette hypothèse, le 3º corps se fût encore trouvé à Metz et sur le plateau de Borny dans les premières heures de l'après-midi.

Or cette arrière-garde d'armée, qui eût été ainsi très fortement constituée, aurait pu tirer de grands avantages de son voisinage de la place de Metz, pour l'accomplissement de sa mission.

Les travaux d'organisation et d'armement des forts n'étaient cependant pas encore terminés, et il n'est pas douteux, qu'à ce moment, la place forte, *réduite à ses propres ressources*, se fût trouvée dans des conditions peu avantageuses pour soutenir un siège régulier; mais il est à remarquer qu'il se fût agi simplement, dans la journée du 14 août, de soutenir par le feu des forts la résistance d'une arrière-garde et de mettre un terme au mouvement offensif de troupes de campagne afin de permettre à cette arrière-garde de rompre elle-même le combat quand le moment en fût venu pour elle, puis de franchir ensuite la Moselle pour rejoindre le gros de l'armée. Ce n'était là qu'une action relativement très

---

(1) Voir page 65.

limitée qui n'exigeait pas de la part des forts un achèvement d'organisation absolument complet.

Or (1), le 14 août au matin, le fort de Queuleu était suffisamment clos pour être à l'abri de toute insulte. La garnison était de 2,800 hommes, parmi lesquels il fallait compter ceux de deux bataillons du 6e corps (2).

Quarante pièces de gros calibre étaient en batterie, prêtes à tirer ; leur service était assuré par des canonniers (à raison de trois pour deux pièces) et par des soldats du génie antérieurement exercés.

Chaque homme d'infanterie était porteur de 90 cartouches (40 autres se trouvaient en magasin). Enfin, chaque pièce de gros calibre disposait immédiatement d'une moyenne de 40 coups par pièce (3) (dont 600 — pour l'ensemble — à mitraille).

Le fort de Saint-Julien (4) n'était pas encore complètement fermé à la gorge, mais il n'était pas, pour le reste, dans de moins bonnes conditions que le précédent au sujet du service restreint qu'on eût pu lui demander ce jour-là.

Quarante-trois bouches à feu étaient déjà en batterie et étaient servies par des artilleurs et des chasseurs à pied exercés à leur nouveau service. A 3 heures de l'après-midi, on disposait d'une moyenne de 50 coups par pièce (5).

---

(1) D'après le rapport du colonel Merlin, commandant le fort de Queuleu ; daté du 14 août.

(2) Ces deux bataillons devaient être relevés dans la journée par deux bataillons et une batterie de la division Lavaucoupet. En fait, ainsi qu'on l'a vu, cette dernière laissa dans le fort deux bataillons et trois batteries.

(3) En munitions confectionnées.

(4) D'après le rapport du lieutenant-colonel Protche, commandant le fort de Saint-Julien ; daté du 14 août.

(5) En munitions confectionnées.

La garnison du fort comprenait : 996 hommes (d'infanterie, d'artillerie et du génie) casernés dans le fort, plus deux bataillons du 75e, bivouaqués sur les glacis (1). D'après le commandant du fort, chacun avait été exercé à prendre son poste en cas d'alerte.

Enfin, le fort Bellecroix était occupé par une batterie et demie $\left(\frac{7}{13} \text{ et } 1/2 \frac{8}{13}\right)$ de la réserve générale d'artillerie et par un bataillon du 3e corps, bataillon qui devait être relevé dans la journée par deux bataillons et une batterie de la division de Laveaucoupet (2).

Il paraît donc hors de doute que les deux grands forts de la rive droite étaient d'ores et déjà en mesure de prêter un appui très efficace à des troupes de campagne agissant dans leur rayon d'action. La tâche de l'arrière-garde eût été ainsi singulièrement facilitée et il devenait loisible au commandement en chef de faire préparer dès l'abord une position principale de résistance placée sous la protection du feu des forts, en faisant tenir les avenues qui y conduisent par des arrière-gardes particulières. Il va d'ailleurs sans dire que la situation, envisagée de cette manière, eût probablement conduit le quartier général de l'armée à n'affecter à ce rôle d'arrière-garde qu'une fraction plus faible que celle qui, le 14 août, était censée en remplir les fonctions.

On sait déjà qu'aucune disposition de ce genre n'avait été prise, et que le premier désir du maréchal Bazaine fut, au moment où il entendit le canon de la brigade de

---

(1) Ces deux bataillons furent relevés, comme on sait, par deux bataillons de la division de Laveaucoupet.

(2) Le fort des Bordes, commencé dans les premiers jours d'août, n'était encore susceptible d'aucune utilisation. Il ne reçut un premier armement provisoire de pièces de campagne que le 4 septembre, et ne fut jamais achevé complètement.

Goltz, d'achever le passage de la Moselle sans avoir à combattre. Il ne sut, malheureusement, pas plus esquiver l'attaque en la laissant échouer fatalement sous le feu des forts, qu'il n'avait su la prévoir.

Le combat une fois engagé sur le ravin de Colombey, le Maréchal resta encore irrésolu, malgré le mécontentement que lui faisait éprouver la tournure prise par les événements. Il accepta donc la lutte à contre-cœur et resta indécis entre les deux seules déterminations qui pouvaient se présenter à l'esprit d'un général en chef : combattre en retraite jusque sous le feu des forts pour réduire autant qu'il était possible l'envergure d'une lutte inutile, ou bien alors profiter de l'occasion pour infliger à son faible et téméraire adversaire un échec indiscutable dont les conséquences morales eussent peut-être été considérables.

*
* *

Les considérations qui précèdent paraissent faire ressortir à la fois l'inutilité et le danger qu'il y avait à accepter une lutte sérieuse à l'Est de Metz dans l'hypothèse, admise au début, d'une retraite convenablement organisée et correctement exécutée. Il paraît clair que, dans ce cas, une arrière-garde s'engageant à fond sur le ravin de Colombey, eut simplement perdu un temps précieux qu'elle pouvait mettre à profit pour passer les ponts de la Moselle et s'engager à la suite de l'armée sur les routes de marche devenues libres.

Il n'est pas sans intérêt cependant de rechercher si, dans la réalité des faits, c'est-à-dire en tenant compte de l'encombrement presque inextricable des chemins et de la situation effective des troupes dans la soirée du 14 août, la bataille de Borny eut pour conséquence d'augmenter encore le retard que subissait déjà la retraite du fait des dispositions malencontreuses auxquelles on s'était arrêté.

Il y a lieu, tout d'abord, de remarquer à ce sujet que les nécessités de la lutte n'ont influencé en quoi que ce soit la marche du 2ᵉ corps, ni même du 6ᵉ (1). Le 3ᵉ corps et la Garde, comme on sait, s'ébranlèrent un peu avant 4 heures avec l'intention de franchir la Moselle. Or, l'encombrement des ponts était tel que ces deux corps d'armée n'eussent certainement pu commencer le passage de la rivière avant l'instant même où ils l'exécutèrent en réalité, c'est-à-dire dans le milieu de la nuit du 14 au 15 (2).

Quant au 4ᵉ corps, il eût pu passer tout entier sur la rive gauche le jour même. Mais on a constaté déjà que devant l'impossibilité de s'engager sur la route de Longeville, comme il en avait reçu l'ordre, le général de Ladmirault avait prescrit à ses troupes d'installer leurs bivouacs aux portes mêmes de Metz, entre la Maison-Neuve, le Sansonnet et le fort Moselle, c'est-à-dire sur les emplacements que ces troupes vinrent reprendre dans la nuit qui suivit le combat et dans la matinée du lendemain.

A la vérité, le 4ᵉ corps passa toute la journée du 15 sur ces emplacements et ne se remit en route que le 16 au matin.

Mais on verra plus tard que ce retard ne peut être en rien considéré comme une conséquence du combat de la

---

(1) La 1ʳᵉ division du 3ᵉ corps passa la nuit au Sud de Montigny. Mais il lui était impossible de déboucher à Longeville à cause de l'encombrement. Elle eût été forcée d'y rester, même si la bataille n'eût pas eu lieu. On a vu d'ailleurs que la 2ᵉ brigade seule de la 3ᵉ division parvint à atteindre Rozérieulles ; le reste de cette division fut arrêté à Moulins et Longeville par l'encombrement de la route.

(2) Après le combat, la Garde et le 3ᵉ corps durent s'arrêter aux portes de la ville et attendre que les ponts fussent dégagés par les innombrables voitures qui encombraient les rues de Metz.

veille, car malgré les pressantes instances du commandant du 4ᵉ corps, le maréchal commandant en chef maintint pendant toute la journée du 15 sa décision première de diriger toute l'armée sur Gravelotte par Longeau. Ce fut seulement à la suite d'un échange de lettres et de communications verbales que, malgré les ordres du commandant de l'armée et devant l'impossibilité reconnue de suivre le chemin du col de Lessy, encore absolument encombré, le général de Ladmirault se décida à rompre le lendemain matin (c'est-à-dire le 16) par la route de Briey. Ce serait donc faire une hypothèse purement gratuite que de prêter au Maréchal moins de persistance à vouloir engager le 4ᵉ corps sur la même route que les autres corps d'armée, dans le cas où l'on ne se fût point battu la veille. L'hypothèse inverse pourrait même être considérée comme plus logique.

Il serait d'ailleurs inexact de prétendre que la fatigue imposée aux troupes par le combat et par la marche de nuit qui le suivit les ait rendues inaptes à exécuter une nouvelle étape dans la journée du 15, car une partie du 3ᵉ corps, placé sensiblement dans les mêmes conditions que le 4ᵉ, se rendit à Vionville le soir de ce même jour (1).

Le 3ᵉ corps, en effet, était échelonné le 15 août, dès 9 heures du matin, entre la porte de Thionville et Plappeville. Mais l'encombrement sur la route de Gravelotte était encore tel que les deux premières divisions seules purent atteindre Vionville dans la nuit suivante (2). Les deux autres divisions d'infanterie

---

(1) Le 4ᵉ corps quitta le champ de bataille entre minuit et 5 heures du matin. Les premières troupes arrivèrent au bivouac sur la rive gauche à 2 h. 30 du matin ; les dernières à 8 heures.

(2) La réserve d'artillerie du 3ᵉ corps arriva également à Saint-Marcel à 10 heures du soir.

et la division de cavalerie essayèrent de se mettre en route, mais ne purent dépasser Plappeville (1).

Enfin, la Garde était réunie à peu près en entier entre Moulins et le Ban-Saint-Martin à 3 heures du matin. Elle se remit en marche le 15 à partir de 11 heures, au fur et à mesure que chaque fraction trouvait place sur la route au milieu des interminables files de voitures, et elle n'arriva aux environs de Gravelotte et du Point-du-Jour qu'entre 4 heures du soir et minuit.

Il paraît donc manifeste que la lenteur extrême du mouvement de retraite fut uniquement due à l'encombrement de la seule route sur laquelle le commandant en chef s'obstina, malgré tout, à entasser son armée et que les mêmes faits se fussent évidemment produits si l'on ne se fût point battu le 14.

Si donc l'armée française commit une grave erreur en acceptant la bataille parce que cette lutte était inutile à l'accomplissement de ses projets, on ne peut en conclure cependant que l'attaque de la Ire armée ait effectivement procuré à notre adversaire l'avantage d'un retard appréciable dans l'exécution d'un mouvement rétrograde si mal organisé que rien ne pouvait plus le ralentir.

*
* *

Il ne résulte pas de ce fait, toutefois, que l'attaque donnée par le commandant de l'avant-garde du VIIe corps prussien ait été illogique en soi, car le général de Goltz ne pouvait raisonnablement supposer que notre retraite s'effectuerait dans des conditions aussi invraisemblables et aussi désastreuses pour nous.

---

(1) Il est à remarquer qu'une partie du 3e corps dépassa le 4e corps, qui primitivement devait marcher en tête. Mais ce n'était là qu'une interversion dans l'ordre de marche prévu et non un retard du mouvement général de l'armée.

Il peut être intéressant cependant de rechercher aujourd'hui si une exacte appréciation des conditions dans lesquelles se trouvait l'armée française eût dû nécessairement conduire le commandant de la 26ᵉ brigade, à la décision qu'on connaît.

On a déjà montré que la proximité de la forteresse de Metz, plaçait le maréchal Bazaine dans une situation particulièrement favorable à la protection du mouvement déjà entamé vers l'Ouest.

En ne prêtant à son adversaire que des projets raisonnables, il semble donc que le général de Goltz eût dû conclure à l'inanité de l'effort qu'il voulait tenter, par suite de la liberté dont jouissait manifestement l'armée française de rétrograder avec ses arrière-gardes jusque dans la zone d'action des feux de la place (1). En admettant même qu'une partie de cette armée commît la faute de faire tête sur le ravin de Colombey — ce qui précisément se réalisa — l'heure avancée de la journée interdisait tout espoir de retarder de plus de quelques heures une fraction seulement des forces opposées, fraction à laquelle il restait toujours le loisir de se dérober à la nuit sans qu'on pût la poursuivre — ce qui se réalisa également.

Dans des conditions aussi particulières, il n'apparaît donc pas que « le désir de faciliter la tâche de la IIᵉ armée » ait dû logiquement pousser la Iʳᵉ à attaquer, et il semble que la décision du général de Goltz n'ait été prise qu'à la suite d'une appréciation incomplète de la situation et par l'application quelque peu brutale d'un

---

(1) Il est à remarquer que le commandant de l'avant-garde allemande ne pouvait faire l'hypothèse (qui eût d'ailleurs été erronée) d'un armement absolument incomplet des forts de la rive droite. Il avait, au contraire, reçu à 11 h. 30 du matin le rapport du lieutenant Stumm faisant connaître que les forts Queuleu et Saint-Julien étaient « fortement armés ».

principe très général, mais qui, cependant, se fût trouvé en défaut ici, devant un adversaire moins inhabile que le maréchal Bazaine.

On ne peut cependant, malgré tout, s'empêcher de rendre hommage au principal sentiment qui guida le commandant de la 26ᵉ brigade dans son acte de haute initiative. Car quelle que soit la diversité des motifs dont s'inspira le général prussien, le plus important paraît être celui d'attaquer un adversaire qu'on cherchait à joindre depuis le commencement des opérations et qui allait se dérober encore une fois. La décision offensive qui en résulta fut celle d'un vrai soldat, et l'on doit reconnaître que si cette décision devait conduire à une bataille improvisée et sans doute aussi aux dangers inhérents à cette sorte d'engagements, la stratégie du général en chef ne pouvait — au pis aller — s'en accommoder plus mal que d'une prudence trop réfléchie et de l'inaction qui en résulte souvent.

On a déjà fait ressortir l'erreur stratégique que commit le commandement français en acceptant une bataille inutile à l'accomplissement de ses projets.

En se plaçant au même point de vue, il semble que le 4ᵉ corps commit une erreur analogue en suspendant sa marche en retraite pour se porter au secours de son arrière-garde dont la mission était précisément de rendre possible, le cas échéant, l'exécution du mouvement rétrograde.

Il est juste de remarquer cependant que le général de Ladmirault, pas plus que les autres commandants de corps d'armée, n'avait été mis au courant des intentions du commandant en chef. Aucune instruction générale ne lui permettait même d'apprécier avec quelque certitude le rôle qui revenait à son corps d'armée en cas d'attaque.

Sans se livrer à des réflexions dont la base lui échappait par la faute du commandement supérieur, le commandant du 4e corps céda simplement à l'impulsion de son cœur de soldat brave et généreux et ramena toutes ses troupes au canon, — à contretemps malheureusement.

Il paraît d'ailleurs intéressant de rapprocher la conduite du 4e corps français de celle de l'avant-garde allemande.

Tous deux paraissent à première vue s'être conformés à des principes rationnels, l'un en marchant au canon, l'autre en attaquant un adversaire qu'on avait intérêt à retarder.

Tous deux cependant firent dans la circonstance une application irréfléchie de ces principes généraux ; le premier parce que le combat ne répondait pas aux projets du commandant en chef ; le second parce qu'une attaque sous les forts mêmes de Metz, devait rester à peu près stérile, si l'adversaire jugeait convenable de refuser la bataille.

*
* *

On a vu précédemment que malgré les instances du colonel de Brandenstein, le commandant de la 1re armée avait maintenu purement et simplement ses ordres de « conserver les positions de la Nied ».

Il est à noter que la connaissance des événements qui se passaient devant le front de son armée ne lui firent point éprouver le désir de se rendre compte par lui-même de l'importance de la situation nouvelle qu'on lui signalait.

Même après avoir reçu un compte rendu du Ier corps daté de 4 h. 45, — compte rendu faisant connaître l'engagement de fractions du VII⁰ corps — il se contenta simplement d'envoyer aux nouvelles des officiers de son état-major. Ce ne fut qu'assez tard dans la soirée — vers 7 heures — après la réception du compte rendu du VII⁰ corps (1) — que le général en chef monta à cheval pour se porter sur le lieu du combat, dont il était resté jusque-là éloigné de plus de 12 kilomètres.

Il se faisait d'ailleurs devancer par l'ordre de rompre l'engagement. Mais, ayant reçu en cours de route des renseignements plus complets sur la situation il prescrivit cependant à la *32⁰* brigade de se rendre aux Étangs, et au VIII⁰ corps tout entier de se rapprocher de Varize.

Le commandant du VIII⁰ corps avait déjà été avisé qu'un combat se livrait vers l'Ouest. Il avait aussitôt (vers 5 h. 30) écrit au général en chef pour lui demander ses instructions, mais celui-ci, lui avait répondu tout d'abord de Varize d'attendre de nouveaux ordres. Devant une prescription aussi formelle, le général de Gœben ne crut pas devoir accéder aux demandes de renforts qui lui étaient adressées directement par le commandant de la *2⁰* division, puis par le commandant du 1ᵉʳ corps lui-même (2).

---

(1) D'après Cardinal von Widdern. *Kritische Tage. Band 1.*

Le général Zastrow prévenait le commandant de l'armée que « l'ennemi avait attaqué les avant-postes du 1ᵉʳ corps » et que la *13⁰* division, suivie sur la gauche de la *14⁰*, marchait contre le flanc droit de l'ennemi.

(2) Vers 6 heures, le commandant de la *2⁰* division avait fait demander à la *32⁰* brigade de marcher sur Hayes (3 kilomètres au Nord des Étangs).

Plus tard, dans la soirée, le général de Manteuffel priait son collègue du VIII⁰ corps de se porter sur Pont-à-Chaussy.

Le VIII⁰ corps constituait la réserve de l'armée et devait rester, par conséquent, à la disposition exclusive du commandement supérieur. Mais il semble que ce n'eût point été un acte d'initiative blâmable de la

Ce fut à 9 heures du soir seulement que parvint au VIII° corps l'ordre de l'armée de se porter en avant.

La *32°* brigade, prévenue directement, s'était déjà mise en marche. Mais le général de Gœben « estimait *avec raison* qu'il était dès lors inutile de donner l'alerte à son corps d'armée pour exécuter une marche de nuit » (1).

Il laissa donc la *15°* division et l'artillerie de corps à Brouck et Bionville (2), et rendit compte au commandant de l'armée qu'il pensait se conformer à ses vues « en maintenant ses troupes dans leurs bivouacs et en les faisant rompre seulement le lendemain à la pointe du jour ».

L'heure tardive à laquelle le VIII° corps reçut l'ordre de se mettre en route, paraît légitimer dans une certaine mesure la décision prise par son chef.

Il est à remarquer toutefois que ce dernier n'était pas encore renseigné sur l'issue du combat, et qu'il ne pouvait juger, par conséquent, si son intervention n'était pas nécessaire immédiatement, ou si elle ne le serait pas dès la pointe du jour le lendemain. Après avoir fait preuve d'un esprit de discipline poussé jusqu'au point de ne vouloir marcher au canon sans ordre et malgré les appels pressants de ses collègues, le commandant du VIII° corps ne manifesta son esprit d'initiative qu'en remettant au lendemain l'exécution d'une mesure dont il ne semble pas qu'il fût à même de juger l'opportunité.

Arrivé à proximité de Petit-Marais — sur la route de Sarrelouis — le général de Steinmetz expédia l'un de ses

---

part du commandant du VIII° corps que de se rapprocher du champ de bataille en attendant les ordres du commandant de l'armée.

(1) *Historique du Grand État-Major prussien.*
(2) La *31°* brigade avait été détachée provisoirement de l'armée pour tenter une action de vive force contre la place de Thionville.

officiers au commandant du VIIe corps, pour lui enjoindre de retirer immédiatement ses troupes et de les replier « derrière la Nied. »

Lui-même se porta auprès du commandant du Ier corps — à proximité de la brasserie de l'Amitié — et après lui avoir reproché très durement son acte d'initiative, il ordonna formellement que ses troupes vinssent reprendre les cantonnements de la veille.

Le mouvement en retraite du Ier corps commença vers 11 heures du soir et ne se termina que fort avant dans la nuit.

Cependant, la *3e* division de cavalerie, qui, sur ces entrefaites, avait repris ses bivouacs de Vry, fut appelée sur le champ de bataille « pour protéger l'enlèvement des blessés ».

Quant au VIIe corps, il ne reçut l'ordre précité que vers 11 heures du soir. A ce moment, le général Zastrow avait déjà prescrit que « pour affirmer l'honneur d'avoir occupé le champ de bataille, les troupes bivouaqueraient, l'arme au bras, sur ce terrain acheté de leur sang ». Après en avoir conféré avec le colonel de Brandenstein, qui se trouvait alors auprès de lui, le commandant du corps d'armée rendit compte au quartier général de la Ire armée que les ordres de stationnement étant déjà donnés, le mouvement de retraite commencerait le lendemain matin, à la pointe du jour, après qu'on aurait assuré le relèvement des blessés.

Au point de vue tactique, le succès de la Ire armée était insignifiant. Nulle part, en effet, elle n'était parvenue à infliger un échec sérieux à une fraction quelconque de notre armée, et elle-même avait éprouvé des pertes très sensiblement plus considérables que son adversaire (1).

---

(1) L'armée allemande eut 222 officiers et 4,557 hommes hors de

La bataille de Borny ne rapporta donc aux armées allemandes que des avantages stratégiques à peu près nuls, et ne peut être considérée d'autre part que comme une lutte tactiquement indécise.

S'ensuit-il que l'armée française puisse en toute impartialité s'attribuer le succès?

Au point de vue stratégique, les mesures désastreuses prises par le commandement en chef créaient à notre malheureuse armée des difficultés presque insurmontables dont le résultat fut précisément celui que la Ire armée avait cherché à obtenir les armes à la main.

Au point de vue tactique, nous avions énergiquement résisté à l'adversaire en lui infligeant des pertes importantes, mais nous n'avions profité nulle part de notre supériorité numérique et nous n'avions, à aucun moment, châtié l'assaillant de sa téméraire entreprise.

Après les revers successifs de Spicheren, de Wissembourg et de Fræschwiller, cependant, le demi-succès que nous venions de remporter se transforma en une victoire aux yeux de nos valeureuses troupes. Ce fait seul eût pu nous rapporter les fruits d'un succès, tant est grande la part du moral à la guerre. Malheureusement, le haut commandement ne sut pas tirer parti de l'enthousiasme de bon augure qui se manifesta dans les rangs de l'armée, et ne parut s'attacher au contraire qu'à chercher — sans y parvenir cependant — à détruire l'élan de nos admirables troupes par l'influence démoralisatrice d'ordres inexécutables où perçaient l'irrésolution et l'insuffisance du chef.

---

combat; soit, au total, 4,779. (*Historique du Grand État-Major prussien.*)

L'armée française : 205 officiers et 3,409 hommes; soit, au total, 3,614.

TABLEAU des pertes à la bataille de Borny.

Les pertes en officiers ont été relevées sur l'ouvrage de M. Martinien, des *Archives historiques* (édition de 1902), en tenant compte de quelques rectifications indiquées par l'auteur. Les officiers morts des suites de leurs blessures ont été compris parmi les tués.

Les chiffres des pertes en hommes de troupe ont été, en général, relevés sur les états établis par les corps de troupe et les états-majors pendant le courant du mois de septembre 1870. On n'a eu recours aux états établis, souvent en hâte, au lendemain de la bataille, que pour les rares régiments pour lesquels les états du mois de septembre n'ont pas été retrouvés.

Il est à remarquer qu'à la suite de l'abandon de certaines parties du champ de bataille, les corps de troupe furent forcés de considérer comme disparus des hommes qui auraient dû être, en réalité, portés parmi les tués ou les blessés.

En ce qui concerne les chevaux d'artillerie, les disparus ont été comptés avec les tués.

		OFF^{rs}		HOMMES DE TR.			CHEV^x D'ART^{ie}		MUNI- TIONS D'ART^{ie}.	
		T.	Bl.	T.	Bl.	Disp.	T.	Bl.		
3e corps.										
Q^r G^l		(1)1	1							(1) G^l Decaen.
1re Div^{on}.										
Q^r G		»	»							
1re Br... {	E.-M.....	»	»	»	»	»				
	18e B. Ch..	»	»	»	1	»				
	51^e	»	»	»	»	»				
	62^e	»	»	»	»	»				
2e Br... {	E.-M.....	»	»							
	81^e	»	»	1	2	»				
	95^e	»	»	1	»	»				
Art..... {	5^e	1	1	4	5	»	6	4	312	
	6e } 4e...	»	»	»	»	»	»	1		
	8^e	»	»	»	»	»	»	»	60	
Gén.... 6e 1er..		»	»	»	»	»	»	»		
Tot^x : 1re D^{on}...		1	1	6	8	»	6	5	372	
2e Div^{on}.										
Q^r G^l		»	(2)1							(2) G^l de Castagny.
1re Br... {	E.-M.....	»	»							
	15e B Ch..	2	3	5	133	46				
	19^e	2	9	31	250	81				
	41^e	5	16	45	243	90				
2e Br... {	E.-M.....	»	(3)2							(3) G^l Duplessis.
	69^e	2	11	21	152	15				
	90^e	4	7	17	225	39				
A *reporter*...		15	49	89	1003	271				

LA GUERRE DE 1870-1871.

	OFF^{rs}		HOMMES DE TR.			CHEV^x D'ART^{ie}		MUNITIONS D'ART^{ie}
	T.	Bl.	T.	Bl.	Disp.	T.	Bl.	
Report......	15	49	89	1003	274	»	»	
9^e	»	»	»	»	»			384
11^e 1^e...	»	1	1	3	»	4	1	
12^e	»	»	»	5	»			518
..... 10^e 1er...	»	»	»	»	»	»	»	»
Tot^x : 2^e D^{on}...	15	50	90	1011	274	4	4	902

3^e Div^{on}.

S^1............	»	»						
Br... { E.-M....	»	»	»	19	2			
7^e B. Ch..	1	2	»	19	2			
7^e.......	1	6	7	80	83			
29^e......	7	6	13	94	92			
Br... { E.-M....	»	»						
39^e......	3	16	25	166	35			
71^e......	4	8	73	210	24			
5^e	»	»	»	3	»	»	»	96
6^e 11^e...	»	»	»	4	»	3	»	266
7^e	»	»	»	2	»	2	3	330
...... 11^e 1er...	»	»	»	»	»			
Tot^x : 3^e D^{on}...	16	38	148	578	236	5	3	692

4^e Div^{on}.

S^1............	»	»						
Br... { E.-M....	»	»						
11^e B. Ch..	1	2	48	59	»			
44^e......	1	7	27	96	3			
60^e......	1	6	7	72	1			
Br... { E.-M....	»	»						
80^e......	1	5	4	24	»			
85^e......	»	2	1	27	4			
8^e	»	1	»	4	»			243
9^e 11^e...	»	»	»	5	»	6	7	
10^e	»	»	»	1	»			607
...... 12^e 1er...	»	»	»	»	»	»	»	
Tot^x : 4^e D^{on}...	4	23	54	285	8	6	7	850

	OFF^{rs}		HOMMES DE TR.			CHEV^x D'ART^{ie}		MUNI-TIONS D'ART^{ie}
	T.	Bl.	T.	Bl.	Disp.	T.	Bl.	
Div^{on} de Cav^{ie}.								
E.-M.	»	»						
1re Br... { E.-M.....	»	»						
2e Ch.....	»	1	»	»	»			
3e Ch.....	»	»	»	»	»			
10e Ch....	»	»	»	»	»			
2e Br... { E.-M.....	»	»						
2e Dr.....	»	»	»	7	»			
4e Dr.....	»	»	»	5	»			
3e Br... { E.-M.....	»	»						
5e Dr.....	»	1	»	6	»			
8e Dr.....	»	1	»	1	1			
Tot^x : D^{on} DE Cie.	»	3	»	19	1			
Rés^{ve} d'Art^{ie}.								
E.-M.	»	»						
7e .... } 4^e	»	»	»	»	»	»	»	»
10^e	»	»	»	»	»	»	»	»
11e .... } 11^e	»	»	(?)	(?)	(?)	(?)	(?)	195
12^e	»	»	(?)	(?)	(?)	(?)	(?)	
1er ..... }	»	»	»	1	»	»	6	25
2e ..... } 17e ...	»	»	»	1	»	»	»	90
3e ..... }	»	»	»	»	»	»	»	»
4e ..... }	»	»	»	»	»	1	»	98
Tot^x: Rés^{ve} D'Art^{ie}(1).	»	»	(1)»	(1)2	(1)»	(1)1	(1)6	408
Rés^{ve} du Génie.								
1/2 1er .. } 1er	»	»	»	»	»			
4e ..... }	»	»	»	»	»			
Tot^x : Rés^{ve} DU G^{ie}.	»	»	»	»	»	»	»	»
Tot^x du 3e corps.	37	116	268	1903	516	22	22	3,224
	153		2,687					
			2,840					

(1) Non compris les pertes des deux batteries de 12 (11e, 12e et 11e) lesquelles pertes restent inconnues.

LA GUERRE DE 1870-1871.   249

	OFF[rs]		HOMMES DE TR.			CHEV[x] D'ART[ie]		MUNI- TIONS D'ART[ie].
	T.	Bl.	T.	Bl.	Disp.	T.	Bl.	
4e corps.								
G[t].............	»	(1)2						(1) De l'E.-M. de l'artillerie.
1re Div[on].								
G[t].............	»	»						
Br... { E.-M.....	»	»						
{ 20e B. Ch..	2	»	4	19	»			
{ 1er	1	»	2	21	»			
{ 6e	»	1	»	5	»			
Br... { E.-M.....	»	»						
{ 57e	»	»	1	3	3			
{ 73e	»	1	1	21	3			
{ E.-M.....	»	1						
R..... { 5e }	»	»	1	7	»	5	»	720
{ 9e } 45e	»	»	1	3	»	2	1	320
{ 12e }	»	»	1	3	»	2	5	240
m..... 9e 2e...	»	»	»	1	1			
Tot[x] : 1re D[on]....	3	3	11	83	9	9	6	1.280
2e Div[on].								
G[t].............	»	»						
Br... { E.-M.....	»	1						
{ 5e B. Ch..	4	3	12	88	12			
{ 13e	8	5	25	121	25			
{ 43e	»	2	3	14	»			
Br... { E.-M.....	»	»						
{ 64e	7	9	22	418	109			
{ 98e	»	1	1	11	5			
{ 5e }	»	1	»	5	»	»	9	498
R..... { 6e } 1er	»	»	»	»	»	»	2	325
{ 7e }	»	»	1	6	2	7	»	330
m..... 10e 2e...	»	»	»	»				
Tot[x] : 2e D[on]....	19	22	64	363	153	7	4	852
3e Div[on].								
G[t].............	»	1						
Br... { E.-M.....	»	»						
{ 2e B. Ch..	»	»	»	»	»			
{ 15e	»	»	»	4	»			
{ 33e	»	»	»	»	»			
A reporter.....	»	1	»	4	»			

		OFF^rs		HOMMES DE TR.			CHEV^x D'ART^ie		MUNI- TIONS D'ART^ie.
		T.	Bl.	T.	Bl.	Disp.	T.	Bl.	
Report......		»	1	»	1	»	»	»	»
2e Br....	E.-M.....	»	»	»	1	»			
	54e......	»	»	»	1	»			
	65e......	»	1	1	1	»			
Art.....	8^e	»	»	1	1	»	1	1	»
	9e }1er..	»	1	1	1	»	5	3	74
	10^e	»	»	»	3	»	»	6	111
Gén..... 13e 2e...		»	»	»	»	»			
Tot^x : 3e D^on....		»	3	3	24	»	6	10	485
Div^on de Cav^ie.									
Q^r G^l............		»	»						
1re Br...	E.-M.....	»	»						
	2e Huss...	»	»	»	»	»			
	7e Huss...	»	»	»	2	»			
2e Br...	E.-M.....	»	»						
	3e Dr.....	»	»	»	1	»			
	11e Dr....	»	»	»	»	»			
Tot^x : D^on de Cie.		»	»	»	3	»			
Rés^ve d'Art^ie.									
11e .... }1er.......		»	»	»	2	»	»	2	106
12^e		»	»	»	1	»	»	»	38
6e ..... }8e.......		»	»	»	»	»	»	»	»
9^e		»	»	»	1	»	»	»	5
5e ..... }17e.......		»	»	»	»	»	»	»	»
6^e		»	»	»	1	1	»	»	»
Tot^x : Rés^ve d'Art^ie.		»	»	»	5	1	»	2	149
Rés^ve du Génie.									
Gén..... 2e 2e ..		»	»	»	»	»	»	»	»
Tot^x du 4e corps.		**22**	**30**	**78**	**475**	**163**	**22**	**20**	**2,466**
		52		716					
				768					

LA GUERRE DE 1870-1871.

	OFFrs		HOMMES DE TR.			CHEVx D'ARTie		MUNI- TIONS D'ARTie.	
	T.	Bl.	T.	Bl.	Disp.	T.	Bl.		
Garde.									
1re Divon.									
t..... { 1e 2e 5e } G....	» » »	» » »	» » »	» » »	» » »	» » »	» » »	» 10 15	
Totx : 1re Don...	»	»	»	»	»	»	»	25	
2e corps.									
3e Divon.									
lt..... { 7e 8e 11e } 15e..	» » »	» » »	» » »	1 » 1	» » »	» » »	» » »	29 1 130(1)	(1) Environ.
Totx : 3e Don.....	»	»	»	2	»	»	»	160	
ésve génle d'artie									
.... { 18e }.....	» » » » » » »	» » » » » » »	» » » » » » »	» » 2 » 1 1 »	» » » » » » »	1 1 » » 5 4 »	» » » » 3 » »	» » 15 » 34 » »	
Tx : Rve Gle D'Artie.	»	»	»	4	»	8	3	46	
Ft de Queuleu.									
mbre de coups tirés.								68(2) 10(3)	(2) De 24. (3) De 12.
Total......	»	»	»	»	»	»	»	78	

	OFF^rs		HOMMES DE TR.			CHEV^x D'ART^ie		MUNI-TIONS D'ART^ie
	T.	Bl.	T.	Bl.	Disp.	T.	Bl.	
Récapitulation générale.								
3e corps.........	37	146	268	1903	516	22	22	3,224
4e corps.........	22	30	78	475	163	22	20	2,466
Garde.............	»	»	»	»	»	»	»	25
2e corps.........	»	»	»	2	»	»	»	160
R^ve g^le d'art^ie.....	»	»	»	4	»	8	3	46
F^t de Queuleu...	»							78
Tot^x génér^x....	59	146	346	2384	679	52	45	5,999
	205		3,409					
			3,614					

N.

Paris. — Imprimerie R. Chapelot et Ce, 2, rue Christine.

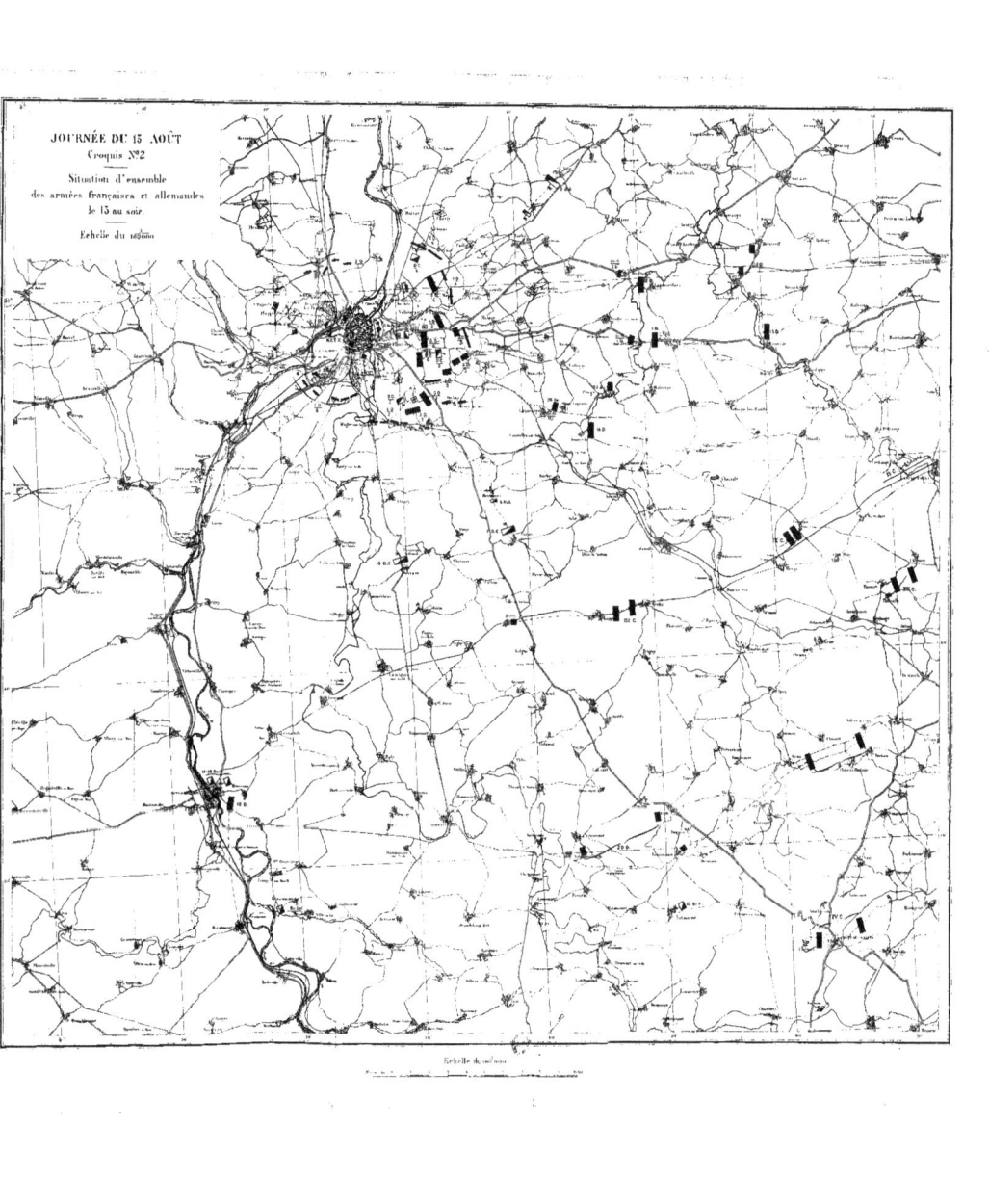

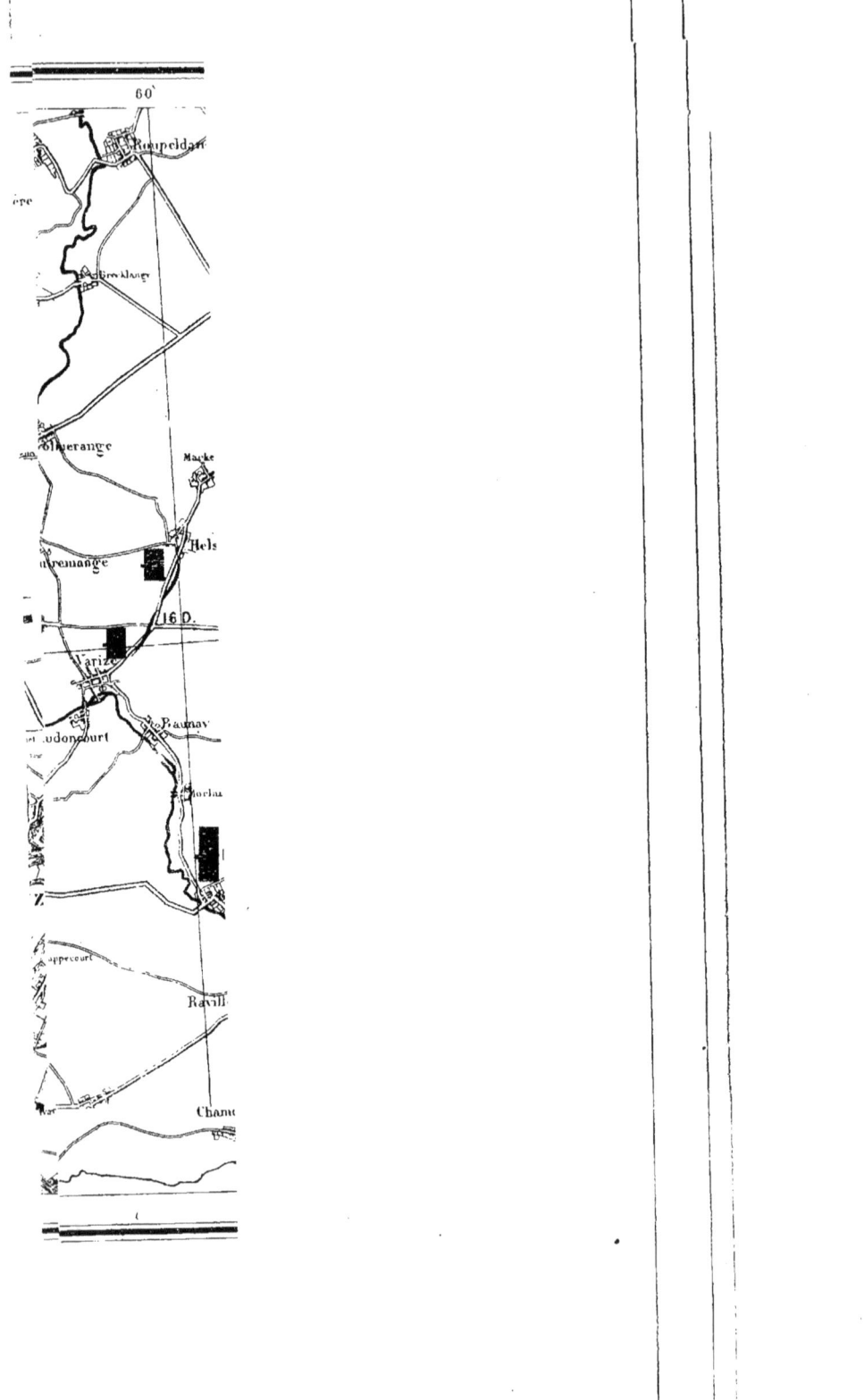

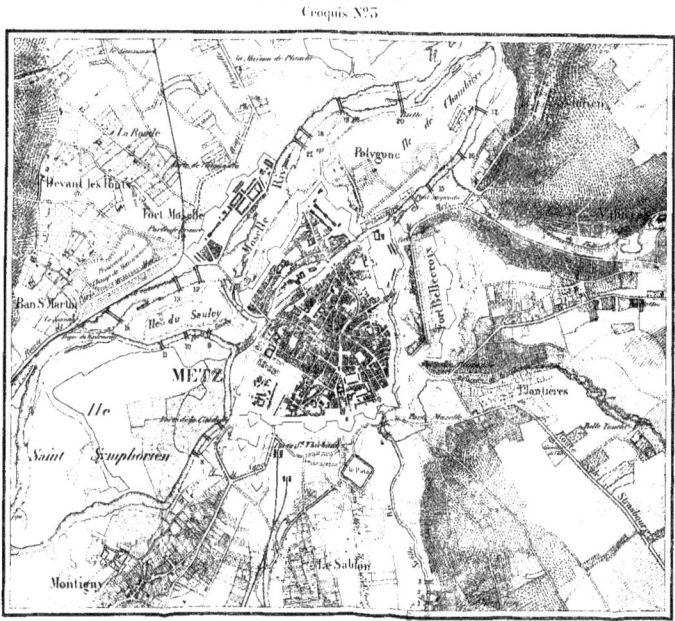

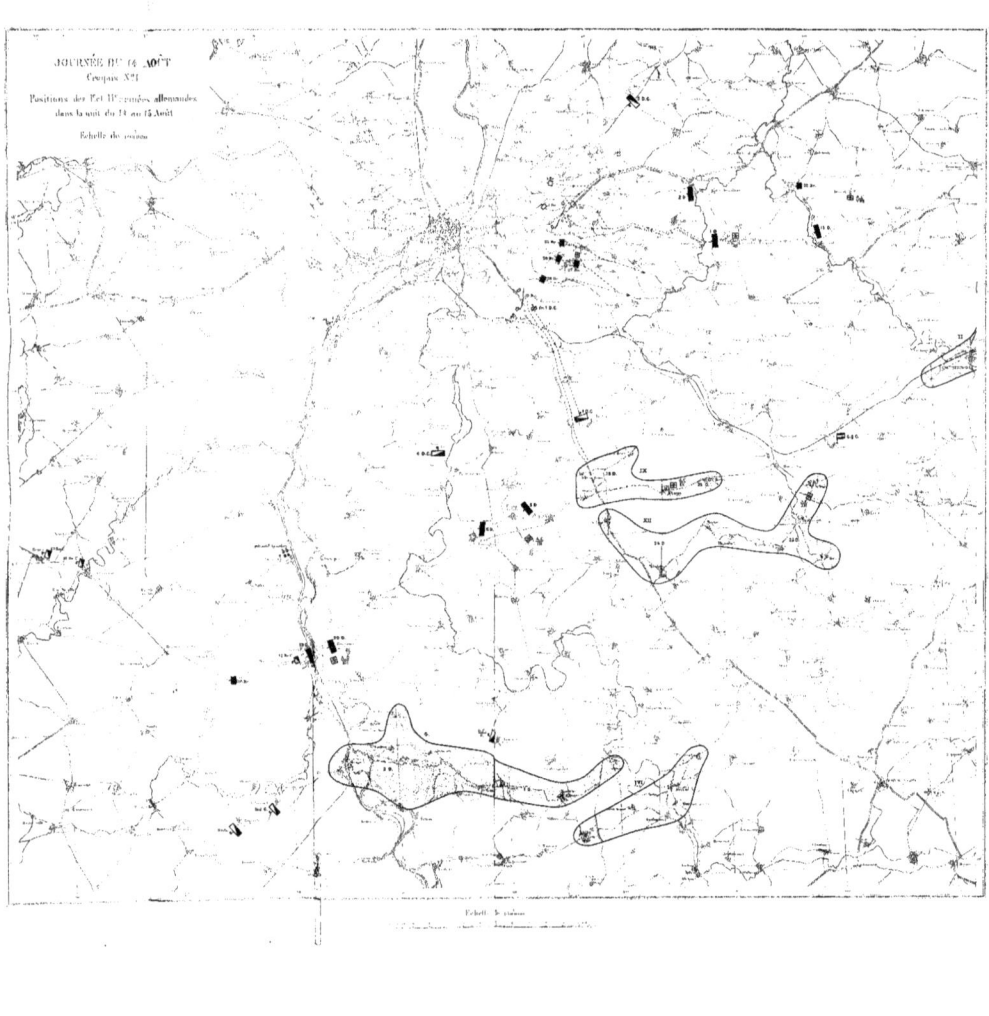

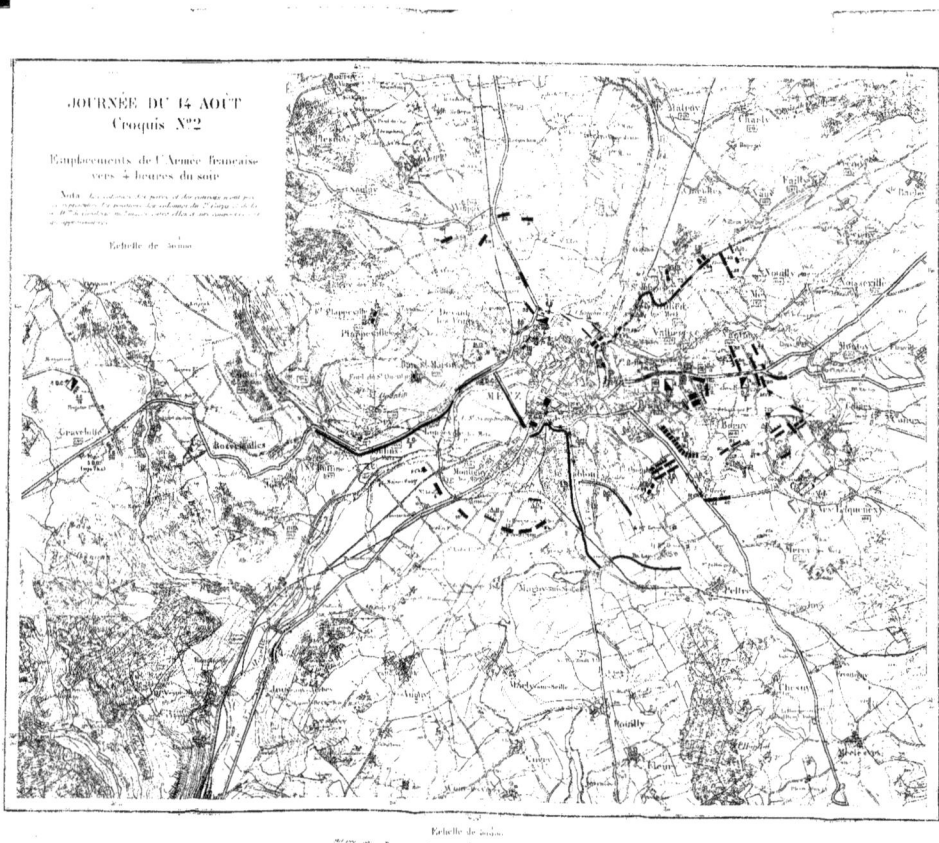

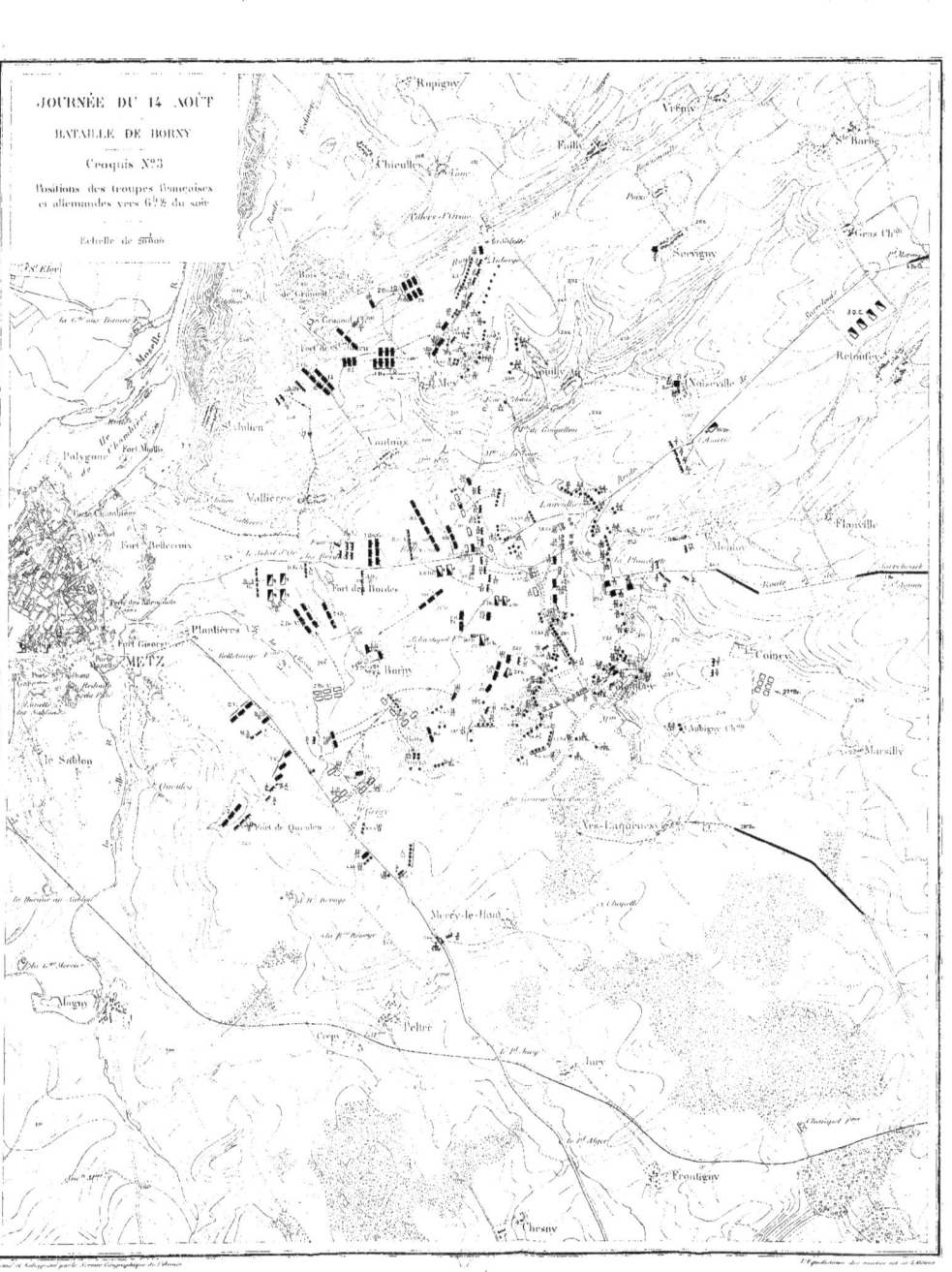

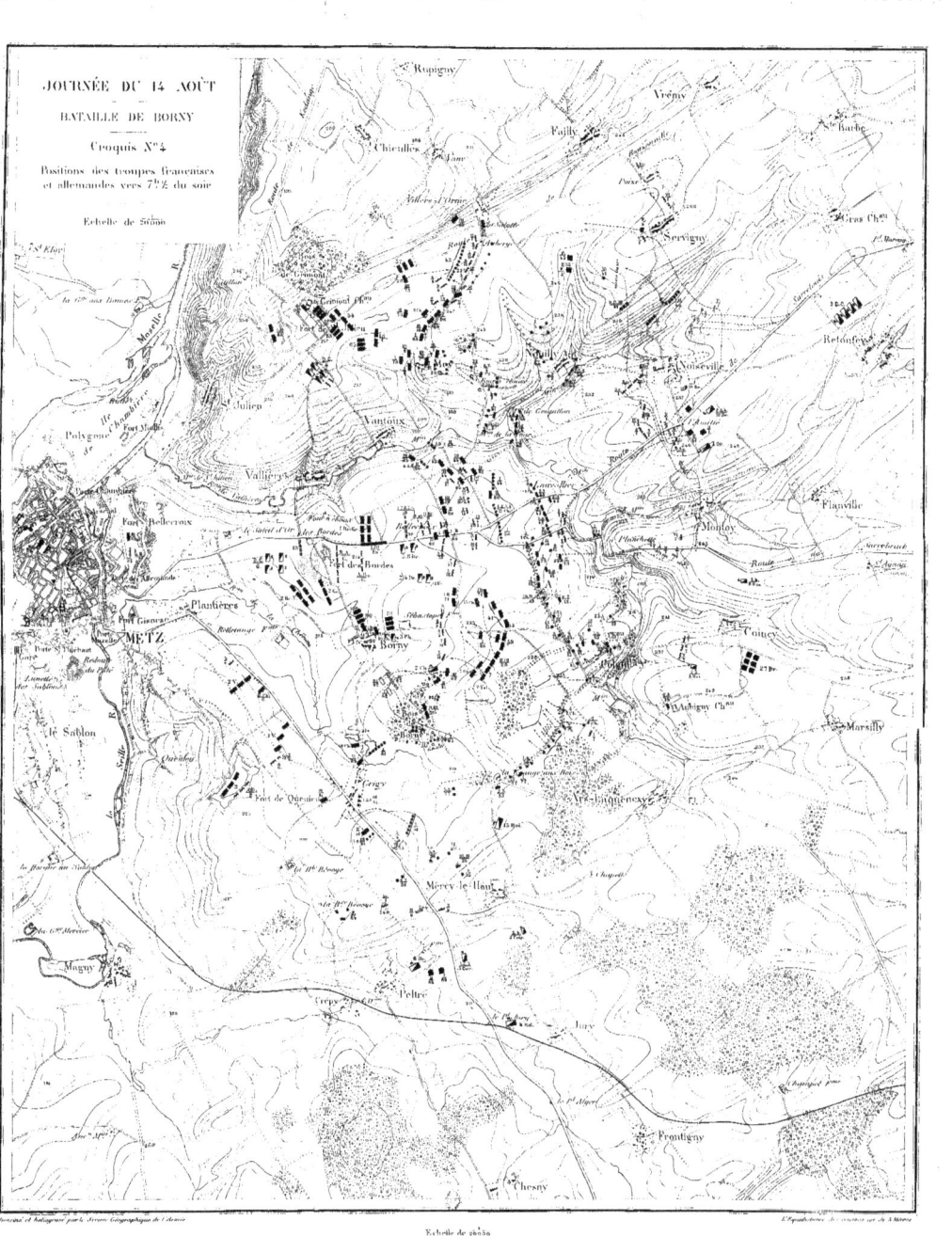

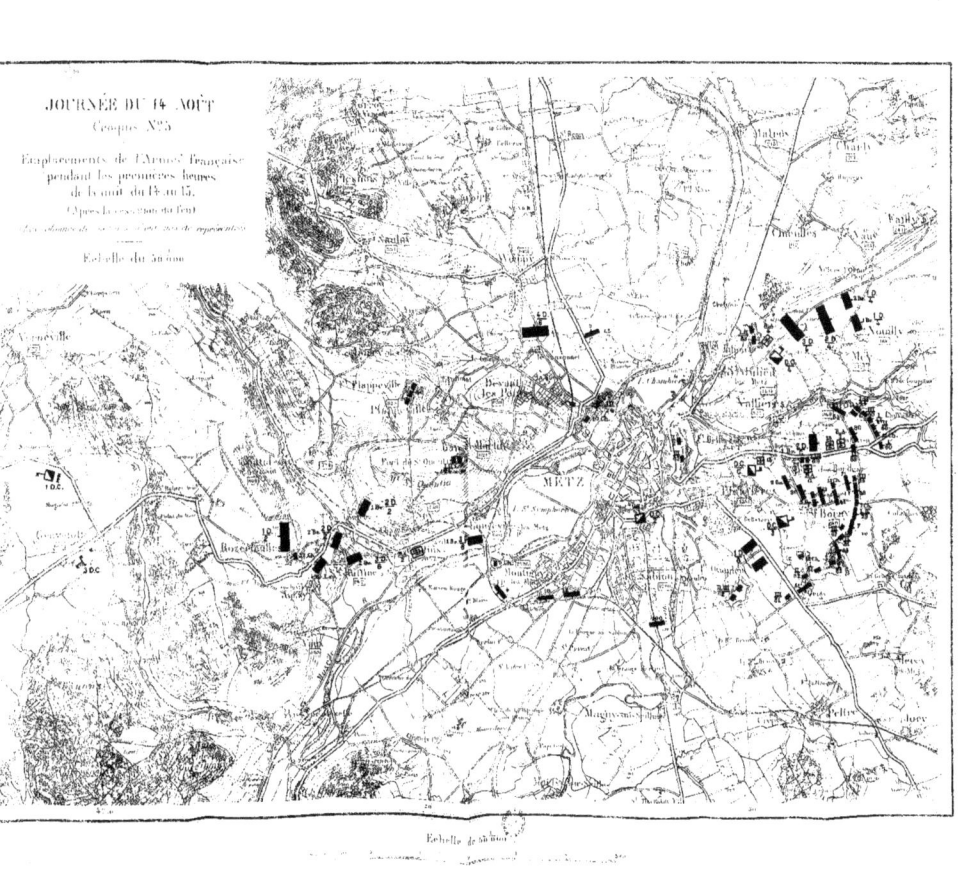

8

LIBRAIRIE MILITAIRE R. CHAPELOT & Ce
30, Rue et Passage Dauphine, à Paris

LA GUERRE DE 1870-1871

LES PREMIÈRES OPÉRATIONS
EN ALSACE ET EN LORRAINE

Ier Fascicule :	De Juillet 1866 à Juillet 1870. 1 vol. in-8.		2 fr. »
IIe —	Journées des 28 et 29 Juillet.	—	2 fr. 50
IIIe —	Journées des 30 et 31 Juillet.	—	3 fr. »
IVe —	Journées des 1er et 2 Août	—	3 fr. 50
V^e —	Journées des 3 et 4 Août.	—	5 fr. »
VIe —	Journée du 5 Août.	—	2 fr. 50
VIIe —	Bataille de Frœschwiller.	—	6 fr »
VIIIe —	Bataille de Forbach.	—	6 fr. »
IXe —	La retraite sur Metz et sur Châlons.	2 vol. in-8.	8 fr. »

CAMPAGNE DE L'ARMÉE DU NORD

Ier Fascicule :	Villers-Bretonneux. 1 vol. in-8		5 fr.
IIe —	Pont-Noyelles.	—	6 fr.
IIIe —	Bapaume (*Sous presse*).		

Paris. — Imprimerie R. Chapelot et Ce, 2, rue Christine.

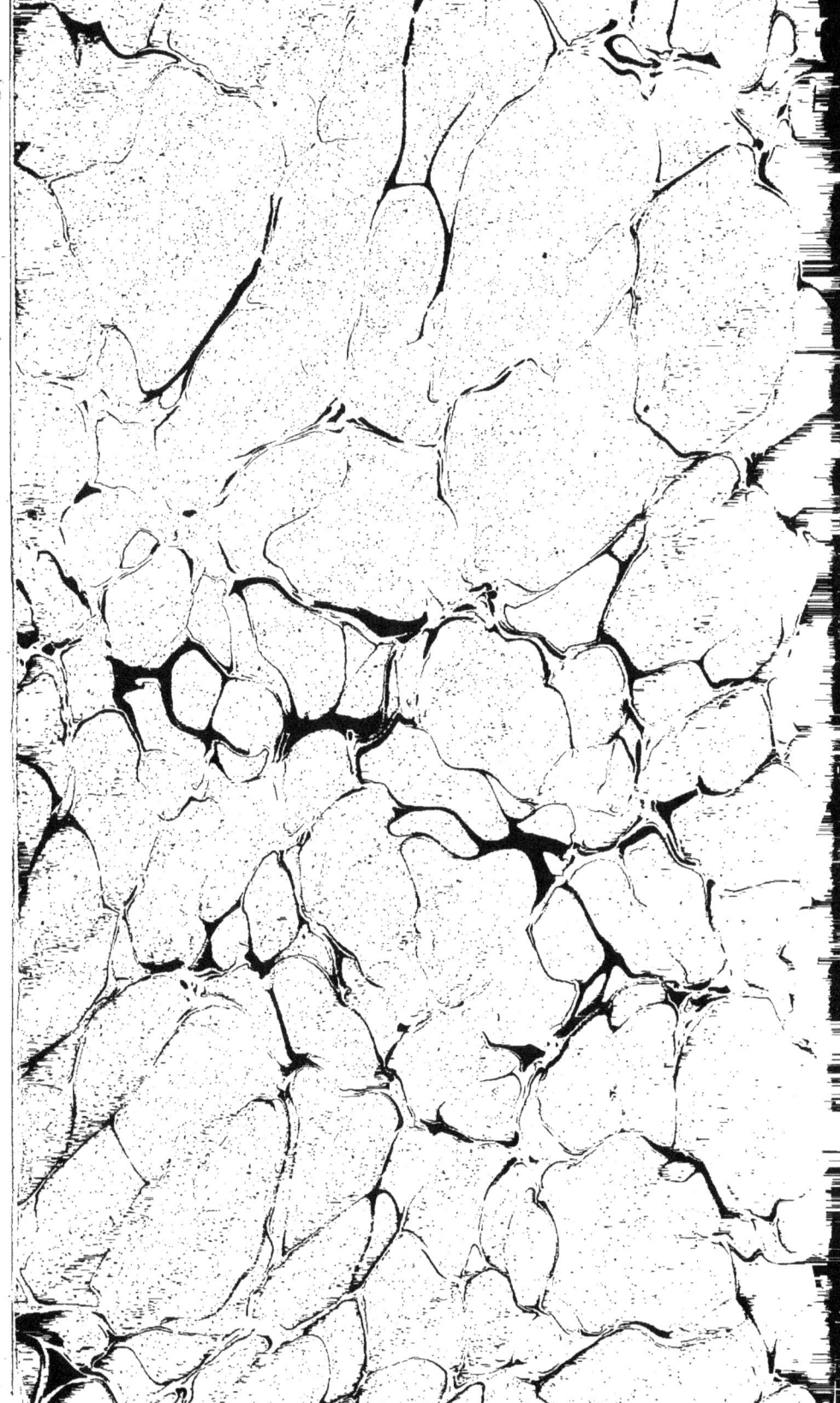

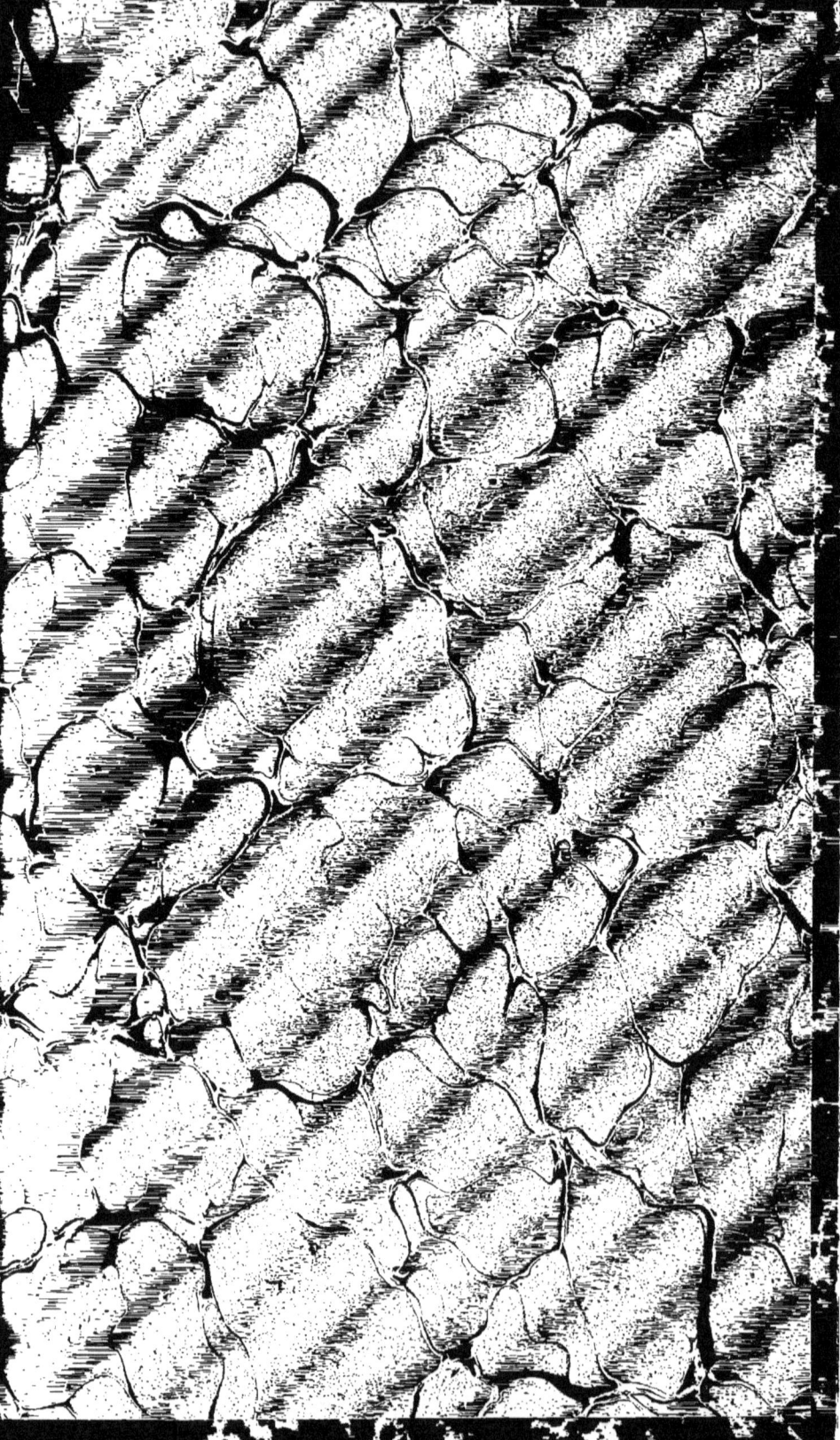

The Problem With Chemistry
The Smart Woman's Guide to Fixing a Broken Picker and Finding Healthy Love

Copyright © 2023, Natalie Kita / N'Kita Enterprises LLC
Published by Vibenotic Publishing
ISBN-13: 979-8-9889117-0-8

All Rights Reserved. No part of this text may be reproduced, stored in a retrieval system, or transmitted by any means, electronic, mechanical, photocopying, desktop publishing, recording, or otherwise, without permission from the publisher. No patent liability is assumed with respect to the use of the information contained herein. While every precaution has been taken in the preparation of this book, the publisher and author assume no responsibility for errors or omissions. Neither is any liability assumed for damages resulting from the use of the information contained herein.

Your Last Love Method™
www.mylast.love

www.ingramcontent.com/pod-product-compliance
Lightning Source LLC
Chambersburg PA
CBHW070755170426
43200CB00007B/791